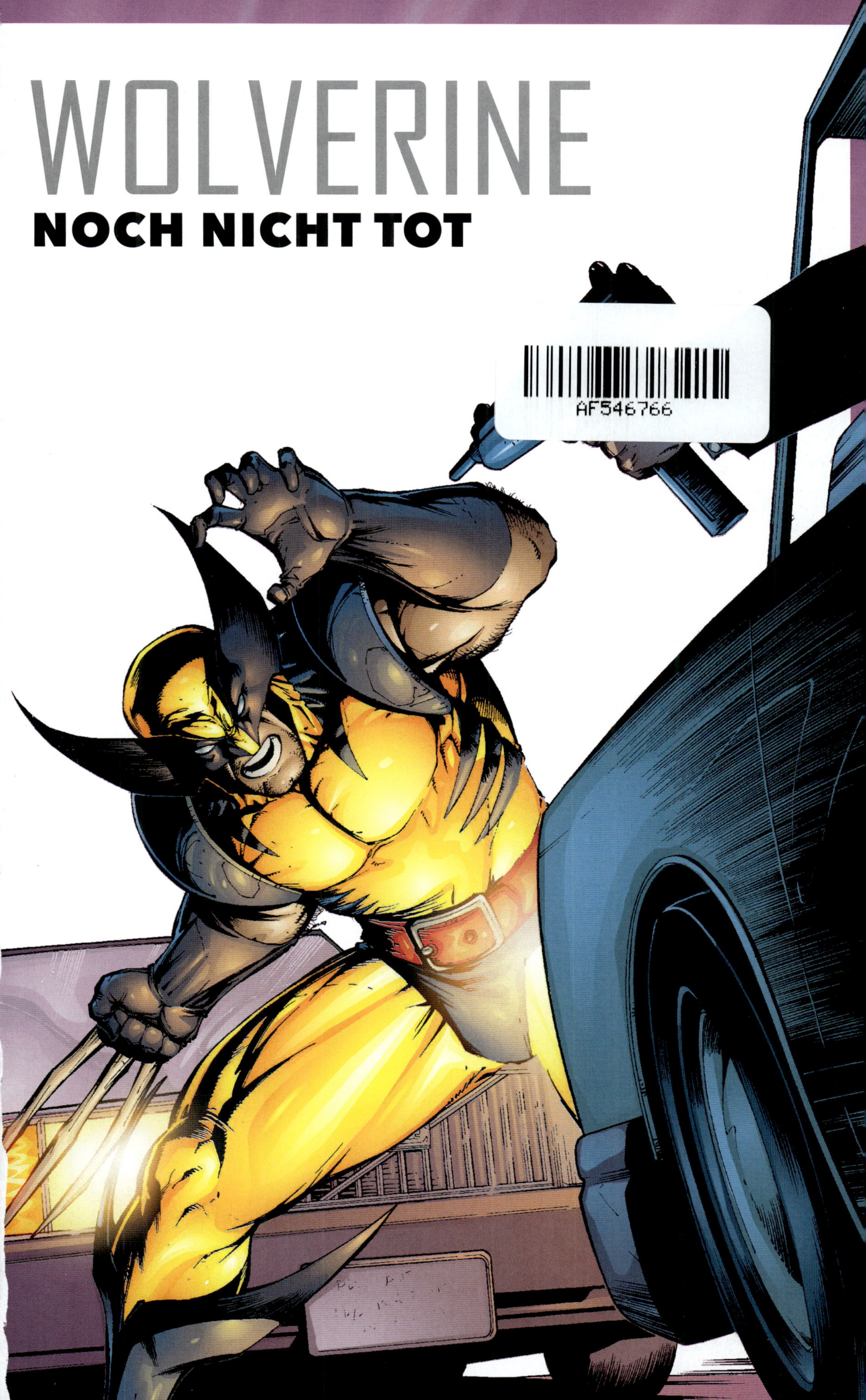
WOLVERINE
NOCH NICHT TOT
AF546766

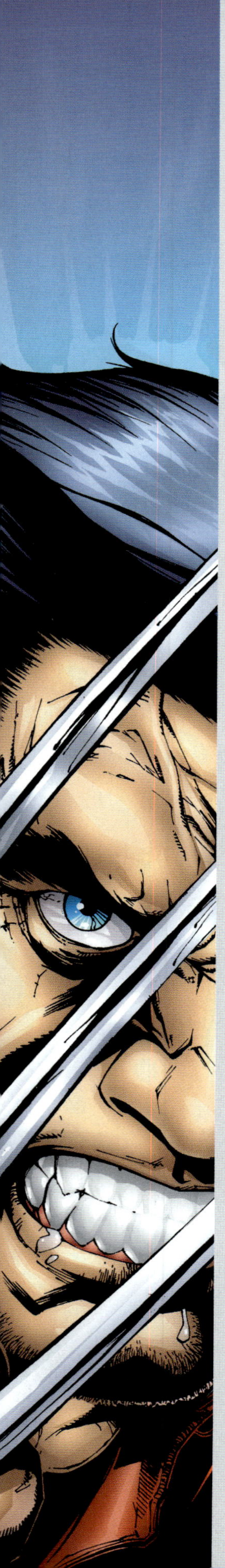

INHALT

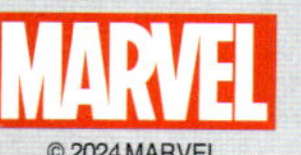

© 2024 MARVEL

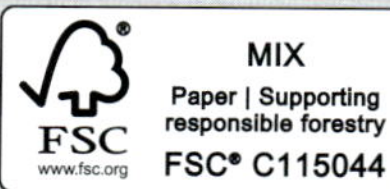

WOLVERINE
NOCH NICHT TOT

WARREN ELLIS
STORY

LEINIL FRANCIS YU
ZEICHNUNGEN

GERRY ALANGUILAN (121)
EDGAR TADEO
TUSCHE

JASON WRIGHT
FARBEN

SIMONE DOMIZI
STUDIO RAM
LETTERING

REINHARD SCHWEIZER
ÜBERSETZUNG

MARK POWERS
REDAKTION USA

C. B. CEBULSKI
CHEFREDAKTEUR USA

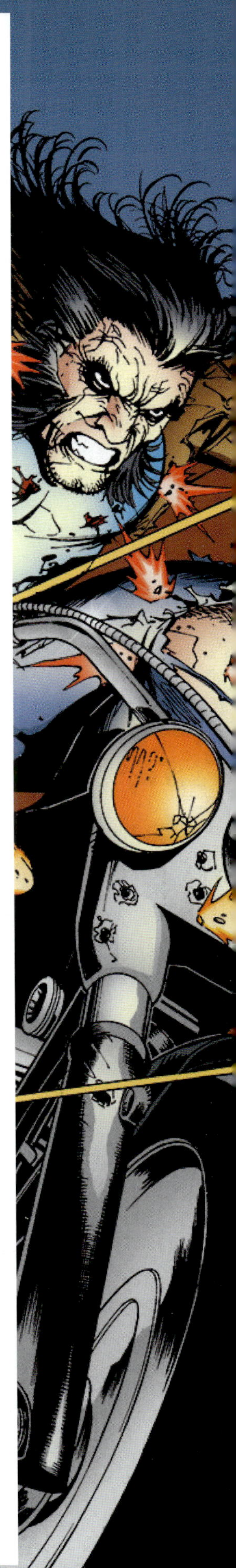

MARVEL MUST-HAVE: WOLVERINE – NOCH NICHT TOT erscheint bei **PANINI COMICS**, Schloßstraße 76, D-70176 Stuttgart. Druck: Lito Terrazzi S.r.l. – Prato. Pressevertrieb: Stella Distribution GmbH, D-22297 Hamburg. Direkt-Abos auf **www.paninicomics.de**. Geschäftsführer **Hermann Paul**, Publishing Director Europe **Marco M. Lupoi**, Finanzen/Logistik **Felix Bauer**, Marketing Director **Holger Wiest**, Marketing **Fabio Cunetto**, Vertrieb **Alexander Bubenheimer**, PR/Presse **Steffen Volkmer**, Publishing Manager **Lisa Pancaldi**, Redaktion **Frieder Faik**, **Harald Gantzberg**, **Matthias Korn**, **Anja Seiffert**, **Nicola Soressi**, **Kristina Starschinski**, **Daniela Uhlmann**, Übersetzung **Bernd Kronsbein**, **Reinhard Schweizer**, Proofreading **Marlene Eggertsberger**, Lettering **Simone Domizi**, **Studio RAM**, grafische Gestaltung **Marco Paroli** (coordinator), **Cinzia Morando**, **Barbara Sarti**, Art Director **Alessandro Gucciardo**, Redaktion Panini Comics **Annalisa Califano**, **Beatrice Doti**, Prepress **Cristina Bedini**, **Daniela Guidetti**, **Andrea Lusoli**, Repro/Packager **Alessandro Nalli** (coordinator), **Anna Boselli**, **Mario Da Rin Zanco**, **Valentina Esposito**, **Luca Ficarelli**, **Linda Leporati**. Deutsche Edition bei Panini Verlags-GmbH unter Lizenz von Marvel Characters B.V. Cover von **Leinil Francis Yu**, *Wolverine: Not Dead Yet* TPB (2013).

Bibliografische Information der Deutschen Nationalbibliothek
Die Deutsche Nationalbibliothek verzeichnet diese Publikation in der Deutschen Nationalbibliografie; detaillierte bibliografische Daten sind im Internet über dnb.d-nb.de abrufbar.

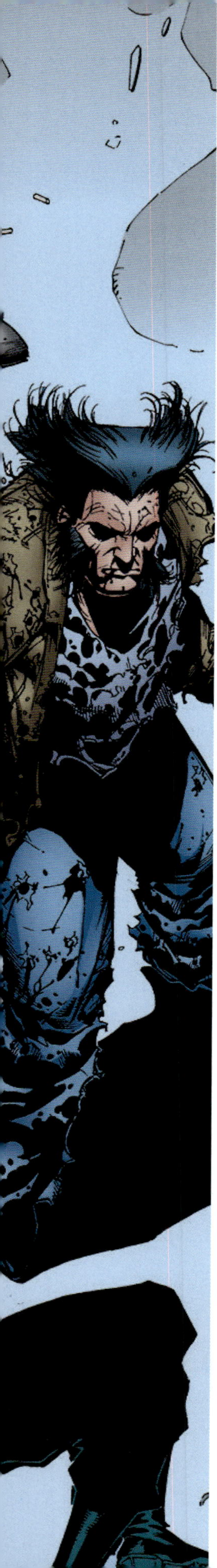

PACKEND UND VOLLER ACTION, WIE EIN KINO-THRILLER!

Auf den folgenden Seiten unternehmen wir eine kleine Zeitreise, die uns zurück ans Ende der 1990er-Jahre führt, ein Jahrzehnt, das der Mutant **Wolverine** weitgehend ohne sein Adamantium-Skelett zubringen musste. Mit diesem härtesten Metall im Marvel-Universum ummantelt wurden seine Knochen bekanntlich in der legendären Story *Wolverine: Waffe X* aus dem Jahr 1991. In der Serie *X-Men* riss deren Erzfeind **Magneto** ihm dieses Adamantium in einer 1993 erschienenen Ausgabe wieder aus dem Körper, ein traumatisches Erlebnis, das Wolverine nur dank seiner Selbstheilungskräfte überlebte, die wiederum lange brauchten, um sich von dieser Überbeanspruchung zu erholen. Fortan waren die Krallen, die Wolverine aus seinen Händen ausfahren konnte, also nicht mehr mit Adamantium umhüllt und damit praktisch unzerstörbar, sie bestanden jetzt „nur noch" aus Knochen – bis ihm der Superschurke **Apocalypse** Jahre später einen Deal anbot: Er würde Wolverine sein Adamantium zurückgeben, wenn dieser im Gegenzug die Rolle einer der Reiter von Apocalypse übernähme. Und so wurde Wolverine vorübergehend zum leibhaftigen **Tod**!

Die vorliegende Geschichte spielt in jener Zeit, als Wolverine ohne Adamantium war. Ein Verlust, der nicht nur Auswirkungen auf seine körperliche Konstitution hatte, sondern auch charakterliche Folgen zeitigte: Das „Tier in ihm" drängte in den Vordergrund, und auch diese sehr dunkle Seite Wolverines bekommen wir auf den folgenden Seiten zu sehen.

Zumindest vordergründig erzählt dieser Band schlicht eine rasante Action-Story und Rachegeschichte; man kann *Wolverine: Noch nicht tot* ganz wunderbar als solche lesen. Man kann aber auch einen Blick hinter diese Fassade werfen und dort entdecken, was dieser Comic noch ist: eine nicht nur körperliche, sondern auch psychologische Auseinandersetzung zweier Gegner, die einander ähnlicher zu sein scheinen, als wenigstens Wolverine es glauben will, und ein Spiel um Leben und Tod miteinander treiben. Was dann die spannende Frage aufwirft, wer nun wirklich die Regeln macht in diesem Spiel, wer letztlich mit wem spielt wie die Katze mit der Maus – und ob es da am Ende überhaupt einen Gewinner geben kann.

Aber, wie gesagt, *Wolverine: Noch nicht tot* lässt sich auch einfach nur genießen als das, was die Geschichte auf den ersten Blick eben ist – ein visuell und emotional packender „Thriller noir", erzählt in Actionsequenzen wie aus einem Film von Meisterregisseur **John Woo** (*Harte Ziele*, *Im Körper des Feindes*, *Mission: Impossible II*)! Diese cineastische Atmosphäre zementieren natürlich vor allem **Leinil Francis Yus** Zeichnungen, darunter unvergessliche Darstellungen von Wolverine auf seinem Motorrad, das in dieser Geschichte fast eine eigene Rolle spielt.

In vielerlei Hinsicht sind die Jahre fast spurlos an diesem Comic-Roman vorübergegangen. Nicht wenige Fans zählen ihn heute zum besten Wolverine-Material überhaupt, was auch an den damit verbundenen Namen **Warren Ellis** und Leinil Francis Yu und deren später erworbenem Ruhm als Comic-Künstler liegen mag. In jedem Fall aber kann man sagen, dass *Wolverine: Noch nicht tot* ein nach wie vor bestens lesbares Beispiel für eine bestimmte und beliebte Art von Wolverine-Abenteuern ist! Aber seht doch am besten selbst …

Frieder Falk

NOCH NICHT TOT, TEIL 1

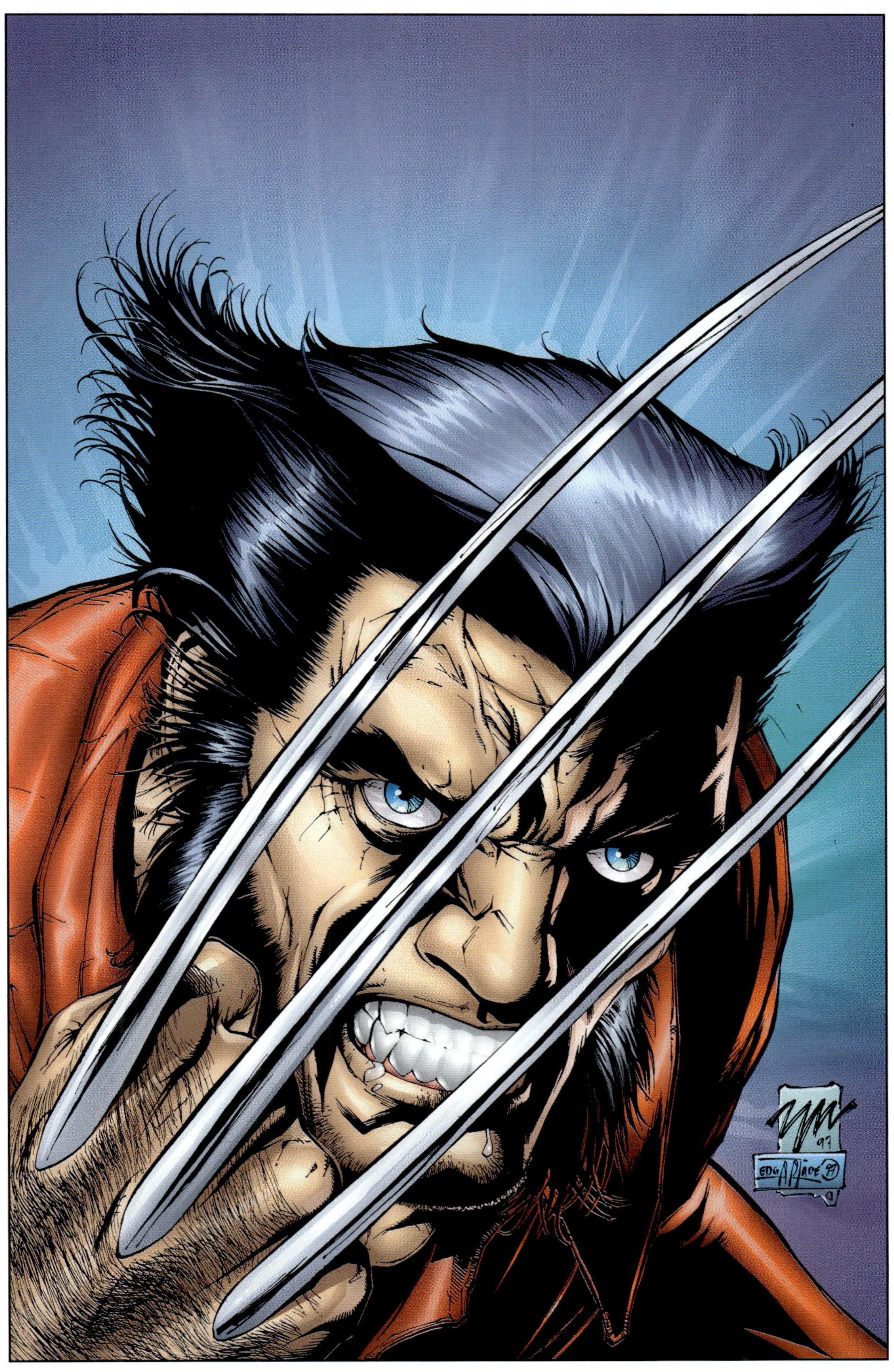

Wolverine (1988) 119
Cover von **LEINIL FRANCIS YU**

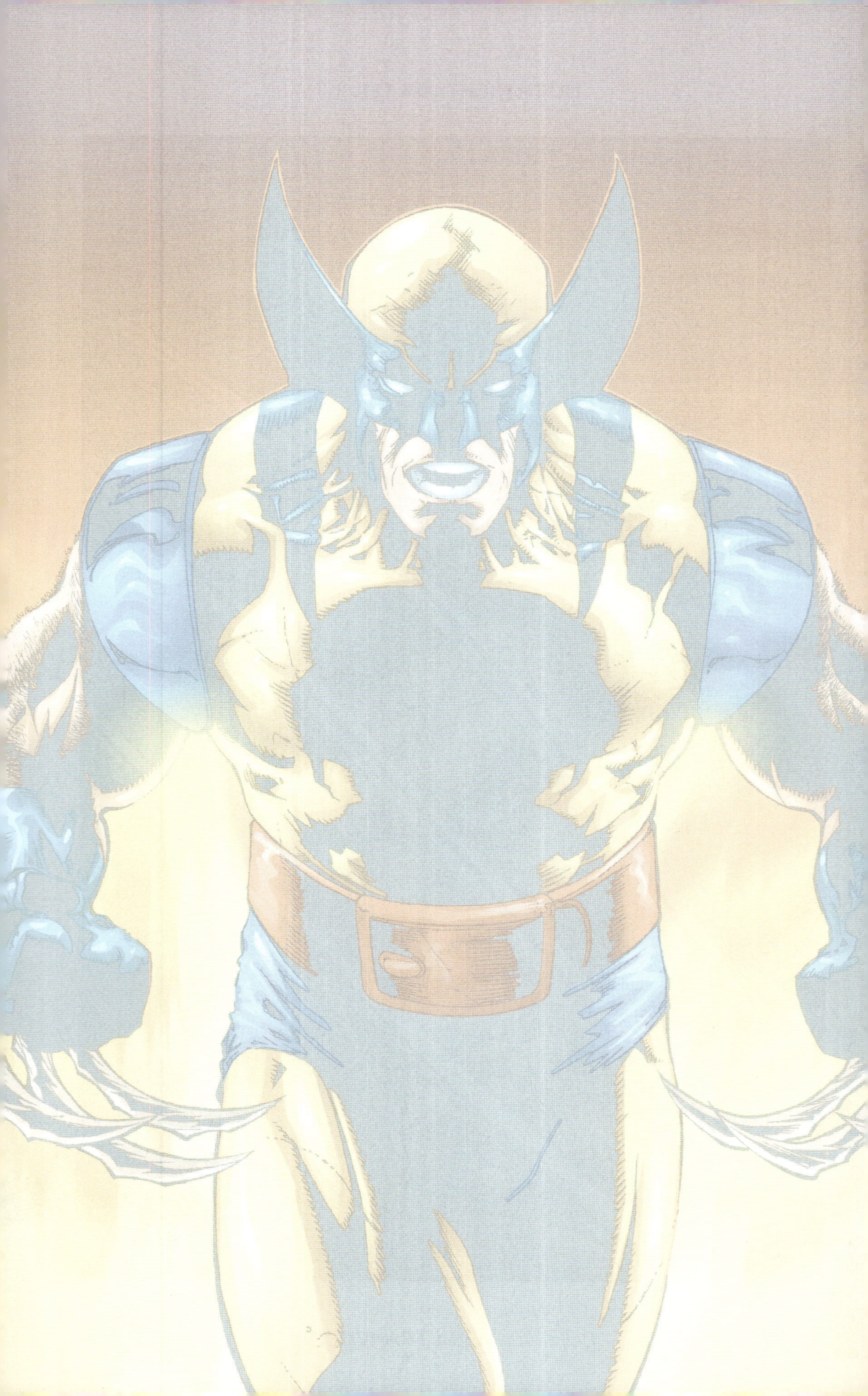

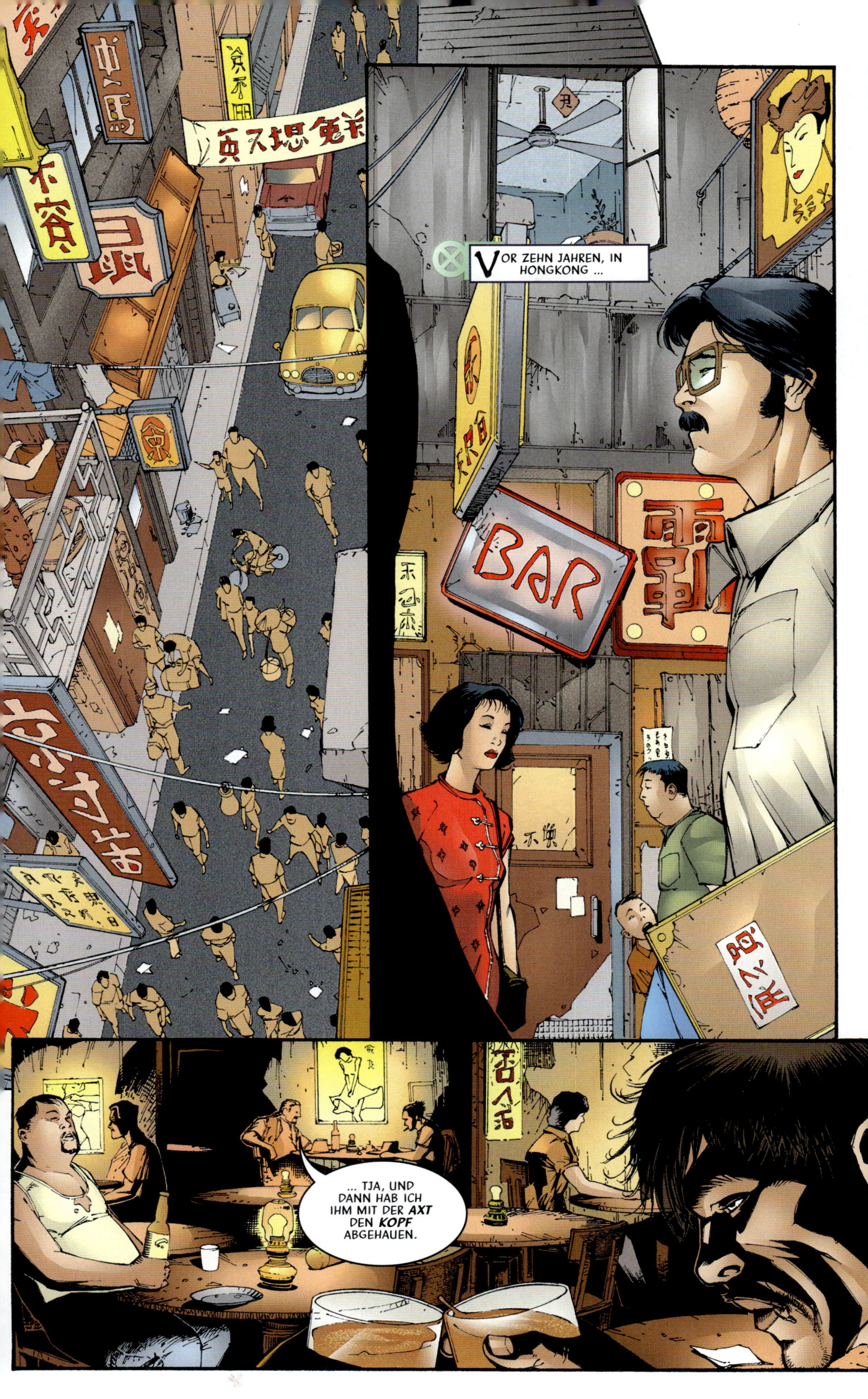

VOR ZEHN JAHREN, IN HONGKONG ...
BAR
... TJA, UND DANN HAB ICH IHM MIT DER AXT DEN KOPF ABGEHAUEN.

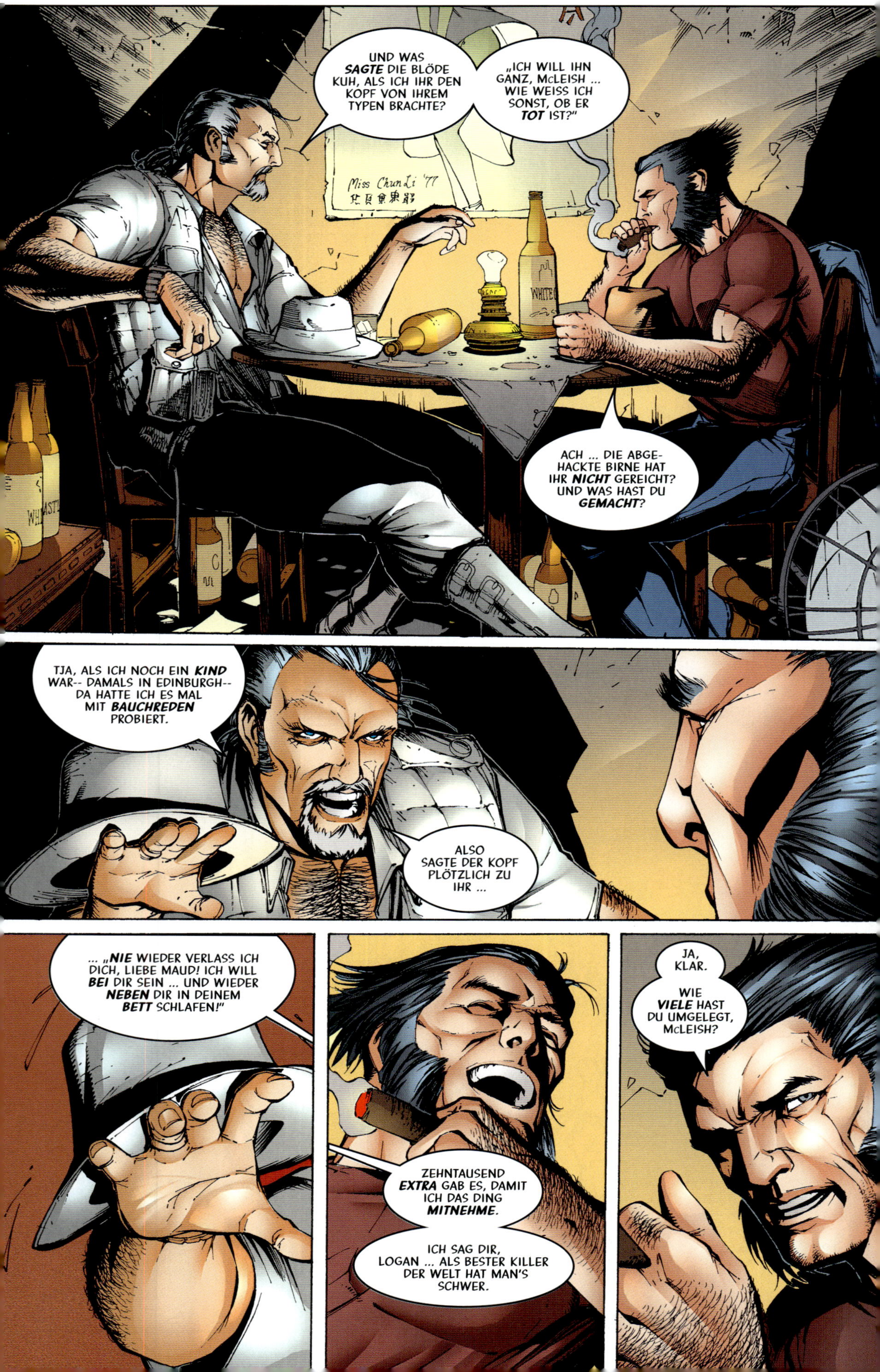

UND WAS SAGTE DIE BLÖDE KUH, ALS ICH IHR DEN KOPF VON IHREM TYPEN BRACHTE?
„ICH WILL IHN GANZ, McLEISH ... WIE WEISS ICH SONST, OB ER TOT IST?"
Miss Chun Li '77
ACH ... DIE ABGE-HACKTE BIRNE HAT IHR NICHT GEREICHT? UND WAS HAST DU GEMACHT?
TJA, ALS ICH NOCH EIN KIND WAR-- DAMALS IN EDINBURGH-- DA HATTE ICH ES MAL MIT BAUCHREDEN PROBIERT.
ALSO SAGTE DER KOPF PLÖTZLICH ZU IHR ...

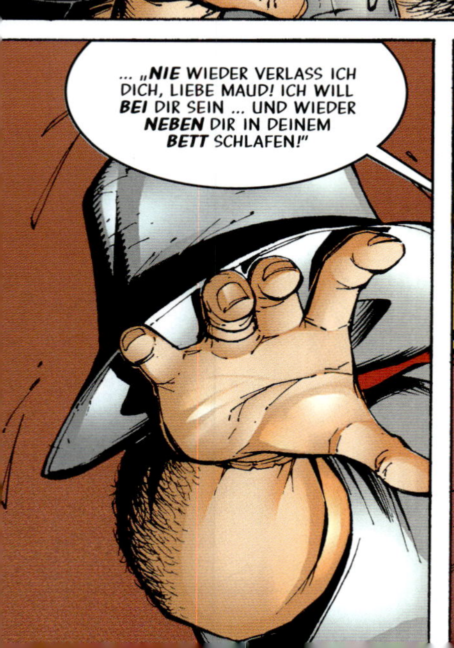
... „NIE WIEDER VERLASS ICH DICH, LIEBE MAUD! ICH WILL BEI DIR SEIN ... UND WIEDER NEBEN DIR IN DEINEM BETT SCHLAFEN!"

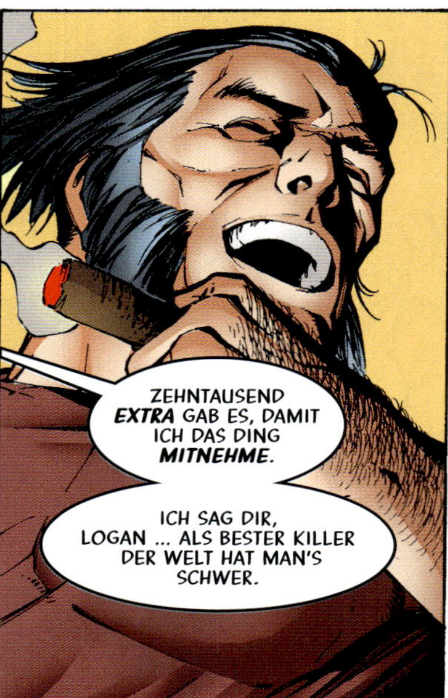
ZEHNTAUSEND EXTRA GAB ES, DAMIT ICH DAS DING MITNEHME.
ICH SAG DIR, LOGAN ... ALS BESTER KILLER DER WELT HAT MAN'S SCHWER.

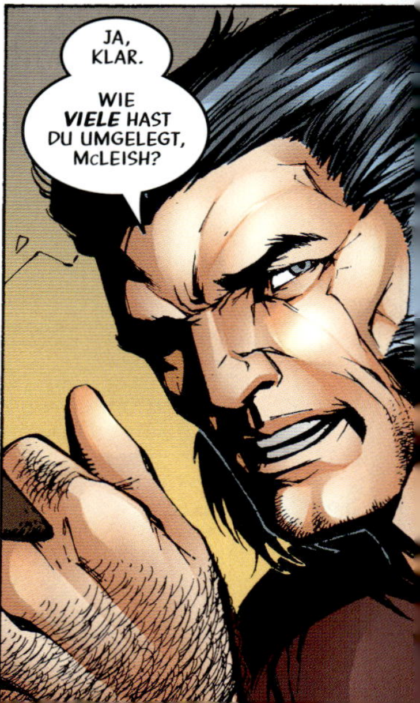
JA, KLAR.
WIE VIELE HAST DU UMGELEGT, McLEISH?

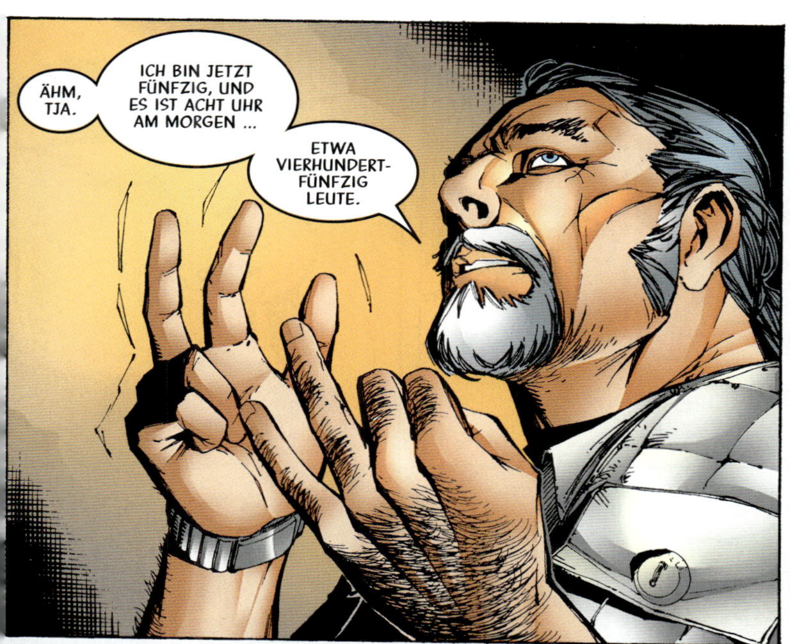
ÄHM, TJA.
ICH BIN JETZT FÜNFZIG, UND ES IST ACHT UHR AM MORGEN ...
ETWA VIERHUNDERT-FÜNFZIG LEUTE.

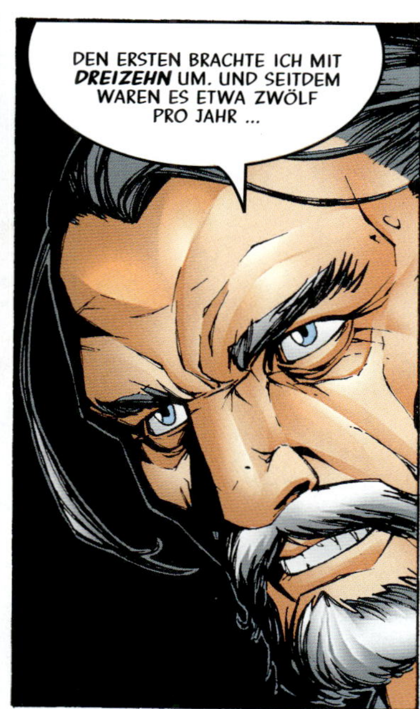
DEN ERSTEN BRACHTE ICH MIT DREIZEHN UM. UND SEITDEM WAREN ES ETWA ZWÖLF PRO JAHR ...

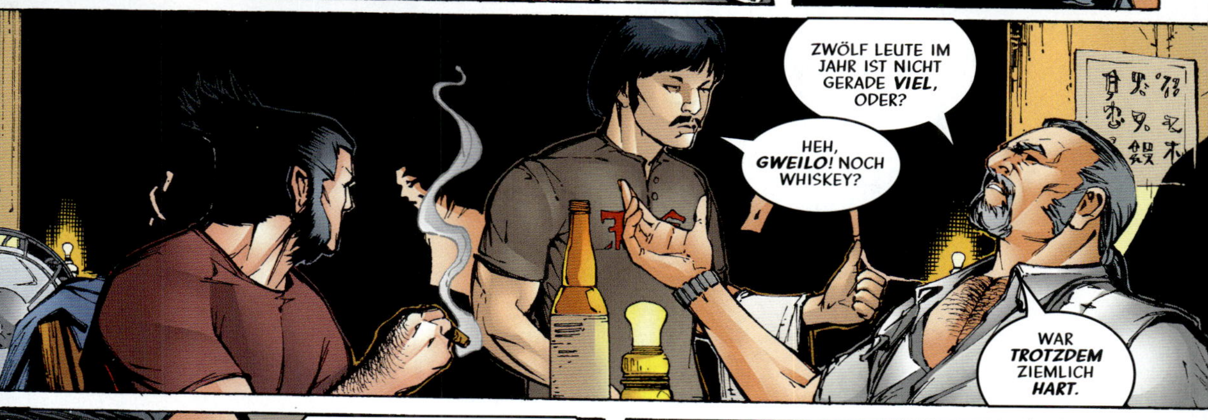
ZWÖLF LEUTE IM JAHR IST NICHT GERADE VIEL, ODER?
HEH, GWEILO! NOCH WHISKEY?
WAR TROTZDEM ZIEMLICH HART.

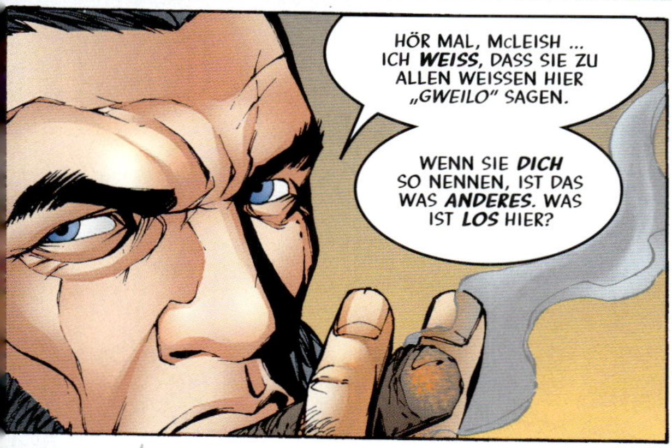
HÖR MAL, McLEISH ... ICH WEISS, DASS SIE ZU ALLEN WEISSEN HIER „GWEILO" SAGEN.
WENN SIE DICH SO NENNEN, IST DAS WAS ANDERES. WAS IST LOS HIER?

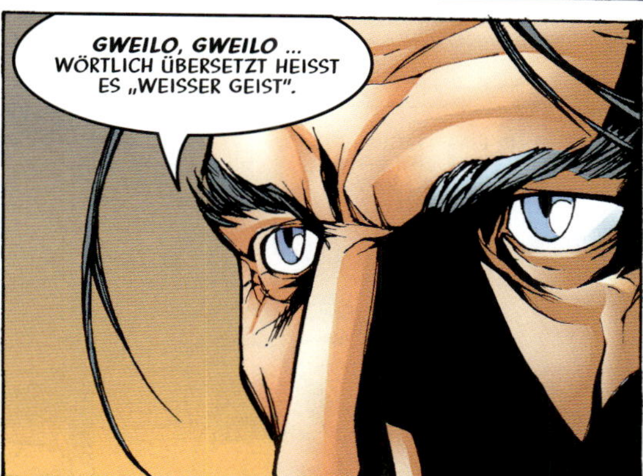
GWEILO, GWEILO ... WÖRTLICH ÜBERSETZT HEISST ES „WEISSER GEIST".

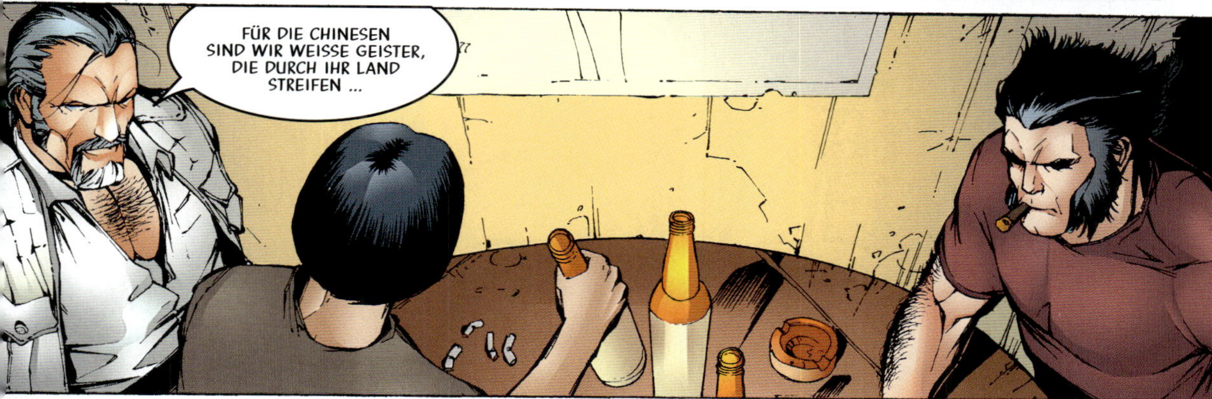
FÜR DIE CHINESEN SIND WIR WEISSE GEISTER, DIE DURCH IHR LAND STREIFEN ...

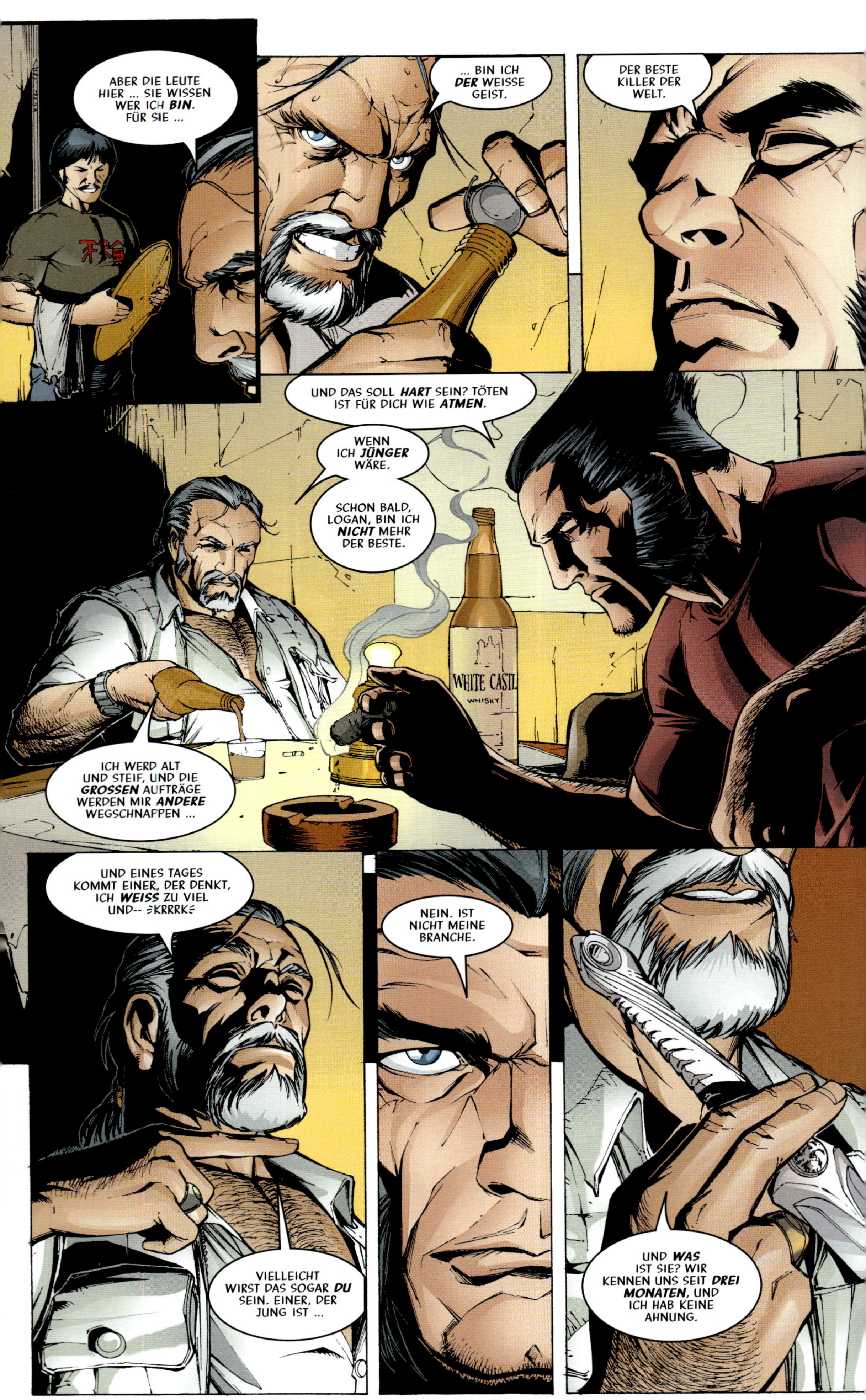
ABER DIE LEUTE HIER ... SIE WISSEN WER ICH **BIN**. FÜR SIE ...
... BIN ICH **DER** WEISSE GEIST.
DER BESTE KILLER DER WELT.
UND DAS SOLL **HART** SEIN? TÖTEN IST FÜR DICH WIE **ATMEN**.
WENN ICH **JÜNGER** WÄRE.
SCHON BALD, LOGAN, BIN ICH **NICHT** MEHR DER BESTE.
WHITE CASTL
WHISKY
ICH WERD ALT UND STEIF, UND DIE **GROSSEN** AUFTRÄGE WERDEN MIR **ANDERE** WEGSCHNAPPEN ...
UND EINES TAGES KOMMT EINER, DER DENKT, ICH **WEISS** ZU VIEL UND-- ≷KRRRK≷
VIELLEICHT WIRST DAS SOGAR **DU** SEIN. EINER, DER JUNG IST ...
NEIN. IST NICHT MEINE BRANCHE.
UND **WAS** IST SIE? WIR KENNEN UNS SEIT **DREI MONATEN**, UND ICH HAB KEINE AHNUNG.

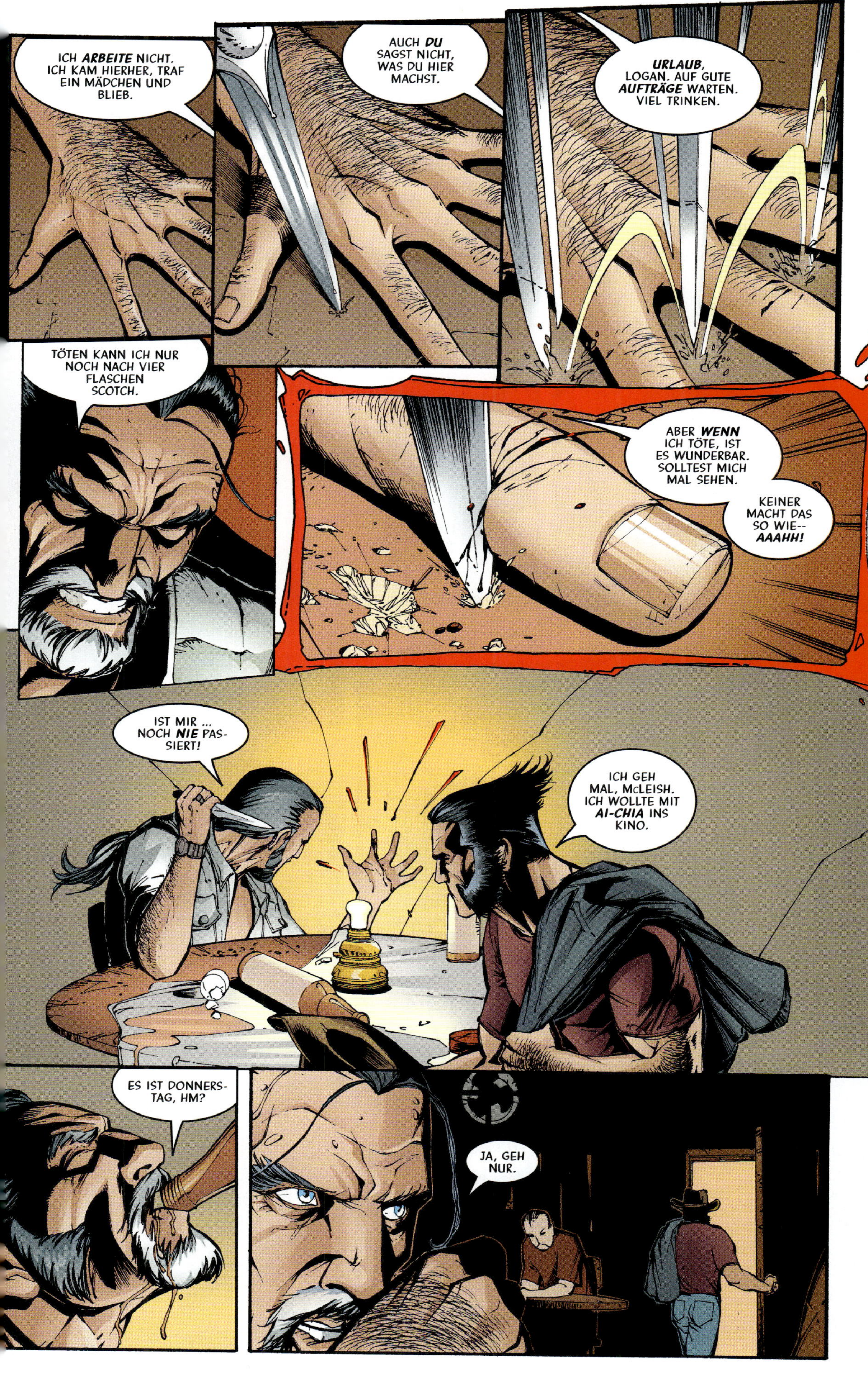
ICH ARBEITE NICHT. ICH KAM HIERHER, TRAF EIN MÄDCHEN UND BLIEB.
AUCH DU SAGST NICHT, WAS DU HIER MACHST.
URLAUB, LOGAN. AUF GUTE AUFTRÄGE WARTEN. VIEL TRINKEN.
TÖTEN KANN ICH NUR NOCH NACH VIER FLASCHEN SCOTCH.
ABER WENN ICH TÖTE, IST ES WUNDERBAR. SOLLTEST MICH MAL SEHEN.
KEINER MACHT DAS SO WIE-- AAAHH!
IST MIR ... NOCH NIE PASSIERT!
ICH GEH MAL, McLEISH. ICH WOLLTE MIT AI-CHIA INS KINO.
ES IST DONNERSTAG, HM?
JA, GEH NUR.

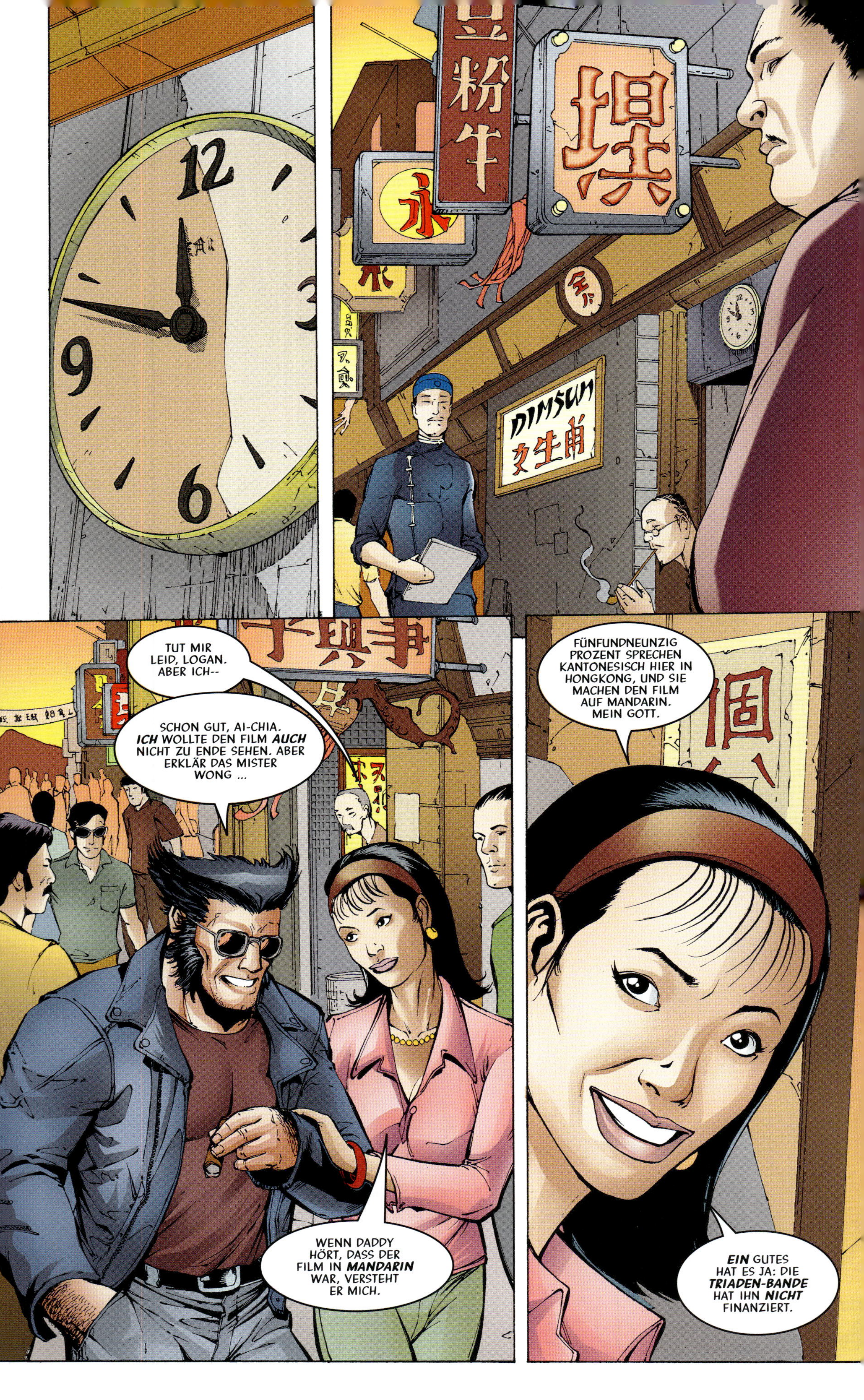
DIMSUN
TUT MIR LEID, LOGAN. ABER ICH--
SCHON GUT, AI-CHIA. *ICH* WOLLTE DEN FILM *AUCH* NICHT ZU ENDE SEHEN. ABER ERKLÄR DAS MISTER WONG ...
WENN DADDY HÖRT, DASS DER FILM IN *MANDARIN* WAR, VERSTEHT ER MICH.
FÜNFUNDNEUNZIG PROZENT SPRECHEN KANTONESISCH HIER IN HONGKONG, UND SIE MACHEN DEN FILM AUF MANDARIN. MEIN GOTT.
EIN GUTES HAT ES JA: DIE *TRIADEN-BANDE* HAT IHN *NICHT* FINANZIERT.

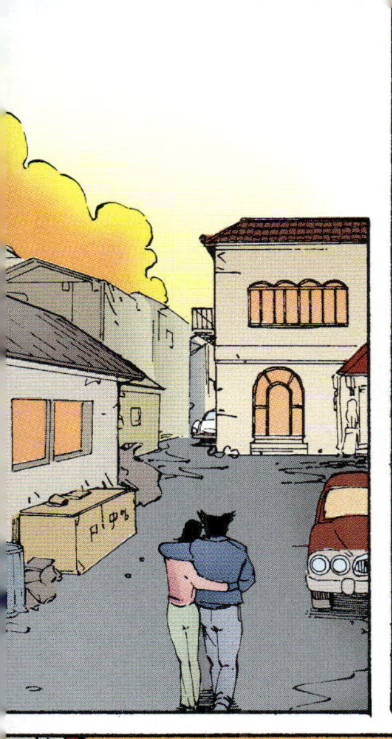

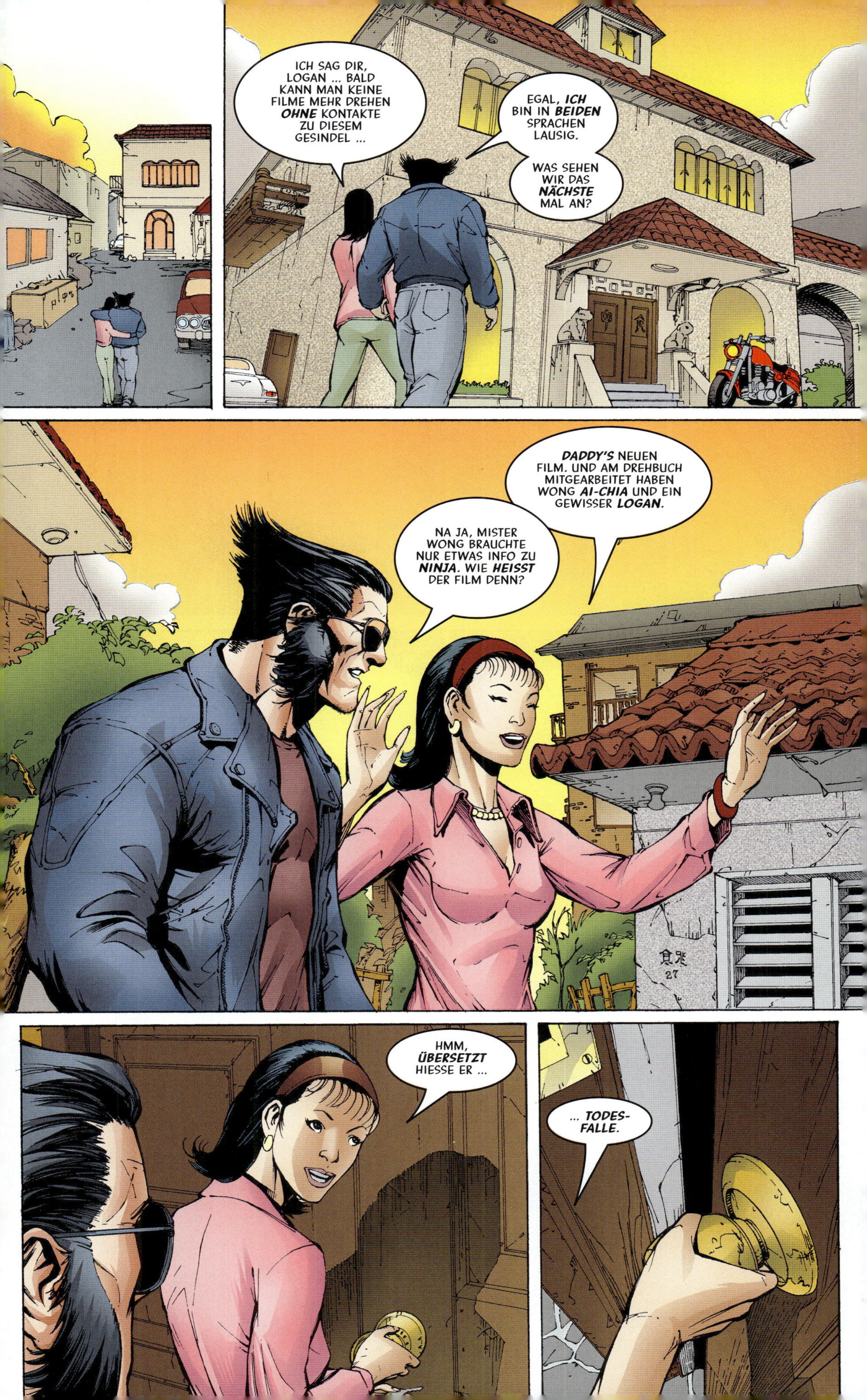

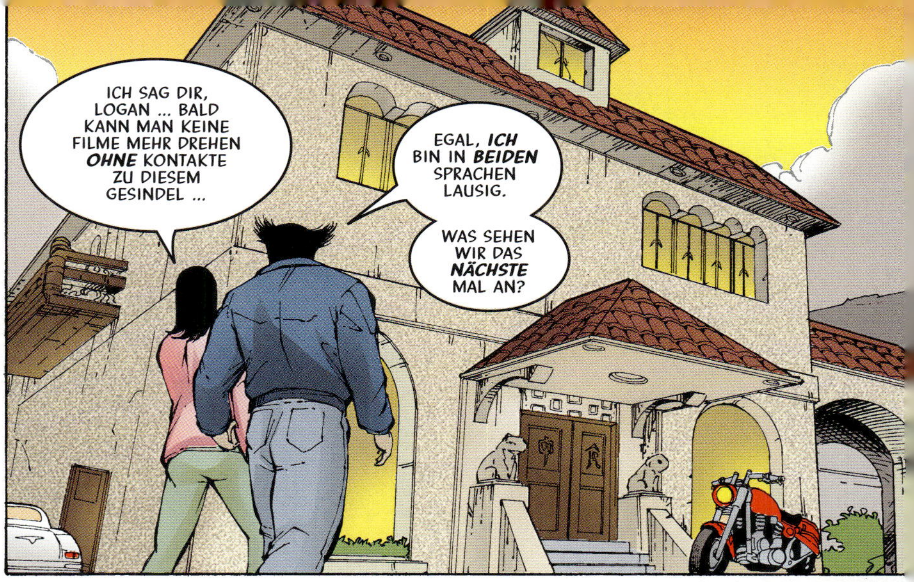

ICH SAG DIR, LOGAN ... BALD KANN MAN KEINE FILME MEHR DREHEN **OHNE** KONTAKTE ZU DIESEM GESINDEL ...
EGAL, **ICH** BIN IN **BEIDEN** SPRACHEN LAUSIG.
WAS SEHEN WIR DAS **NÄCHSTE** MAL AN?

DADDY'S NEUEN FILM. UND AM DREHBUCH MITGEARBEITET HABEN WONG **AI-CHIA** UND EIN GEWISSER **LOGAN**.
NA JA, MISTER WONG BRAUCHTE NUR ETWAS INFO ZU **NINJA**. WIE **HEISST** DER FILM DENN?

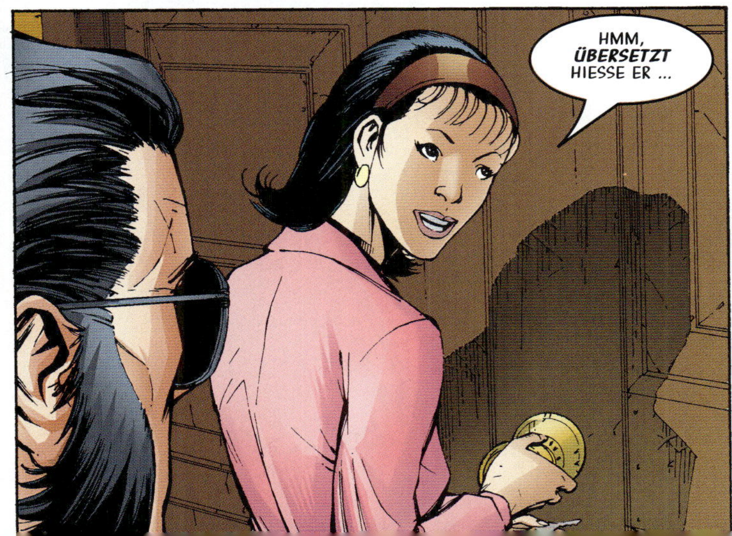

HMM, **ÜBERSETZT** HIESSE ER ...

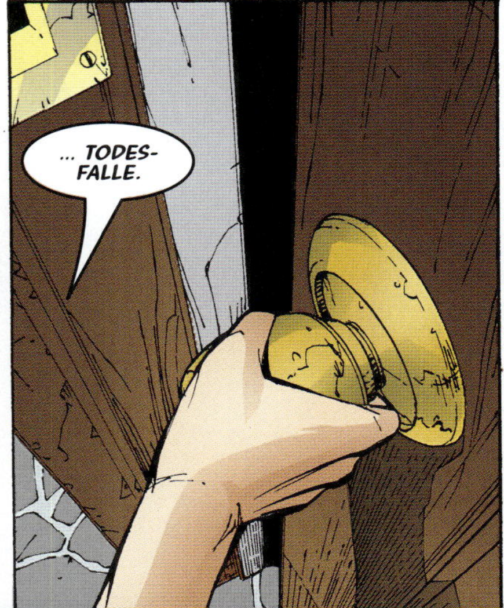

... **TODES-FALLE.**

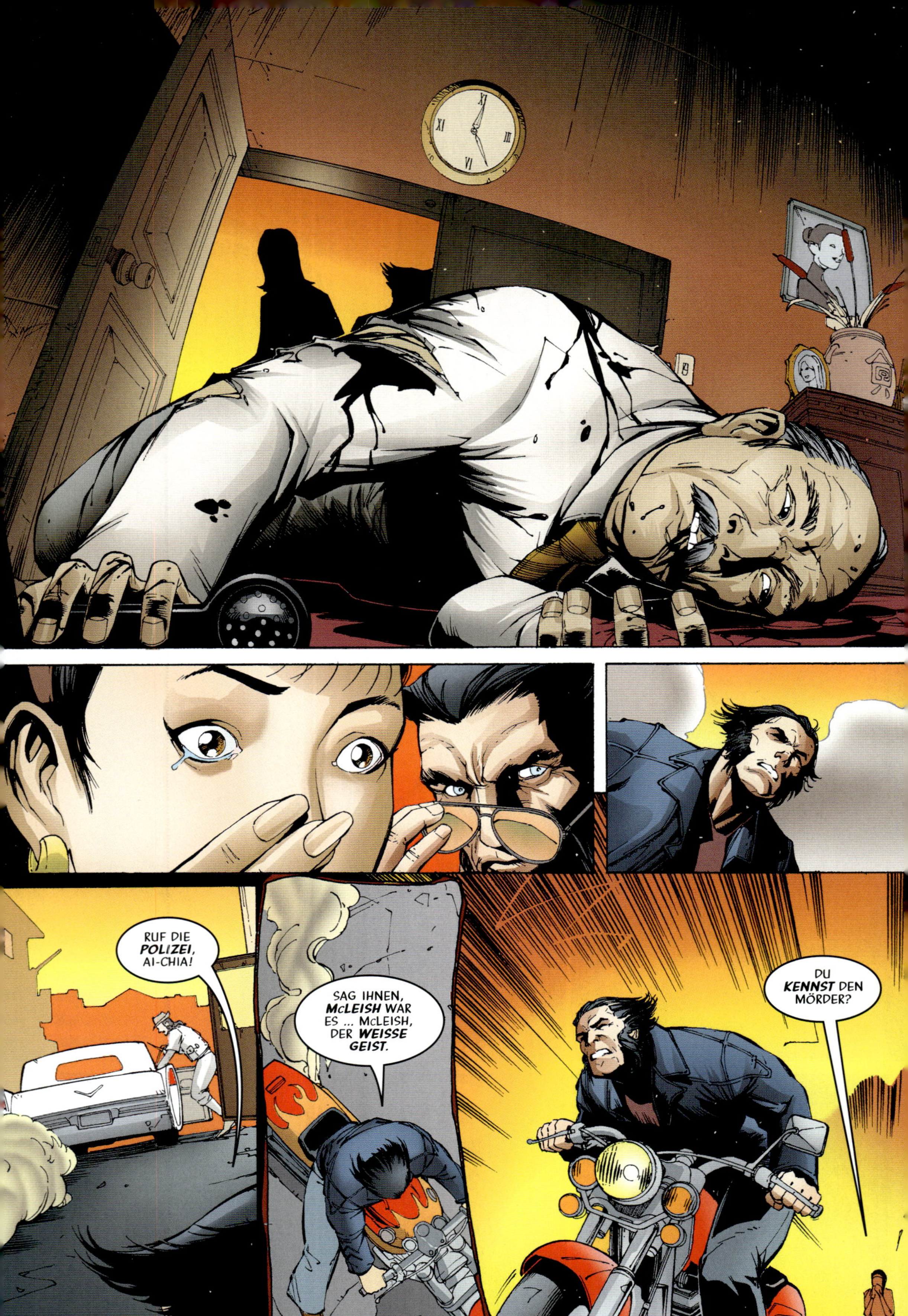
RUF DIE POLIZEI, AI-CHIA!
SAG IHNEN, McLEISH WAR ES ... McLEISH, DER WEISSE GEIST.
DU KENNST DEN MÖRDER?

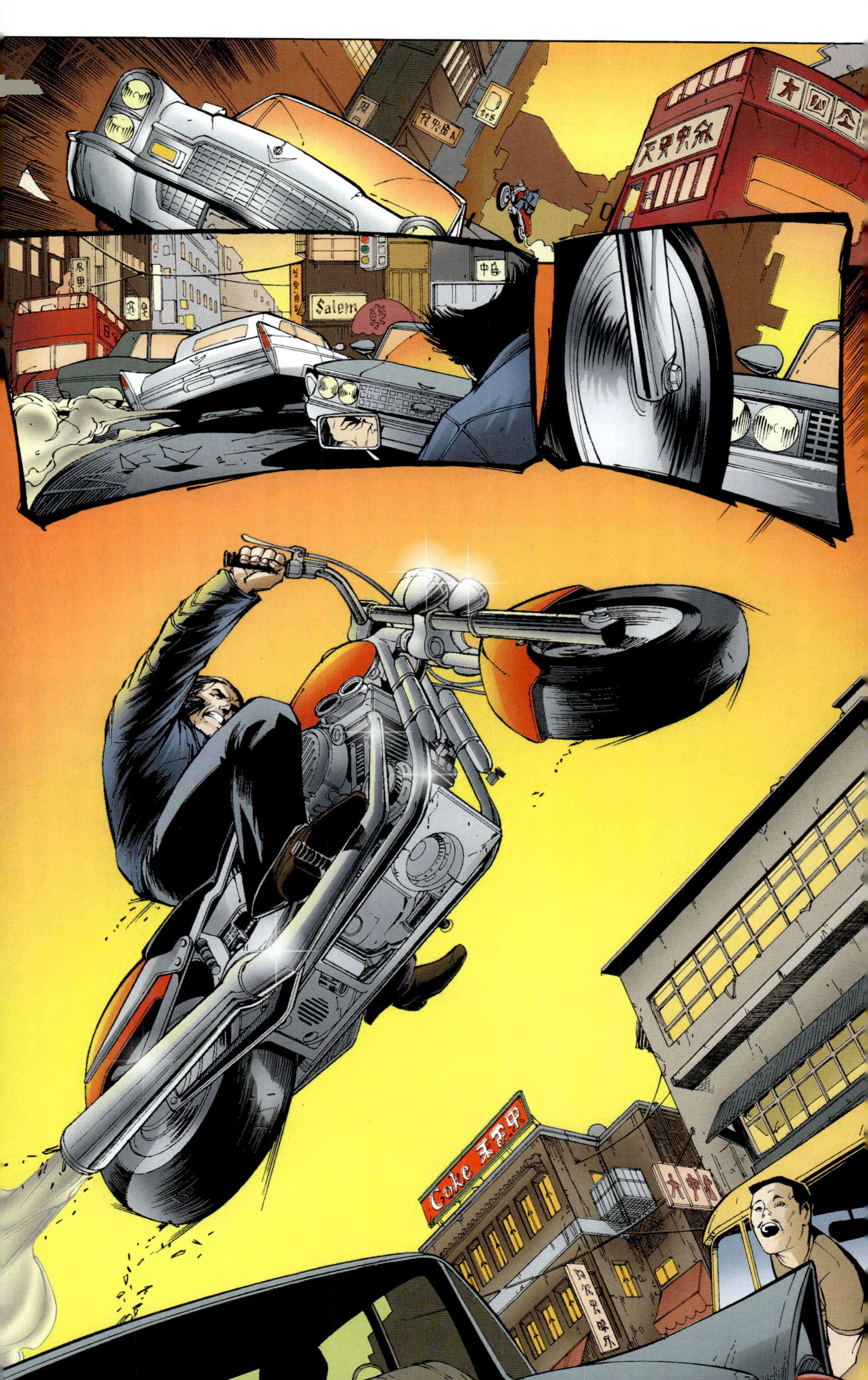
Salem
Coke

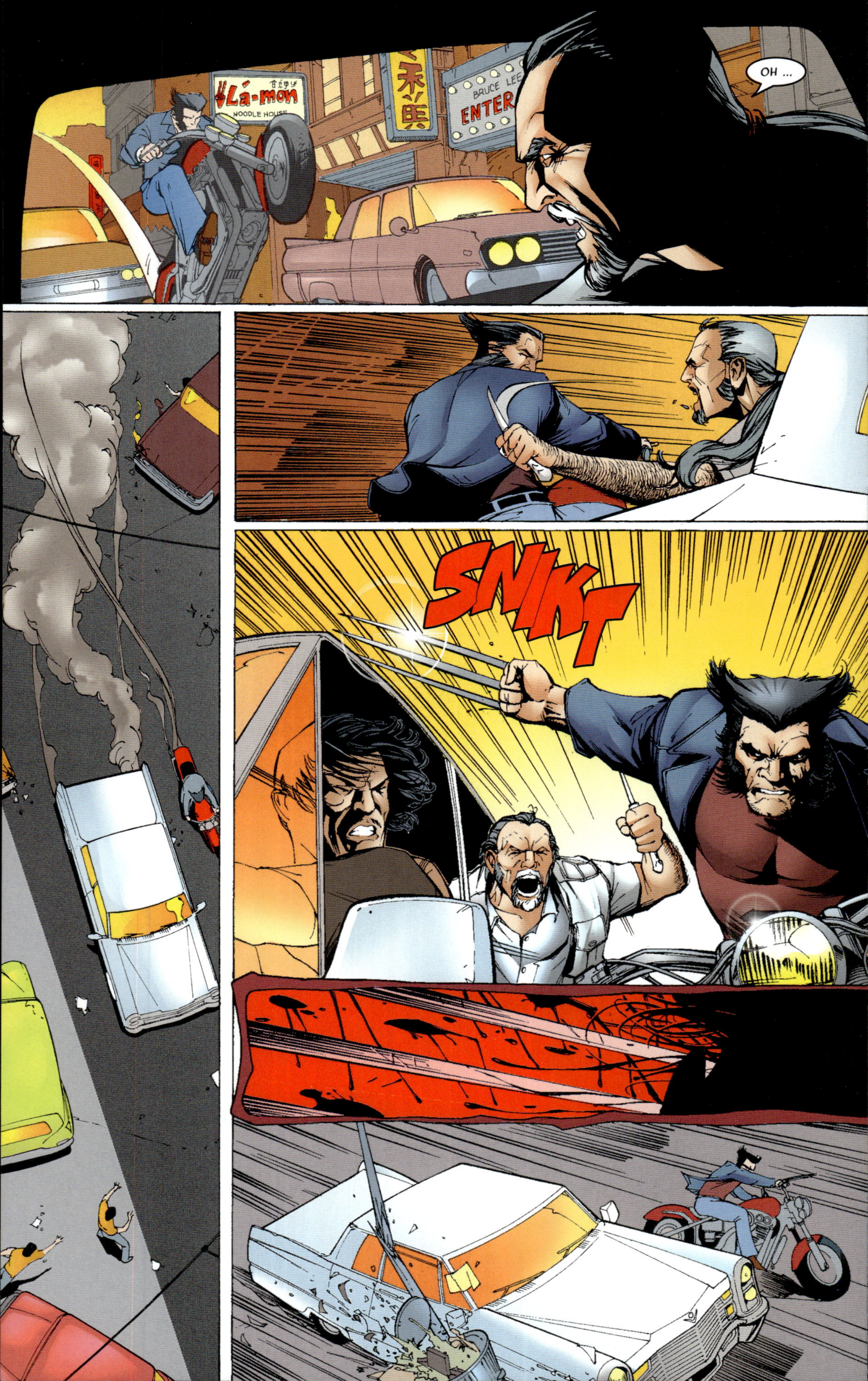
La-mon
NOODLE HOUSE
BRUCE LEE
ENTER
OH ...
SNIKT

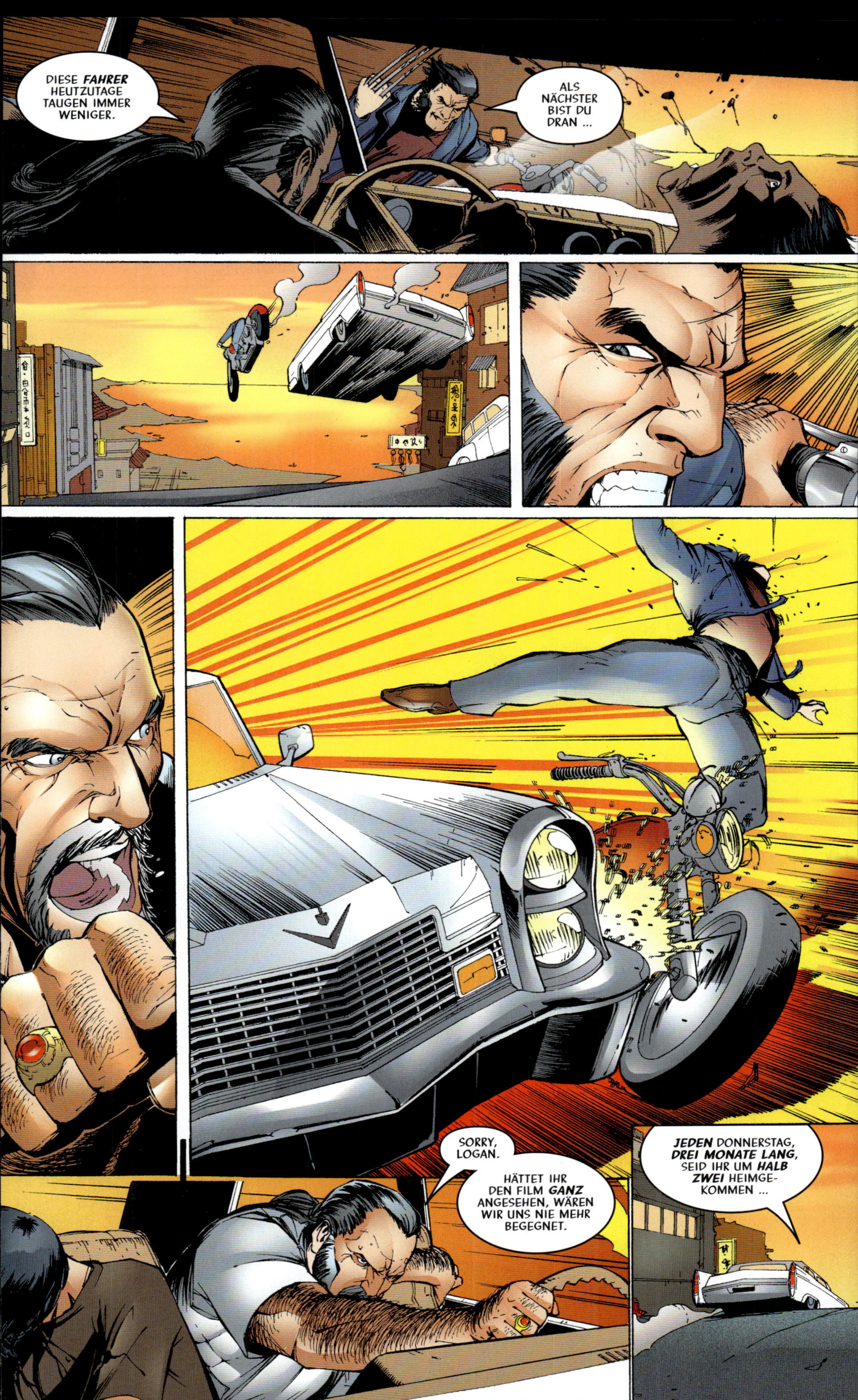
DIESE **FAHRER** HEUTZUTAGE TAUGEN IMMER WENIGER.
ALS NÄCHSTER BIST DU DRAN ...
SORRY, LOGAN.
HÄTTET IHR DEN FILM **GANZ** ANGESEHEN, WÄREN WIR UNS NIE MEHR BEGEGNET.
JEDEN DONNERSTAG, **DREI MONATE LANG,** SEID IHR UM **HALB ZWEI** HEIMGE-KOMMEN ...

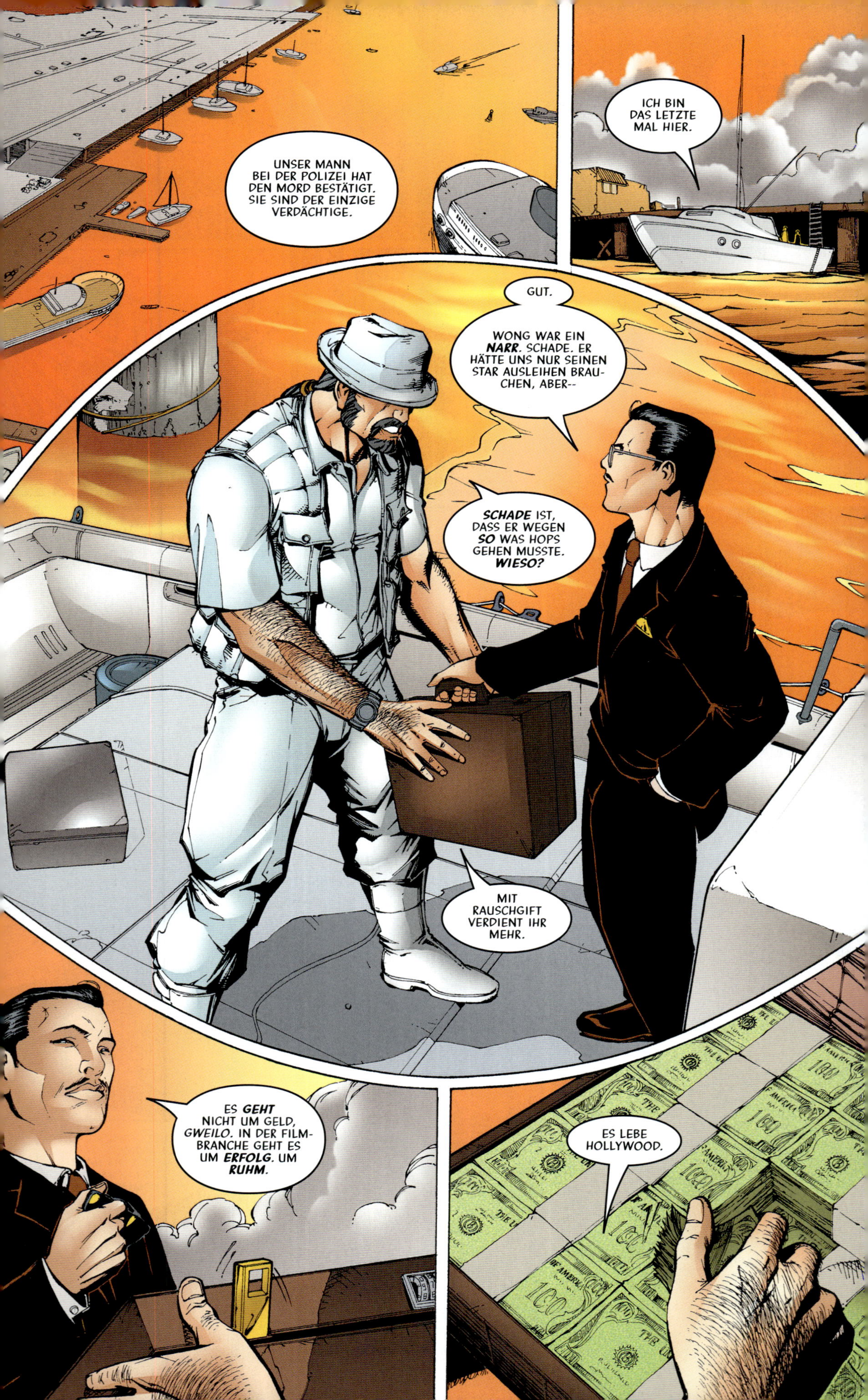
UNSER MANN BEI DER POLIZEI HAT DEN MORD BESTÄTIGT. SIE SIND DER EINZIGE VERDÄCHTIGE.
ICH BIN DAS LETZTE MAL HIER.
GUT.
WONG WAR EIN NARR. SCHADE. ER HÄTTE UNS NUR SEINEN STAR AUSLEIHEN BRAUCHEN, ABER--
SCHADE IST, DASS ER WEGEN SO WAS HOPS GEHEN MUSSTE. WIESO?
MIT RAUSCHGIFT VERDIENT IHR MEHR.
ES GEHT NICHT UM GELD, GWEILO. IN DER FILMBRANCHE GEHT ES UM ERFOLG. UM RUHM.
ES LEBE HOLLYWOOD.

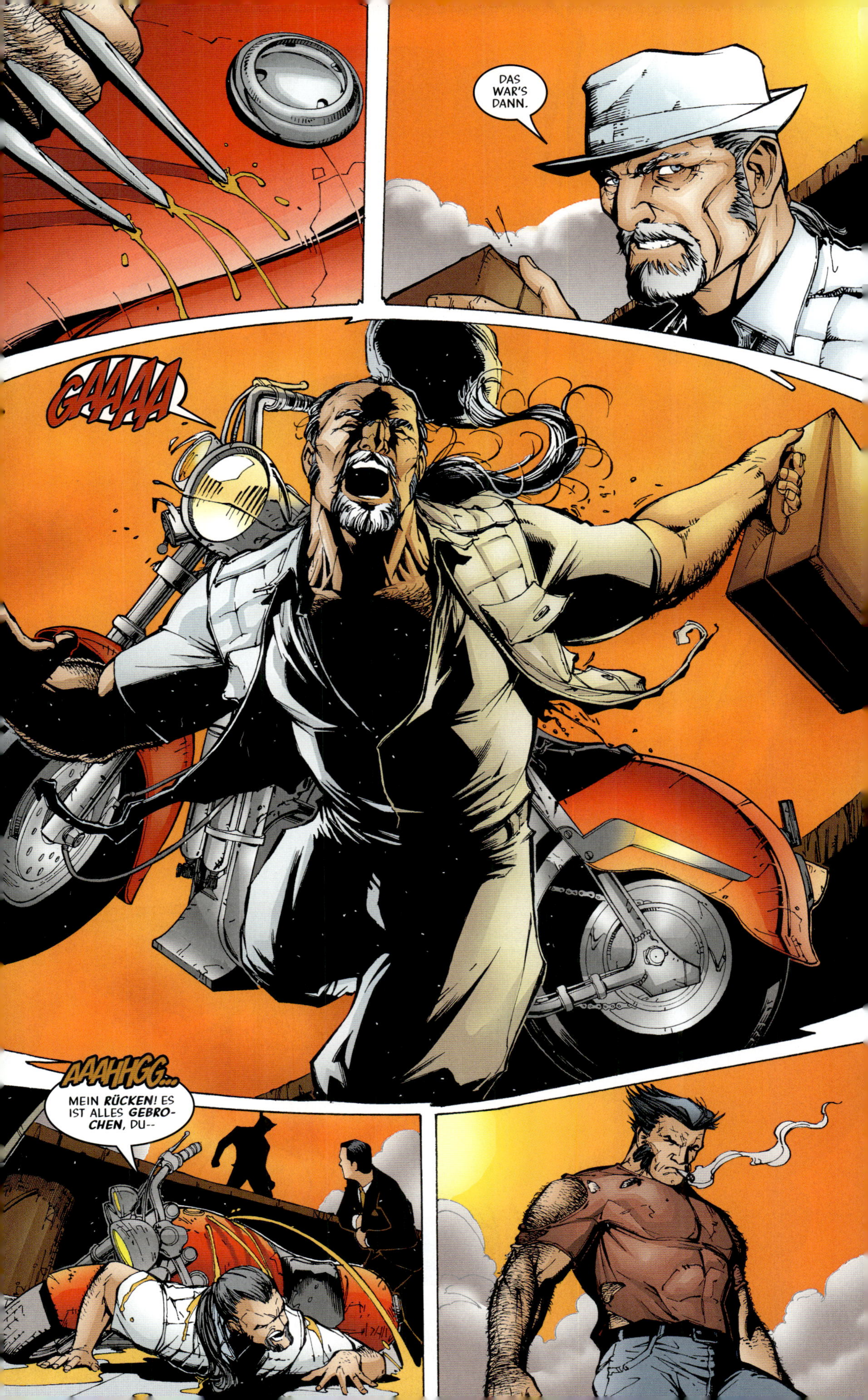
DAS WAR'S DANN.
GAAAA
AAAHHGG...
MEIN RÜCKEN! ES IST ALLES GEBROCHEN, DU--

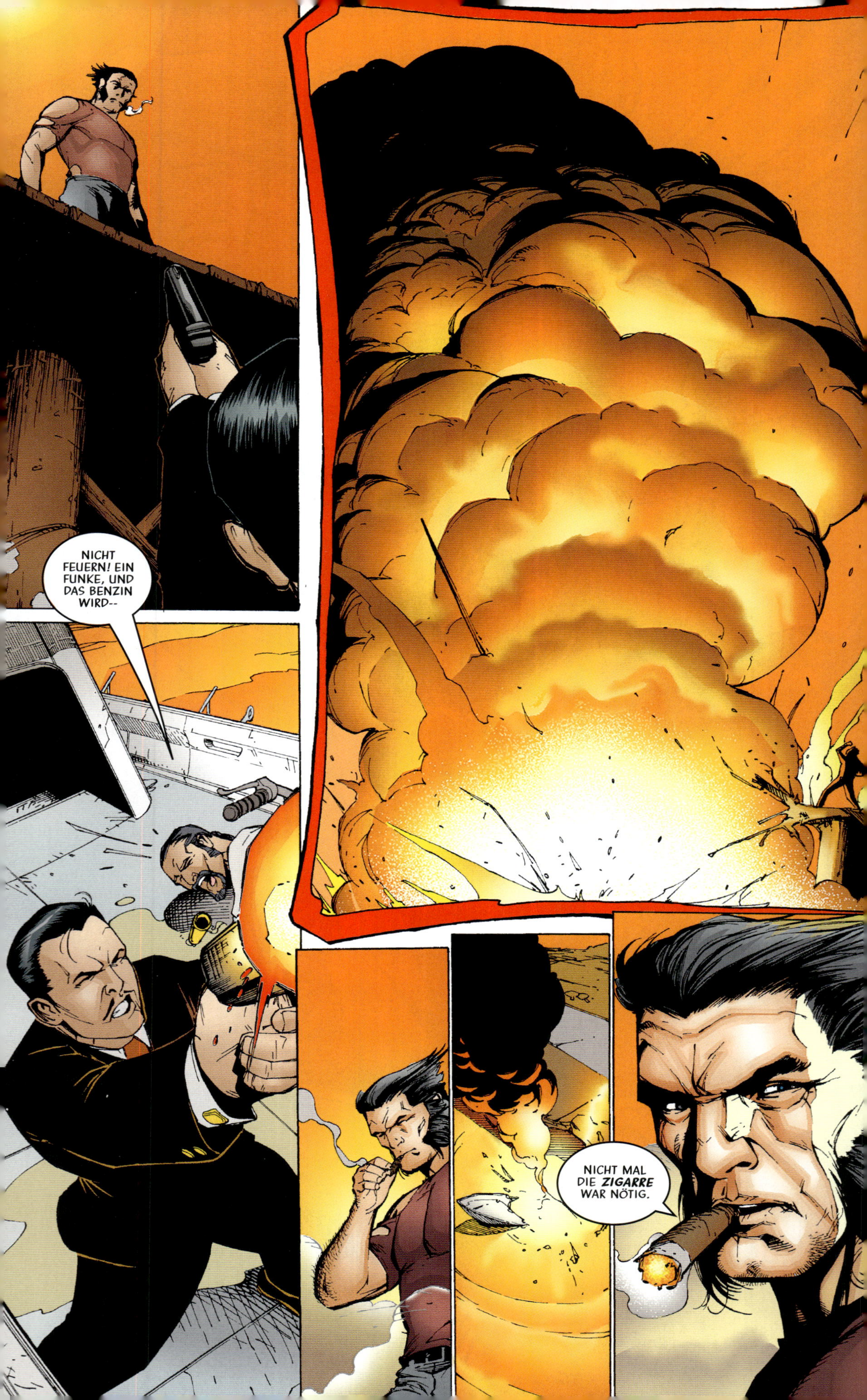
NICHT FEUERN! EIN FUNKE, UND DAS BENZIN WIRD--
NICHT MAL DIE ZIGARRE WAR NÖTIG.

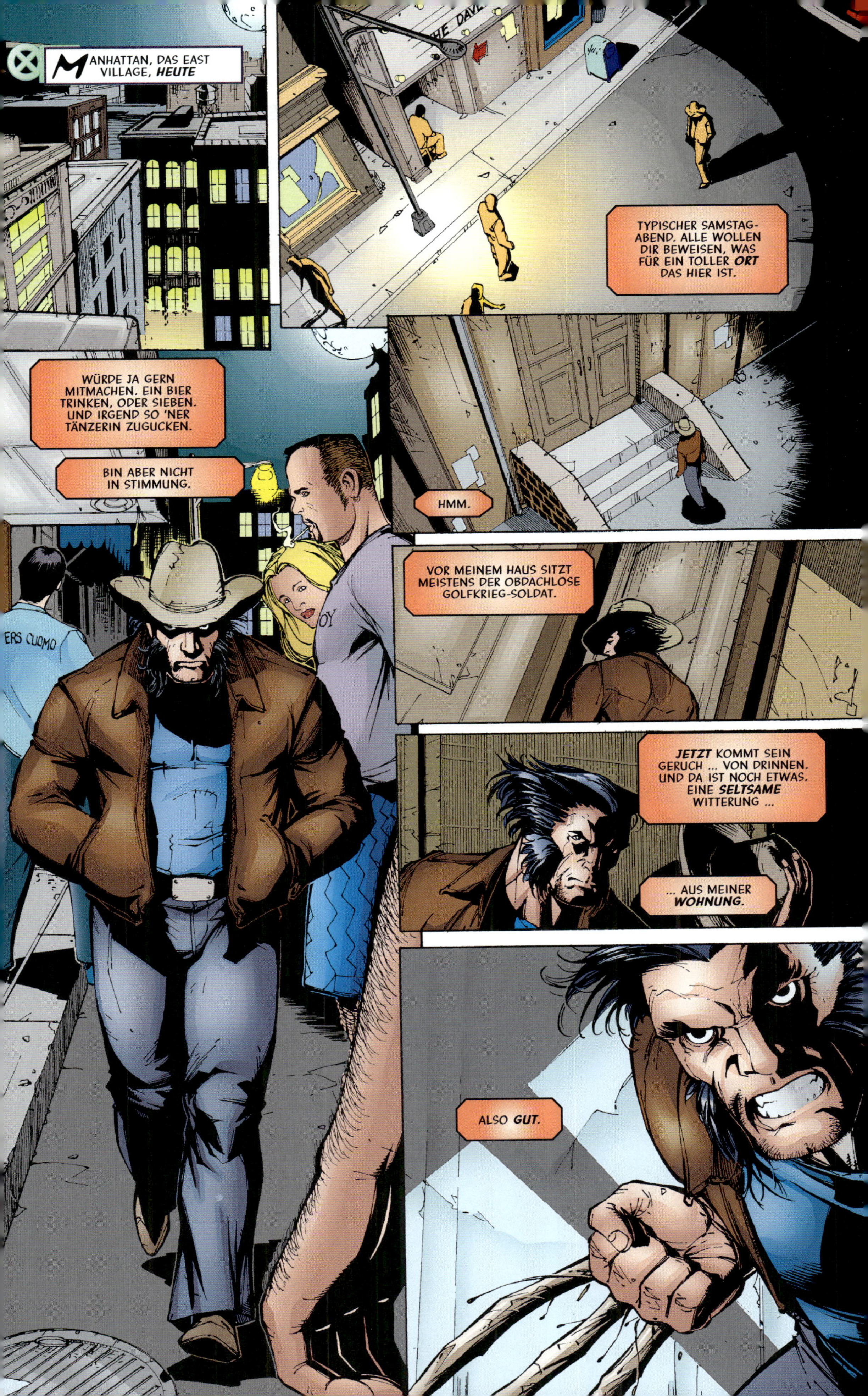
MANHATTAN, DAS EAST VILLAGE, HEUTE
TYPISCHER SAMSTAG-ABEND. ALLE WOLLEN DIR BEWEISEN, WAS FÜR EIN TOLLER ORT DAS HIER IST.
WÜRDE JA GERN MITMACHEN. EIN BIER TRINKEN, ODER SIEBEN. UND IRGEND SO 'NER TÄNZERIN ZUGUCKEN.
BIN ABER NICHT IN STIMMUNG.
HMM.
VOR MEINEM HAUS SITZT MEISTENS DER OBDACHLOSE GOLFKRIEG-SOLDAT.
JETZT KOMMT SEIN GERUCH ... VON DRINNEN. UND DA IST NOCH ETWAS. EINE SELTSAME WITTERUNG ...
... AUS MEINER WOHNUNG.
ALSO GUT.

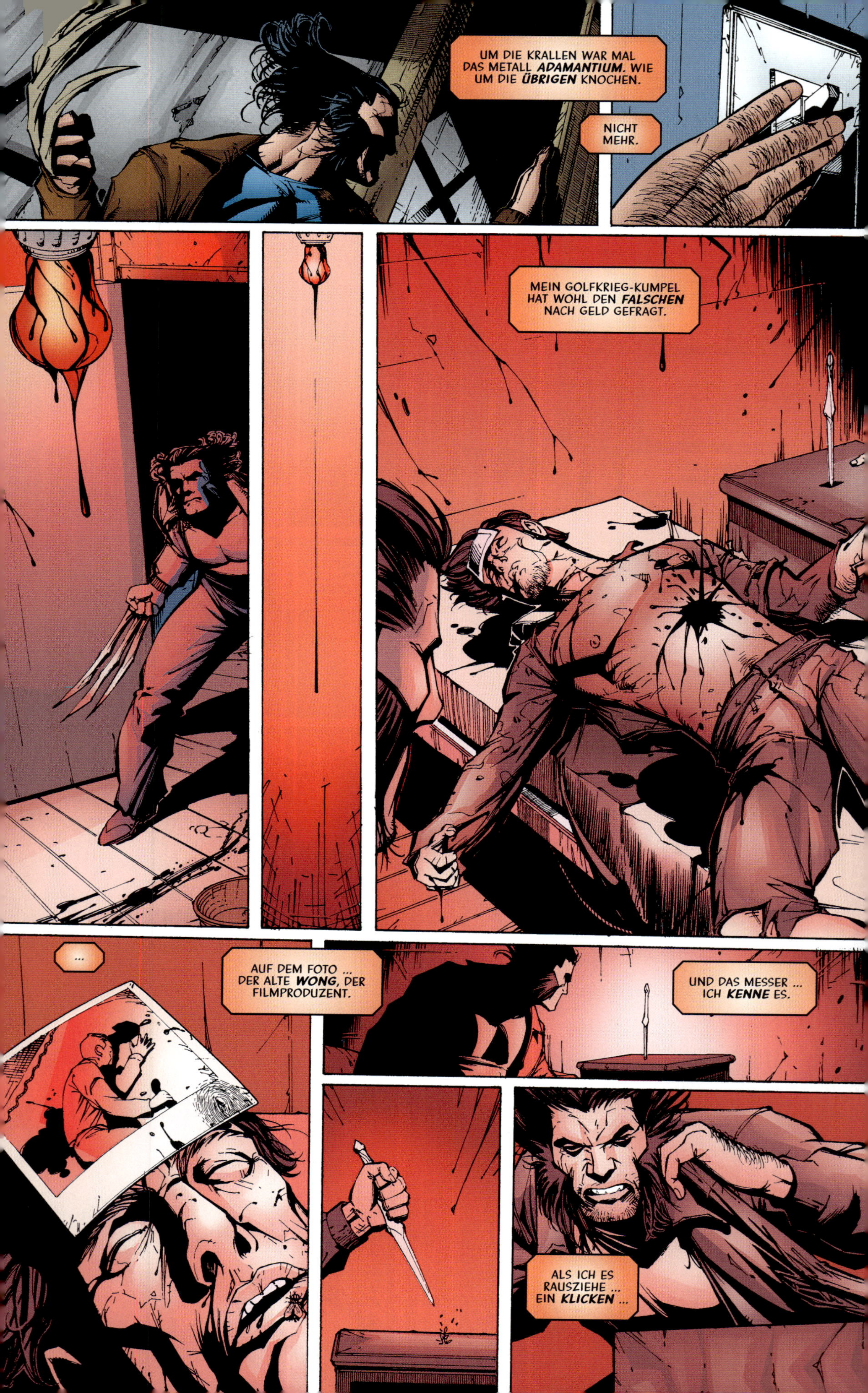
UM DIE KRALLEN WAR MAL DAS METALL ADAMANTIUM. WIE UM DIE ÜBRIGEN KNOCHEN.
NICHT MEHR.
MEIN GOLFKRIEG-KUMPEL HAT WOHL DEN FALSCHEN NACH GELD GEFRAGT.
...
AUF DEM FOTO ... DER ALTE WONG, DER FILMPRODUZENT.
UND DAS MESSER ... ICH KENNE ES.
ALS ICH ES RAUSZIEHE ... EIN KLICKEN ...

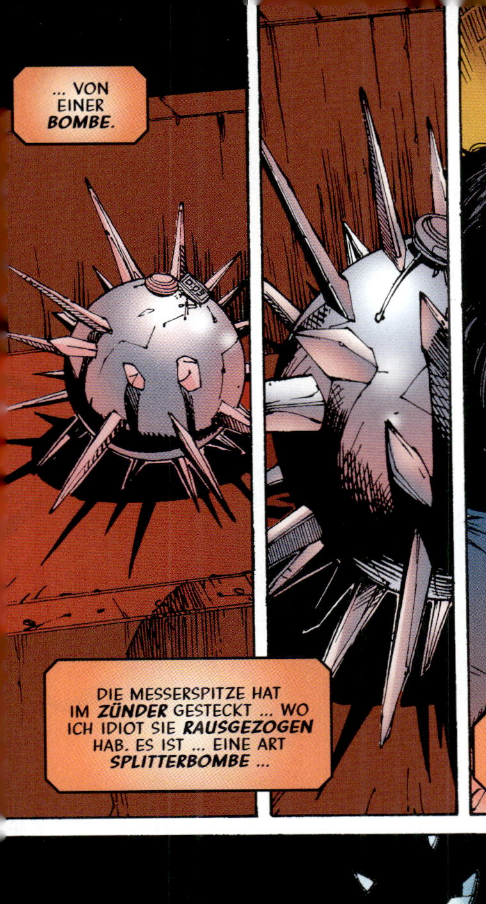
... VON EINER BOMBE.
DIE MESSERSPITZE HAT IM ZÜNDER GESTECKT ... WO ICH IDIOT SIE RAUSGEZOGEN HAB. ES IST ... EINE ART SPLITTERBOMBE ...

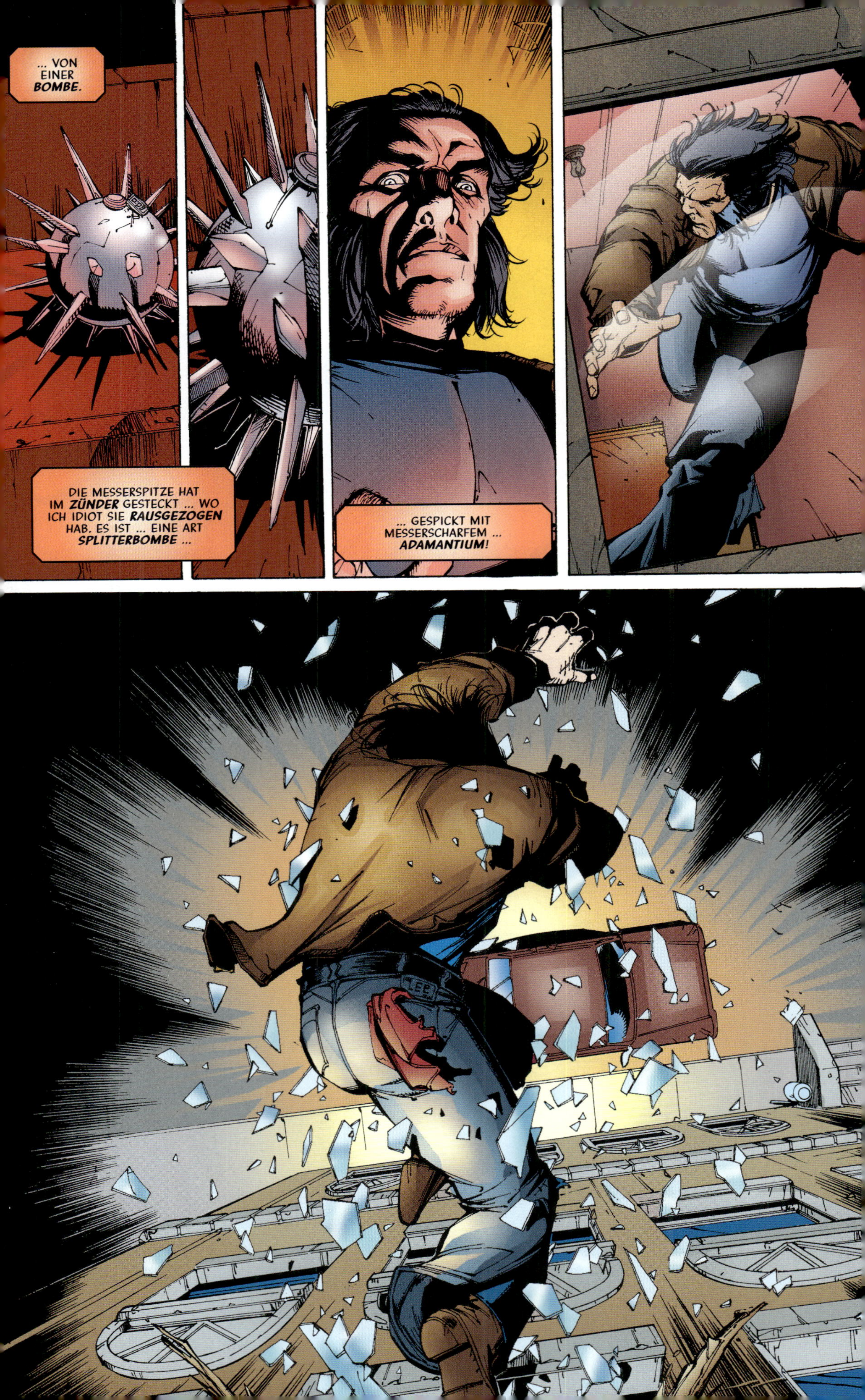

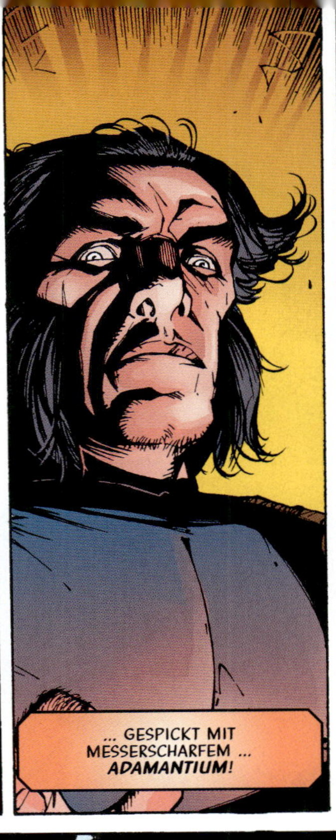
... GESPICKT MIT MESSERSCHARFEM ... ADAMANTIUM!

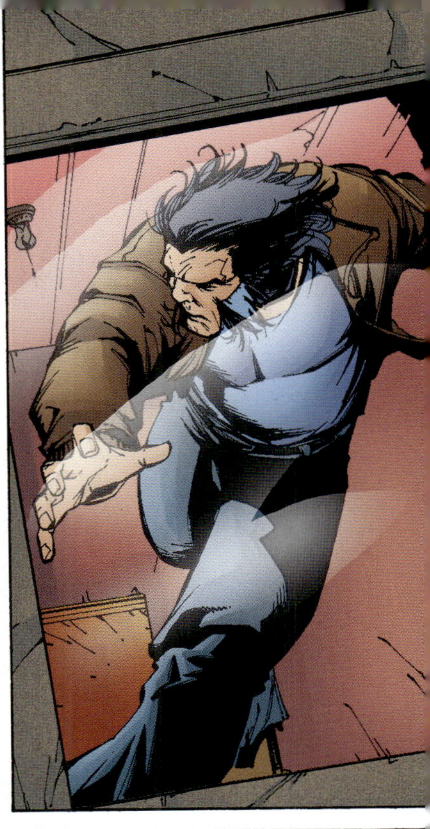

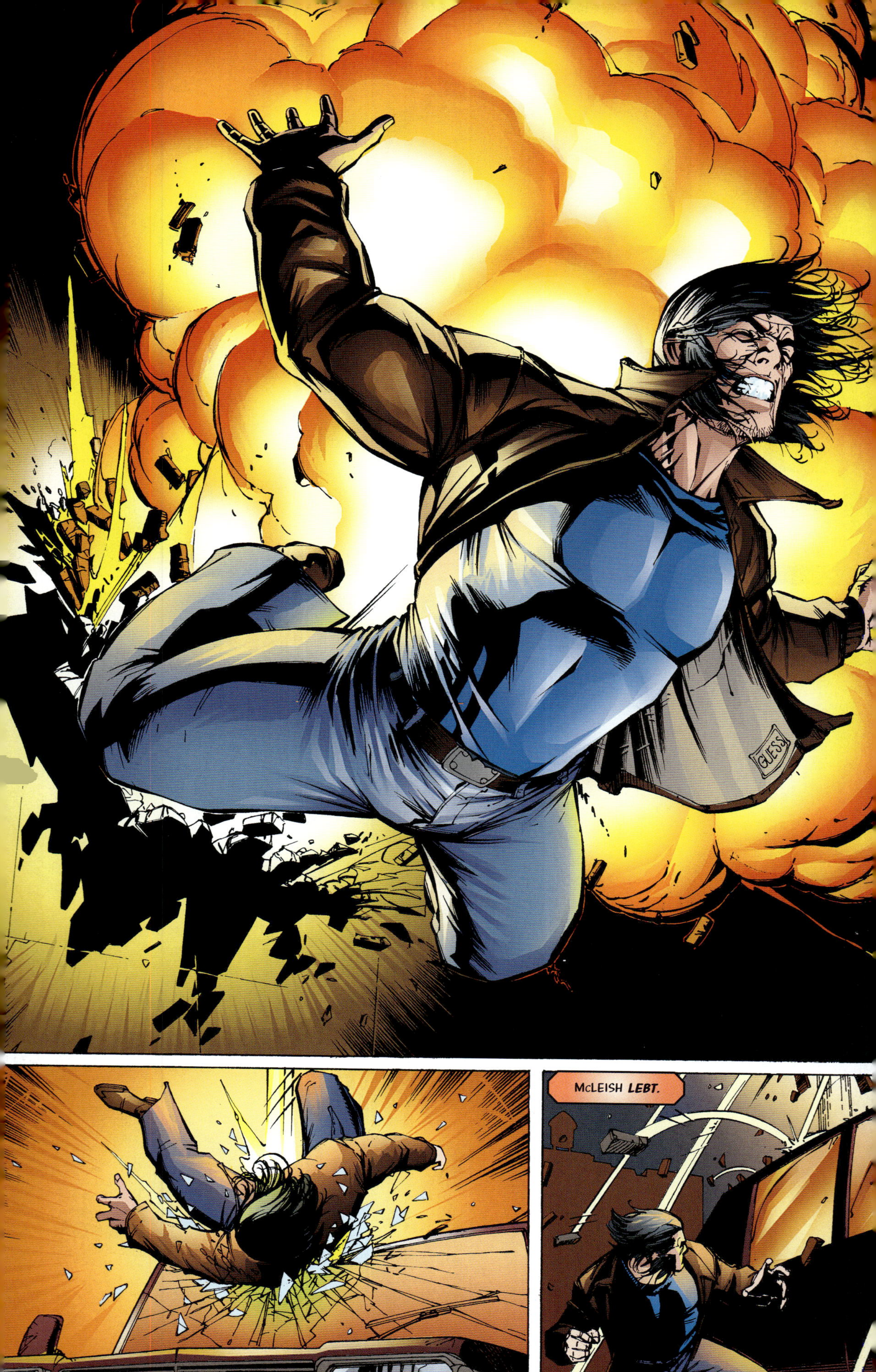
McLEISH LEBT.

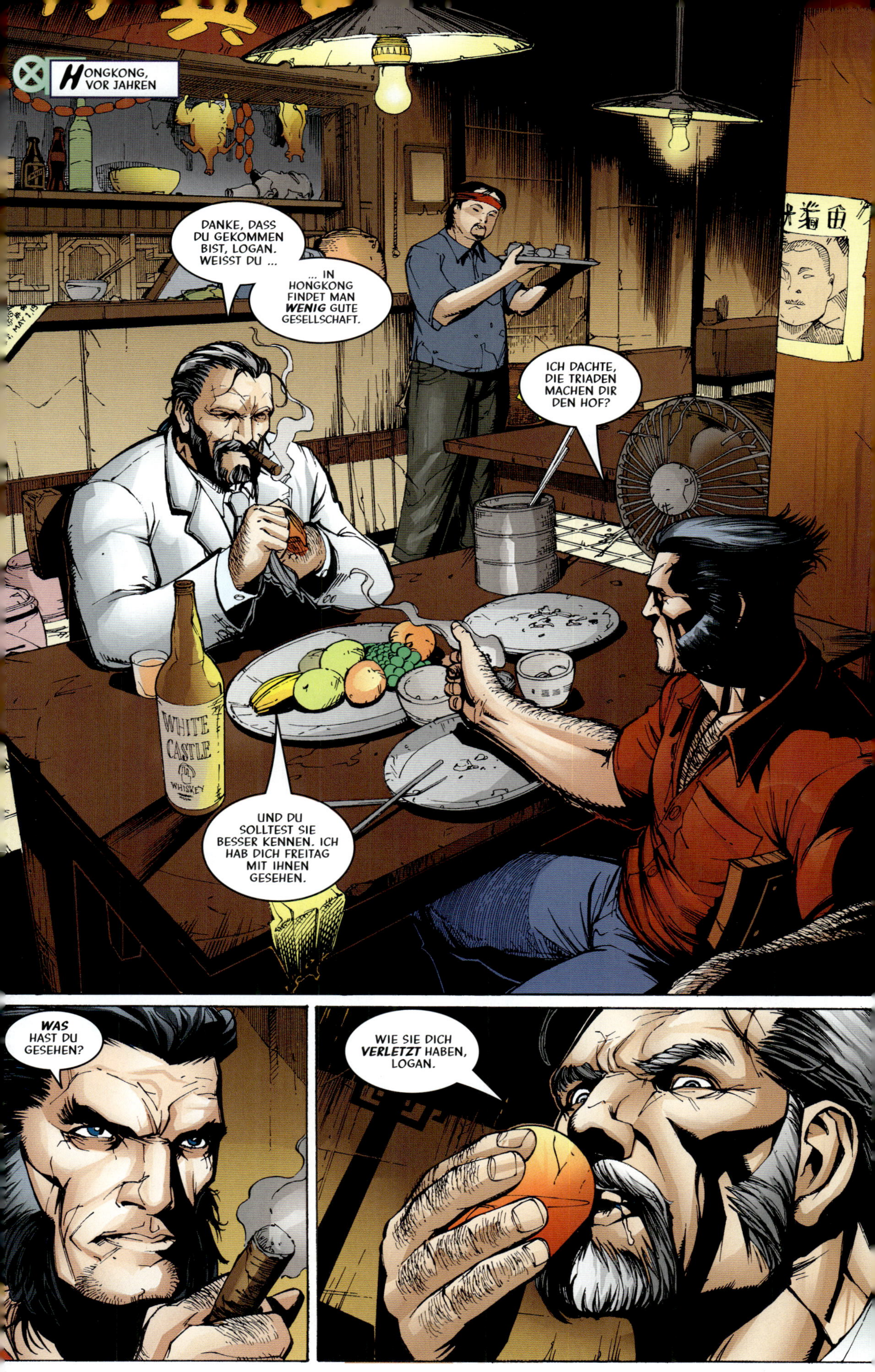

HONGKONG, VOR JAHREN

DANKE, DASS DU GEKOMMEN BIST, LOGAN. WEISST DU ...

... IN HONGKONG FINDET MAN **WENIG** GUTE GESELLSCHAFT.

ICH DACHTE, DIE TRIADEN MACHEN DIR DEN HOF?

UND DU SOLLTEST SIE BESSER KENNEN. ICH HAB DICH FREITAG MIT IHNEN GESEHEN.

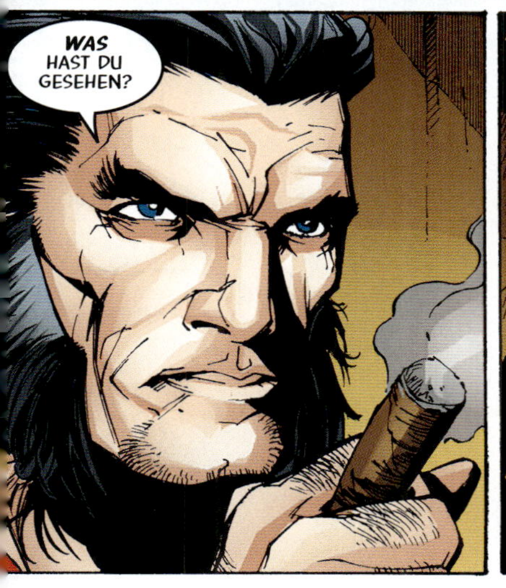

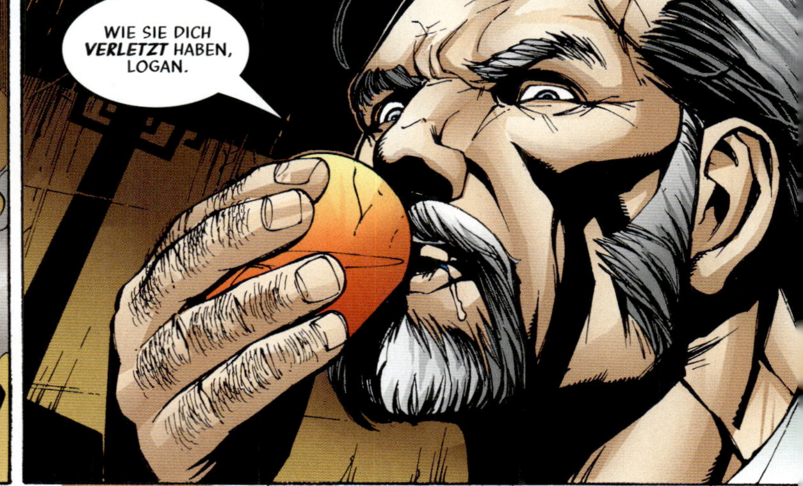

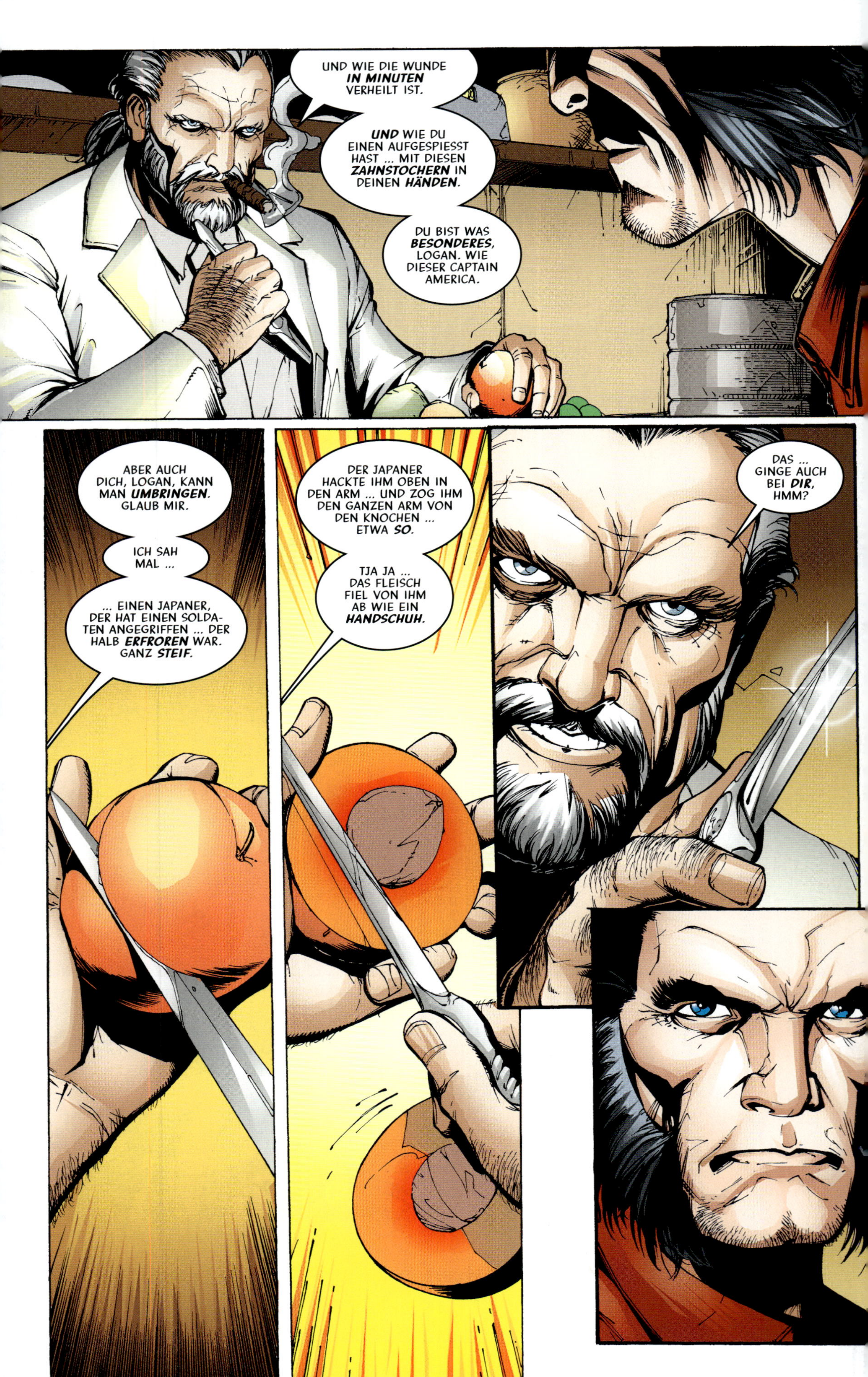
UND WIE DIE WUNDE IN MINUTEN VERHEILT IST.
UND WIE DU EINEN AUFGESPIESST HAST ... MIT DIESEN ZAHNSTOCHERN IN DEINEN HÄNDEN.
DU BIST WAS BESONDERES, LOGAN. WIE DIESER CAPTAIN AMERICA.
ABER AUCH DICH, LOGAN, KANN MAN UMBRINGEN. GLAUB MIR.
ICH SAH MAL ...
... EINEN JAPANER, DER HAT EINEN SOLDATEN ANGEGRIFFEN ... DER HALB ERFROREN WAR. GANZ STEIF.
DER JAPANER HACKTE IHM OBEN IN DEN ARM ... UND ZOG IHM DEN GANZEN ARM VON DEN KNOCHEN ... ETWA SO.
TJA JA ... DAS FLEISCH FIEL VON IHM AB WIE EIN HANDSCHUH.
DAS ... GINGE AUCH BEI DIR, HMM?

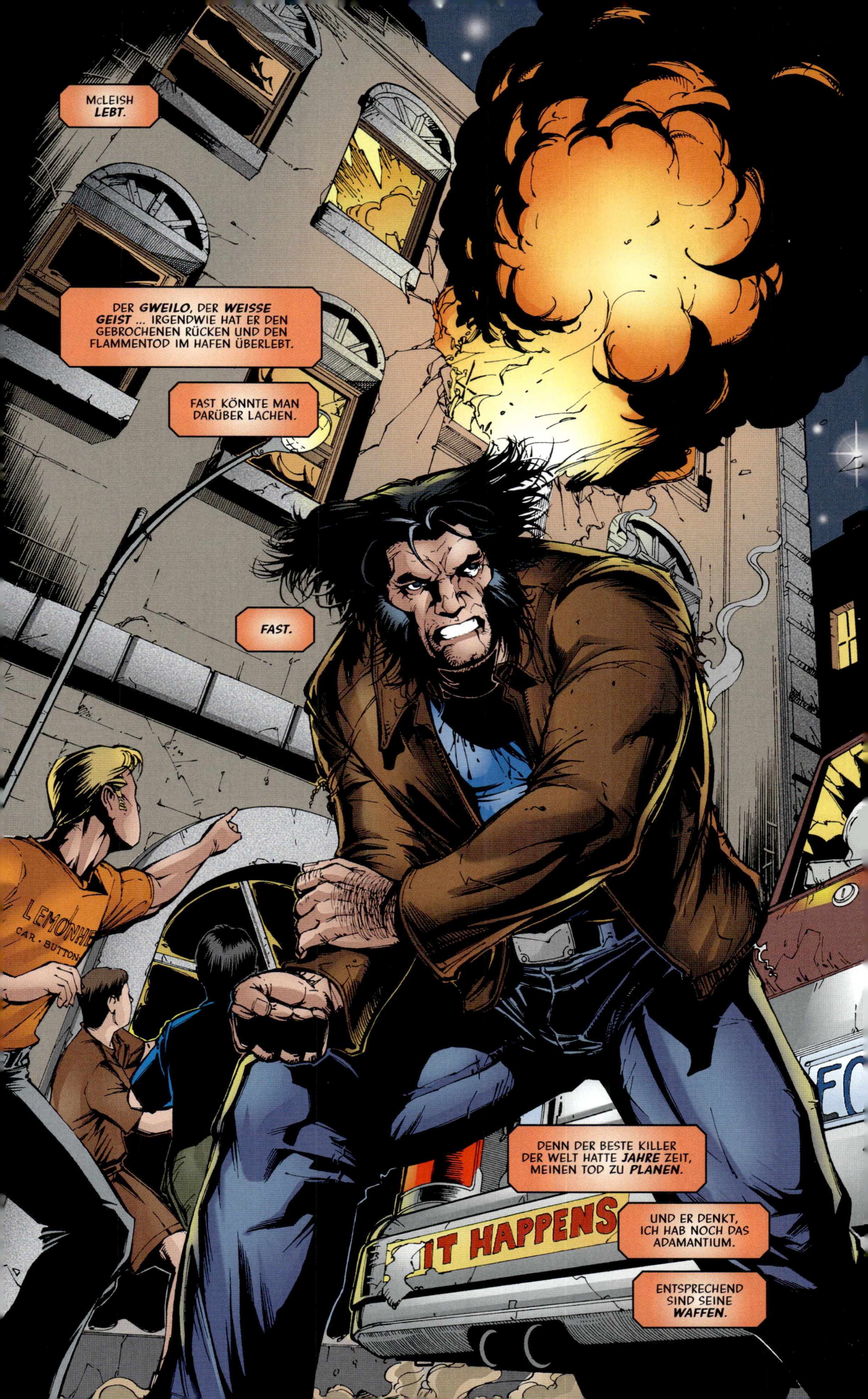
McLEISH LEBT.
DER GWEILO, DER WEISSE GEIST ... IRGENDWIE HAT ER DEN GEBROCHENEN RÜCKEN UND DEN FLAMMENTOD IM HAFEN ÜBERLEBT.
FAST KÖNNTE MAN DARÜBER LACHEN.
FAST.
LEMONHE
CAR · BUTTON
DENN DER BESTE KILLER DER WELT HATTE JAHRE ZEIT, MEINEN TOD ZU PLANEN.
IT HAPPENS
UND ER DENKT, ICH HAB NOCH DAS ADAMANTIUM.
ENTSPRECHEND SIND SEINE WAFFEN.

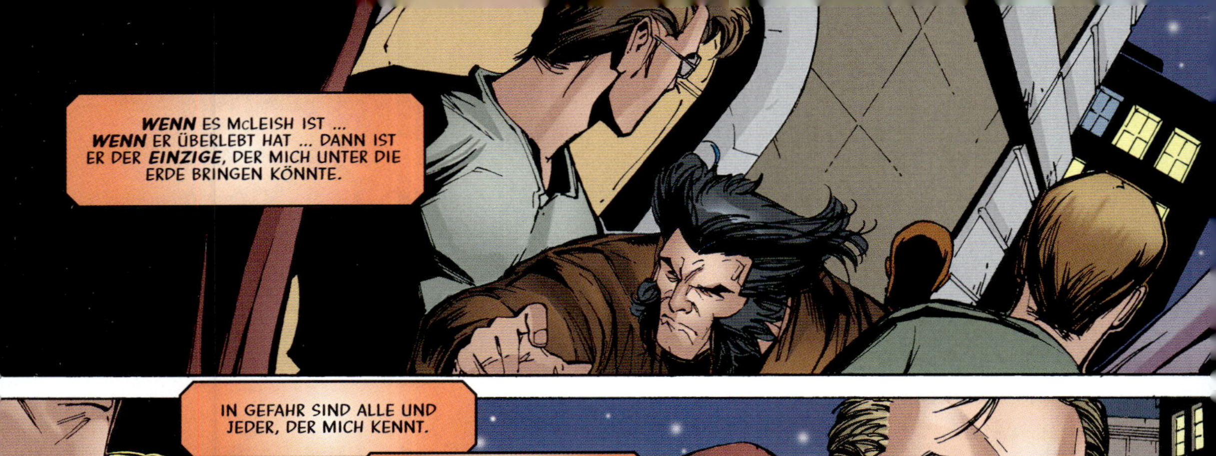
WENN ES McLEISH IST ... WENN ER ÜBERLEBT HAT ... DANN IST ER DER EINZIGE, DER MICH UNTER DIE ERDE BRINGEN KÖNNTE.

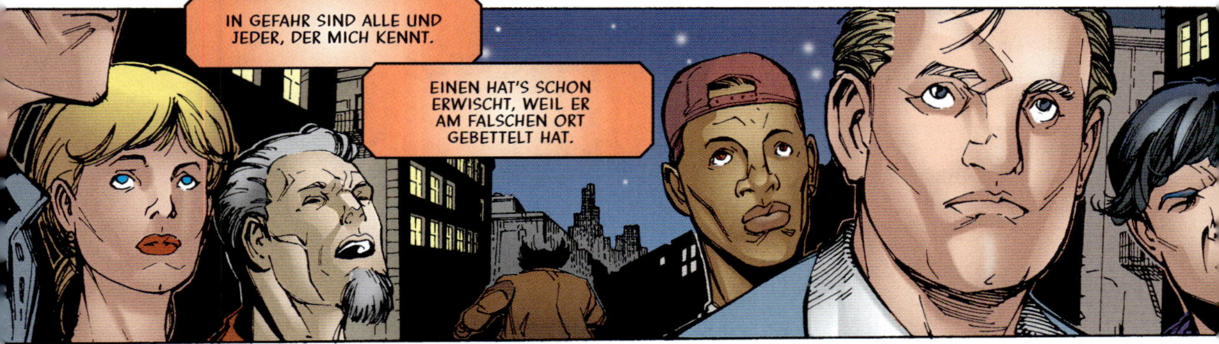
IN GEFAHR SIND ALLE UND JEDER, DER MICH KENNT.
EINEN HAT'S SCHON ERWISCHT, WEIL ER AM FALSCHEN ORT GEBETTELT HAT.

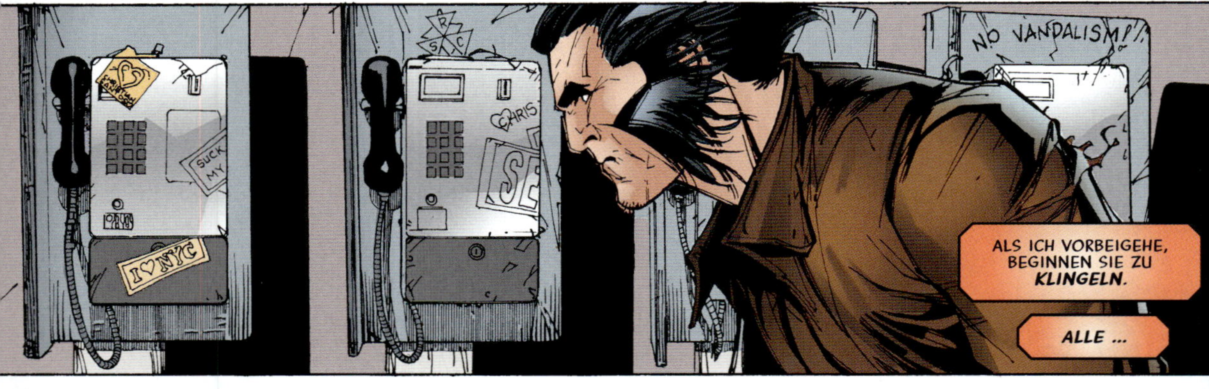
SUCK MY
I ♥ NYC
CHRIS
NO VANDALISM!!
ALS ICH VORBEIGEHE, BEGINNEN SIE ZU KLINGELN.
ALLE ...

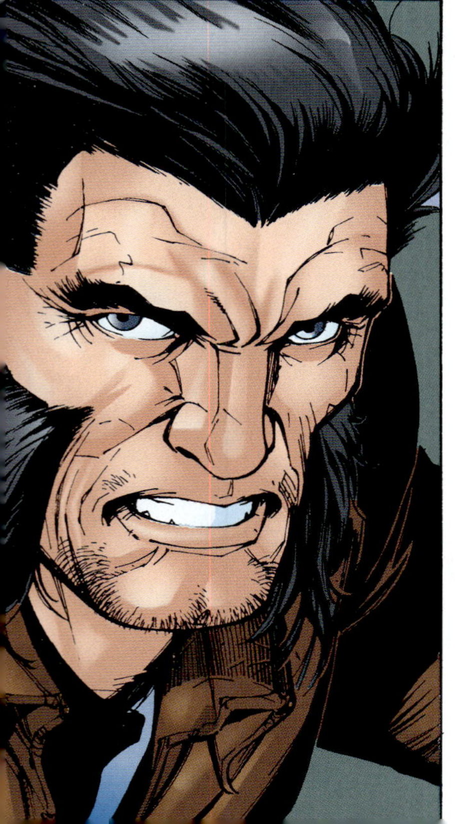

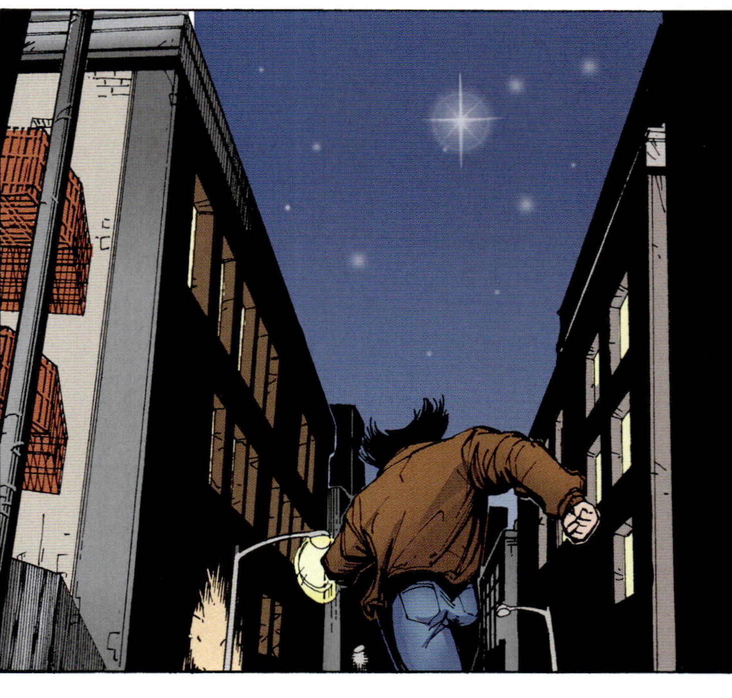

NOCH NICHT TOT, TEIL 2

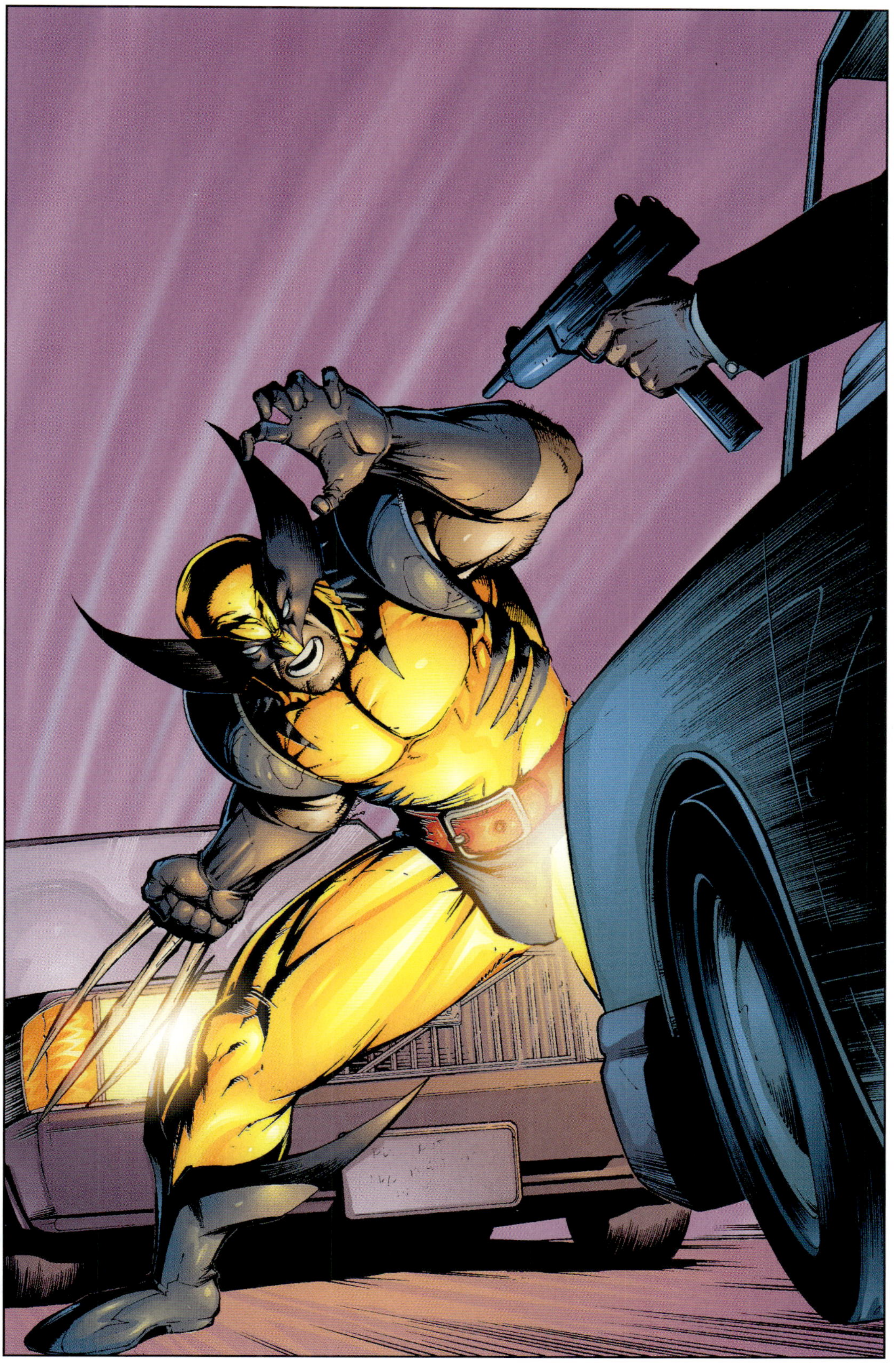

Wolverine (1988) 120
Cover von **LEINIL FRANCIS YU**

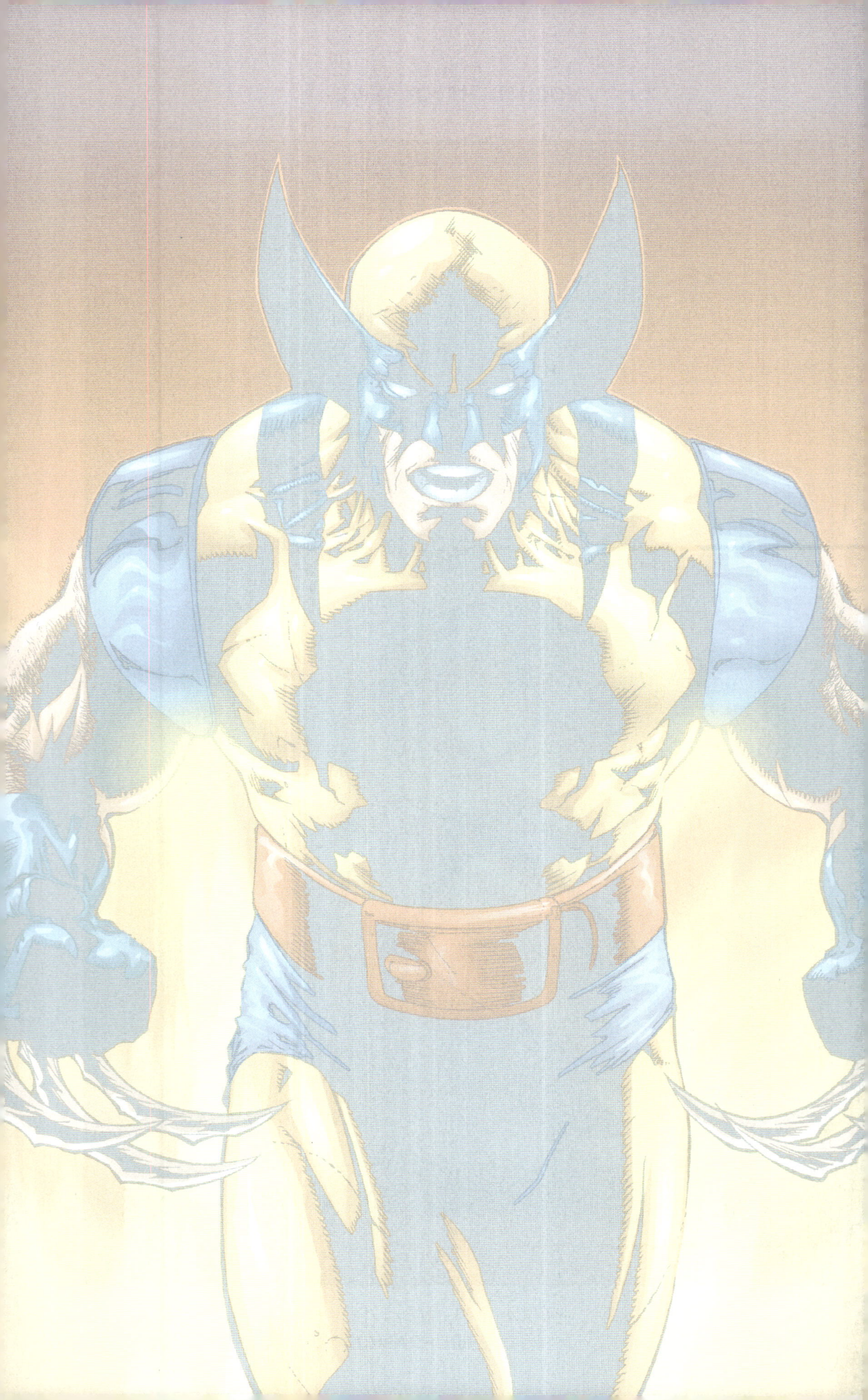

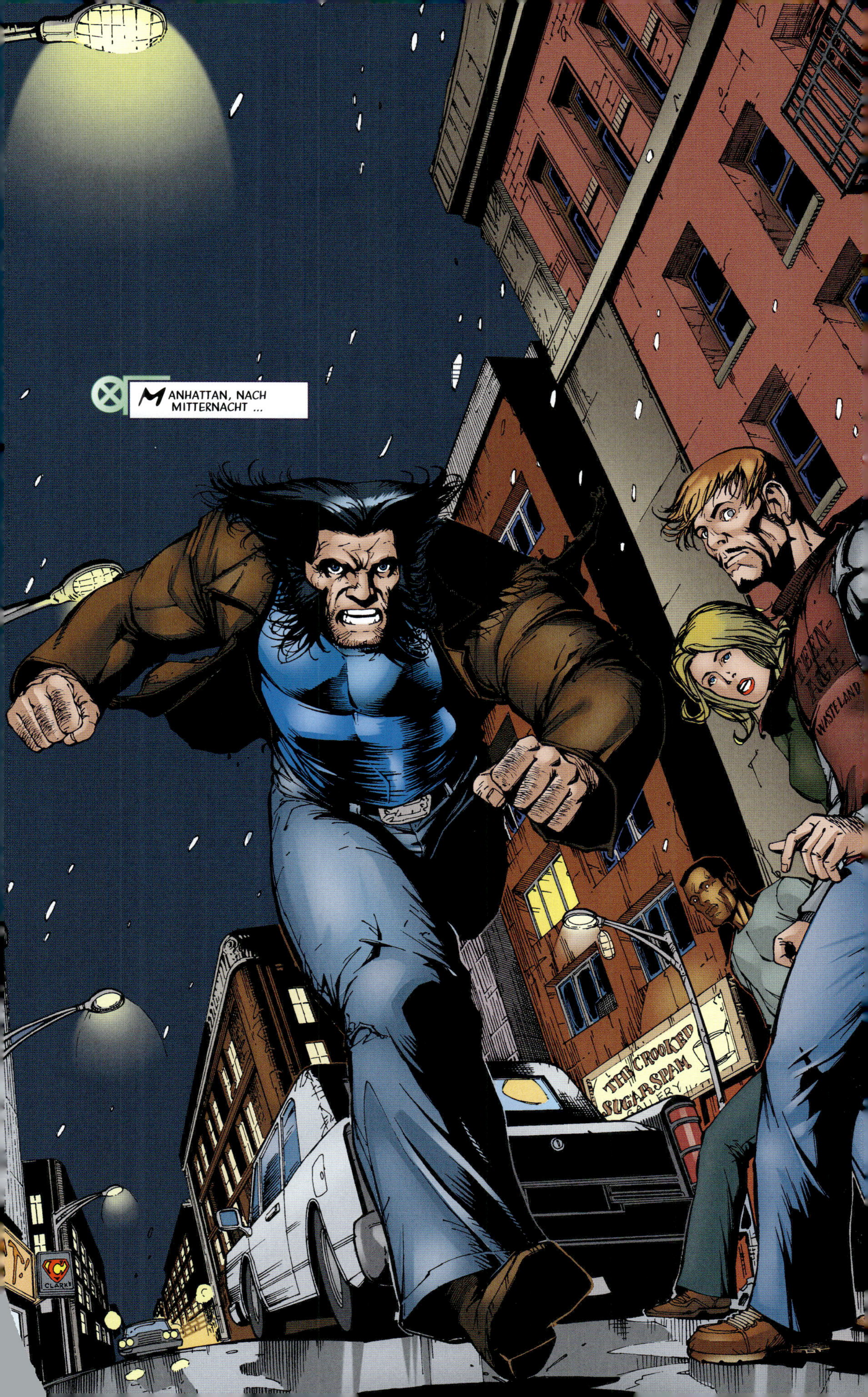
MANHATTAN, NACH MITTERNACHT ...
THE CROOKED SUGAR SPAM
WASTELAND

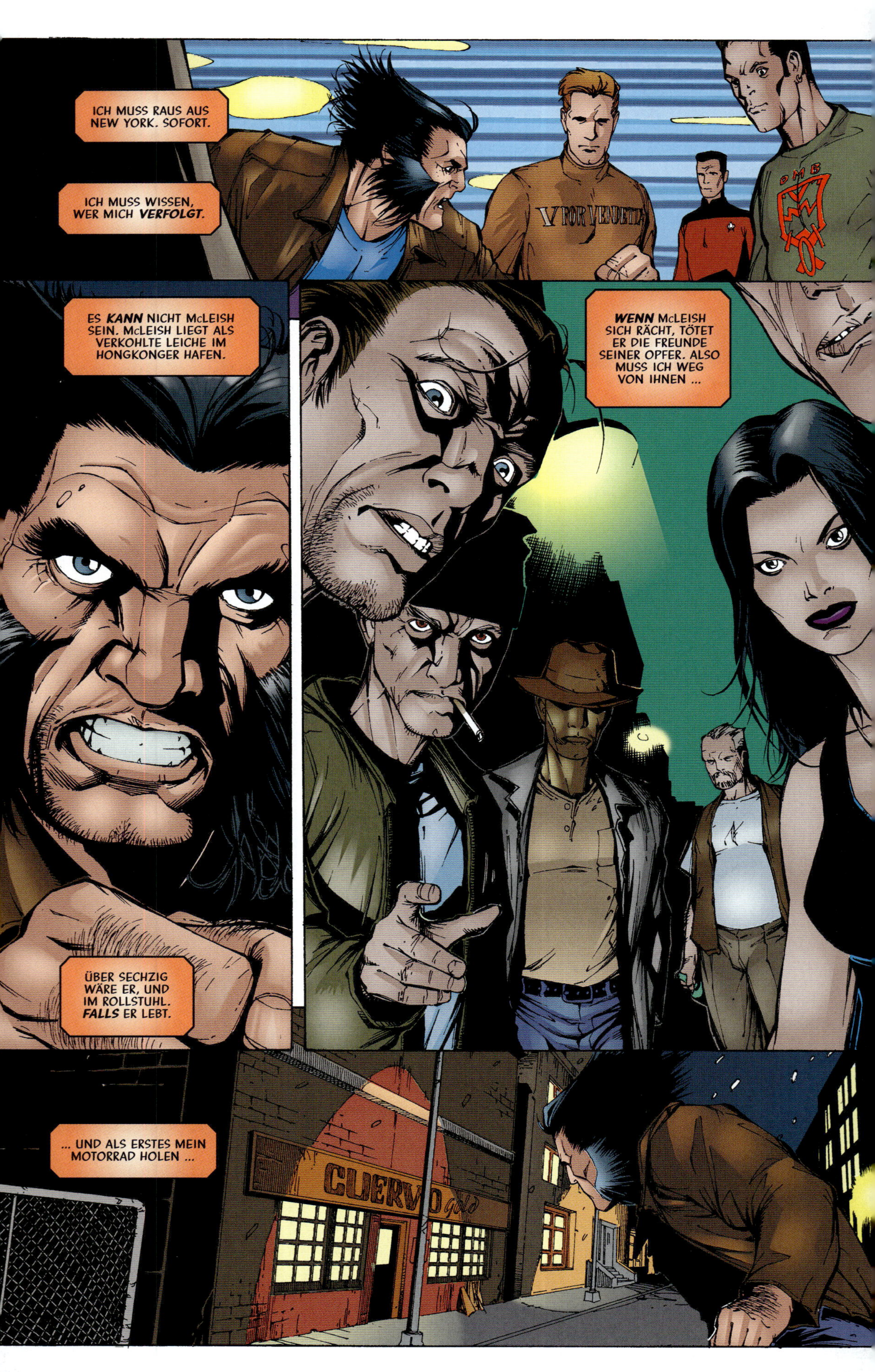
ICH MUSS RAUS AUS NEW YORK. SOFORT.
ICH MUSS WISSEN, WER MICH VERFOLGT.
V FOR VENDETTA
DMB
ES KANN NICHT McLEISH SEIN. McLEISH LIEGT ALS VERKOHLTE LEICHE IM HONGKONGER HAFEN.
WENN McLEISH SICH RÄCHT, TÖTET ER DIE FREUNDE SEINER OPFER. ALSO MUSS ICH WEG VON IHNEN ...
ÜBER SECHZIG WÄRE ER, UND IM ROLLSTUHL. FALLS ER LEBT.
... UND ALS ERSTES MEIN MOTORRAD HOLEN ...
CUERVO gold

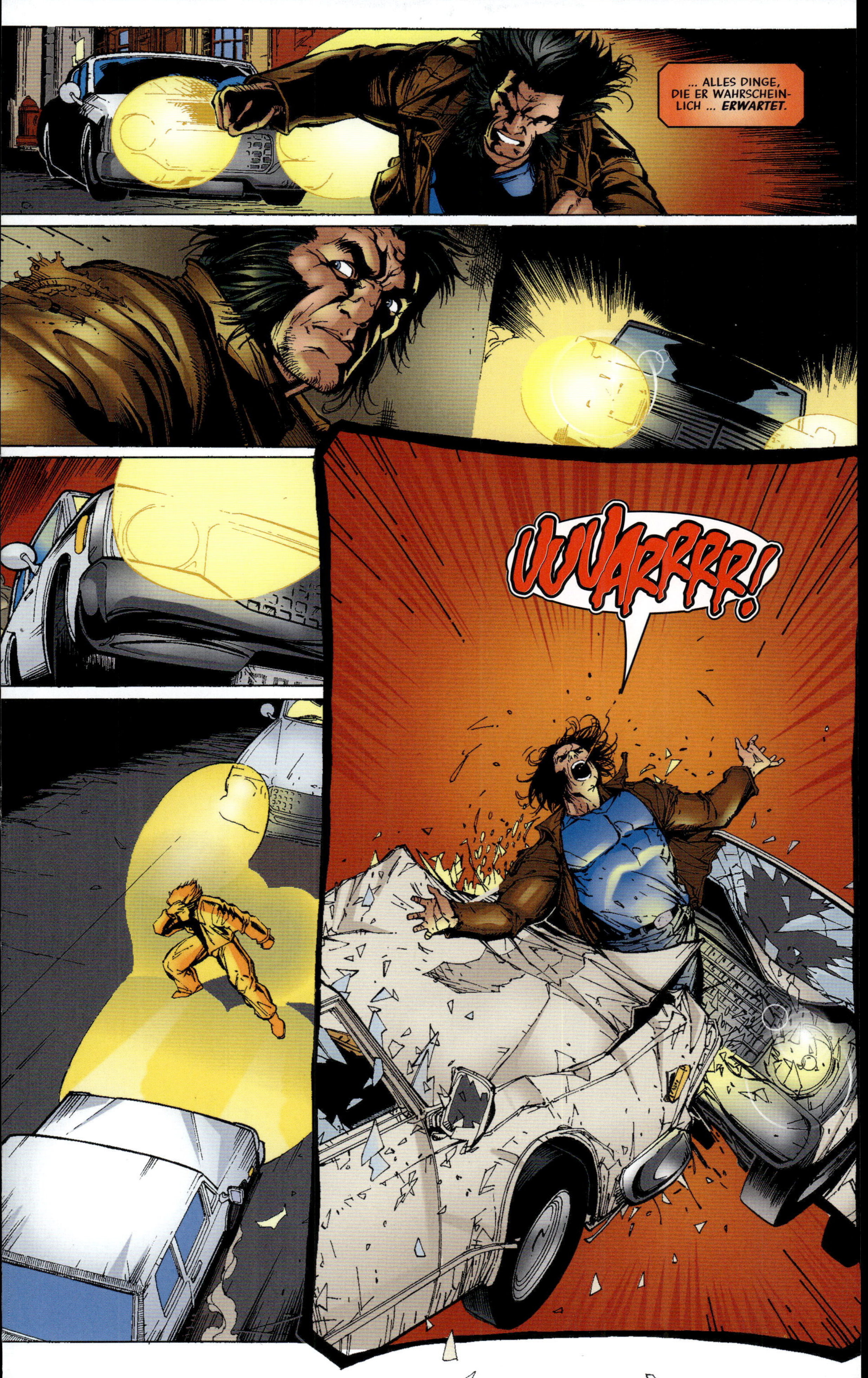
... ALLES DINGE, DIE ER WAHRSCHEIN-LICH ... ERWARTET.
UUUARRRR!

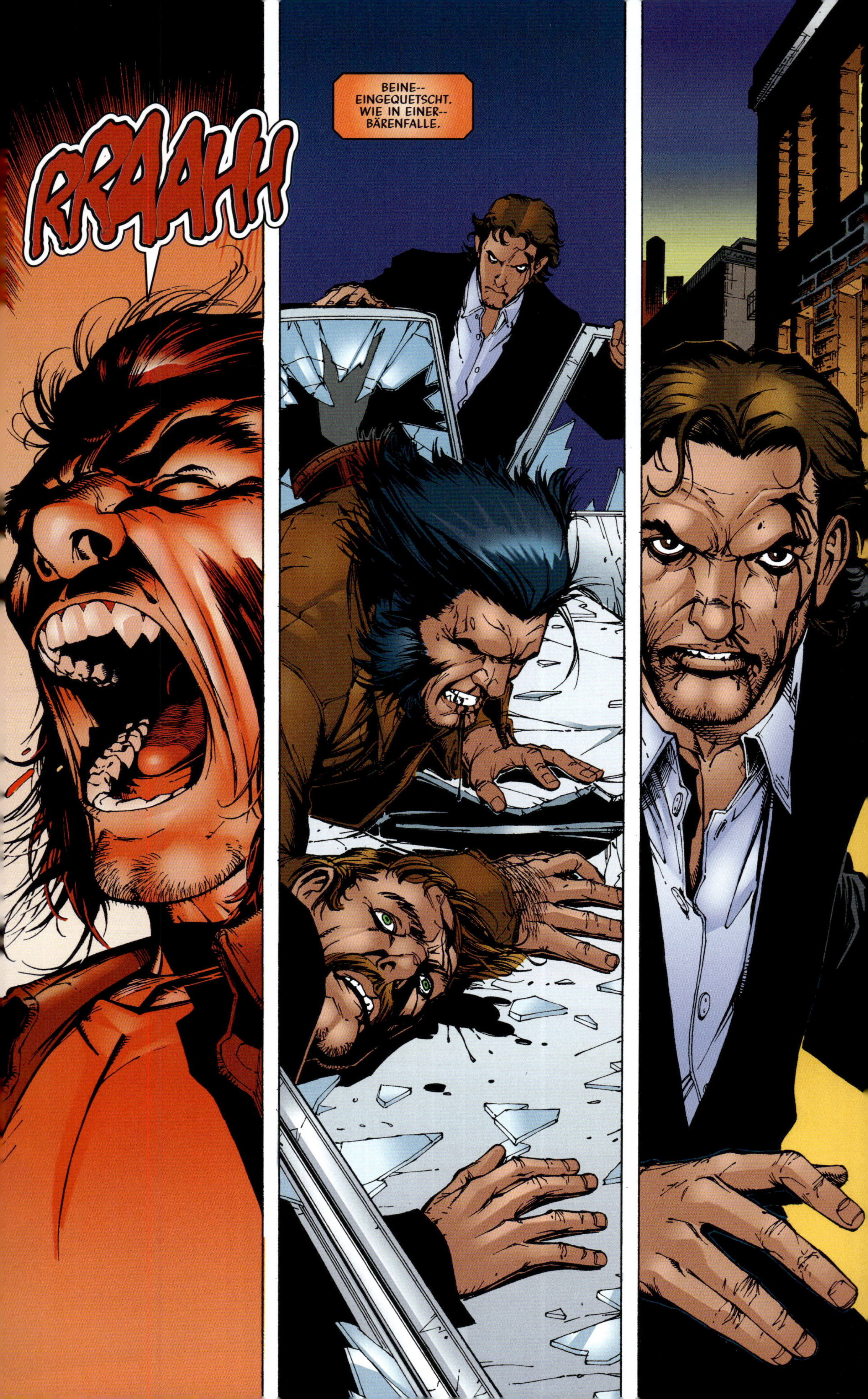
RRAAHH
BEINE--
EINGEQUETSCHT.
WIE IN EINER--
BÄRENFALLE.

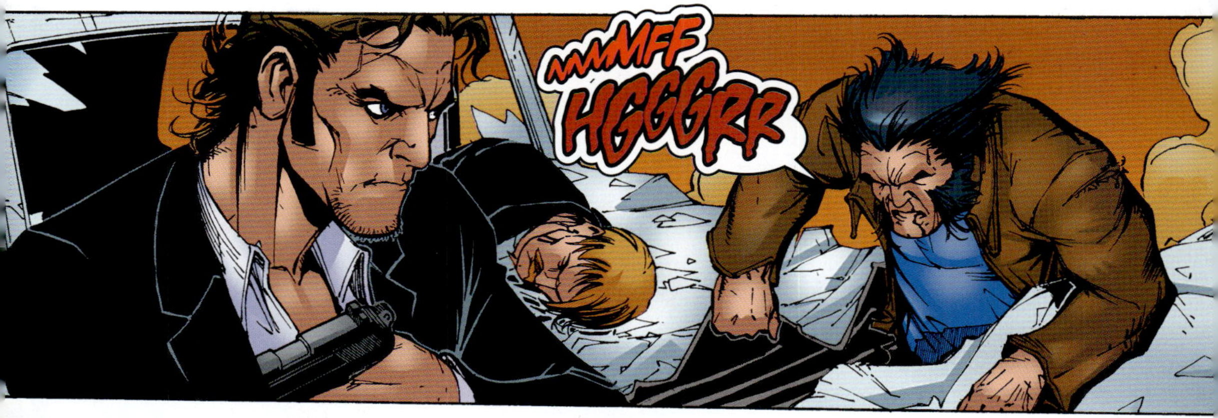

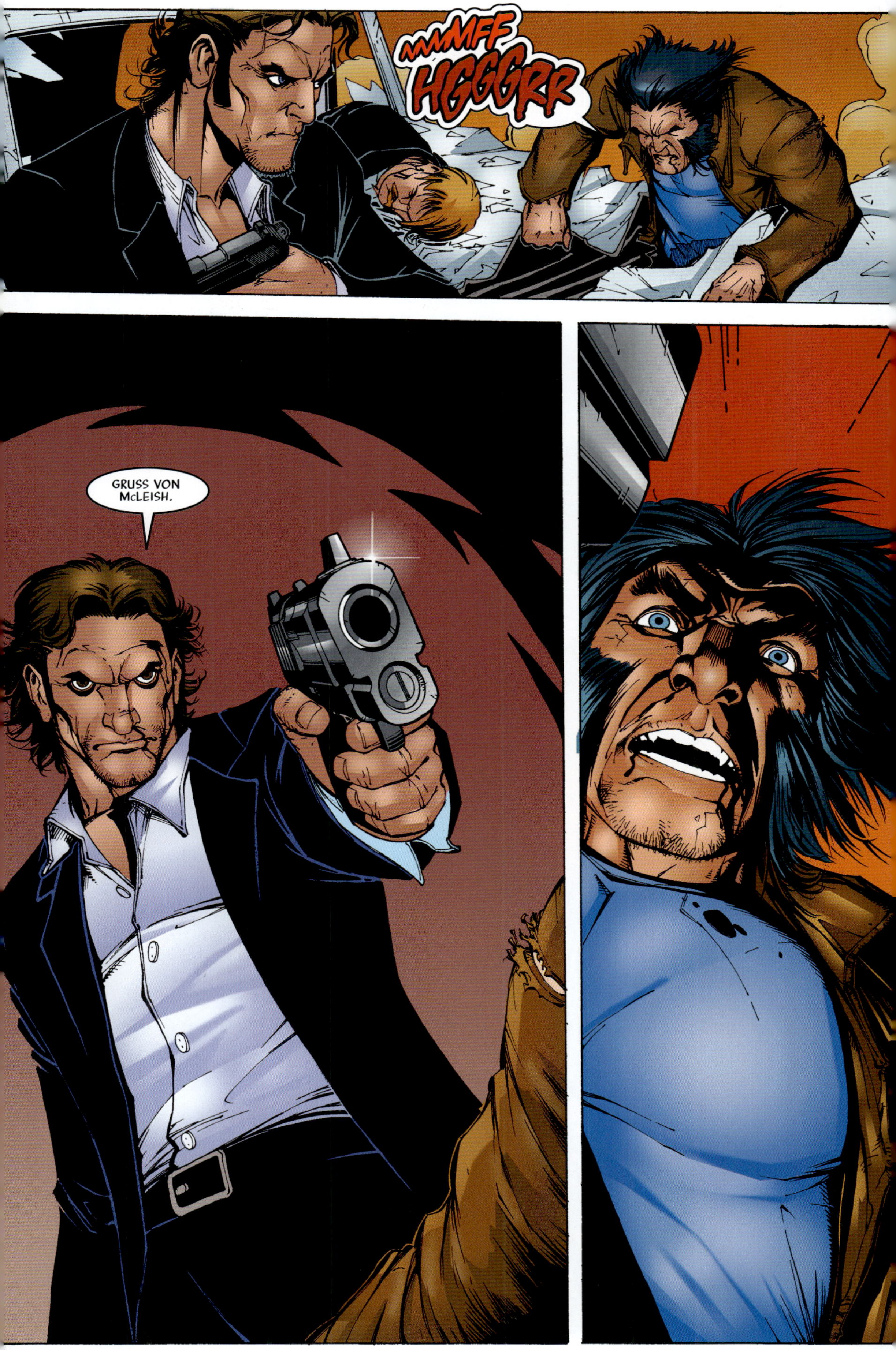

GRUSS VON McLEISH.

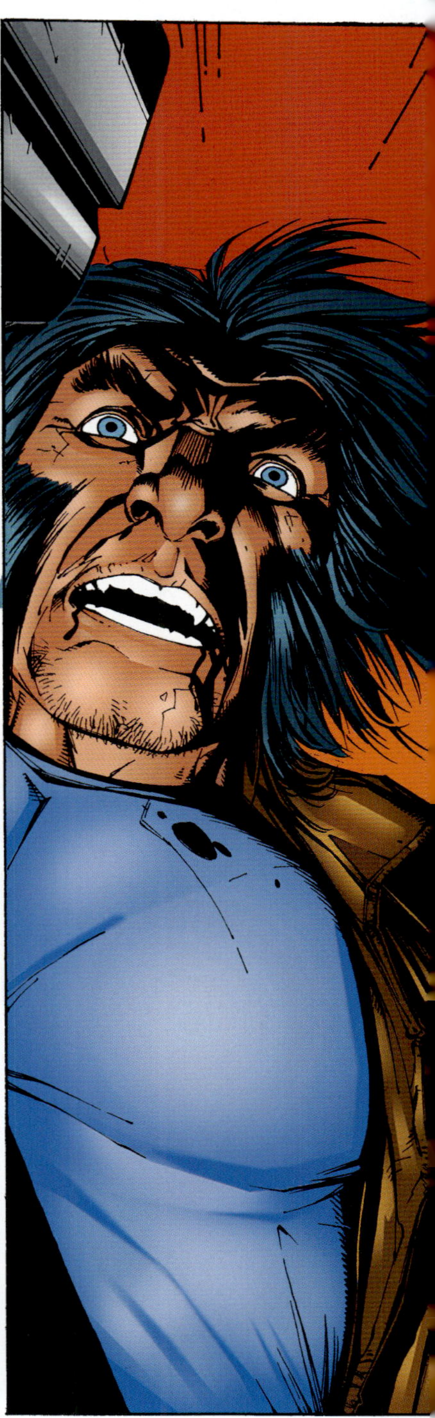

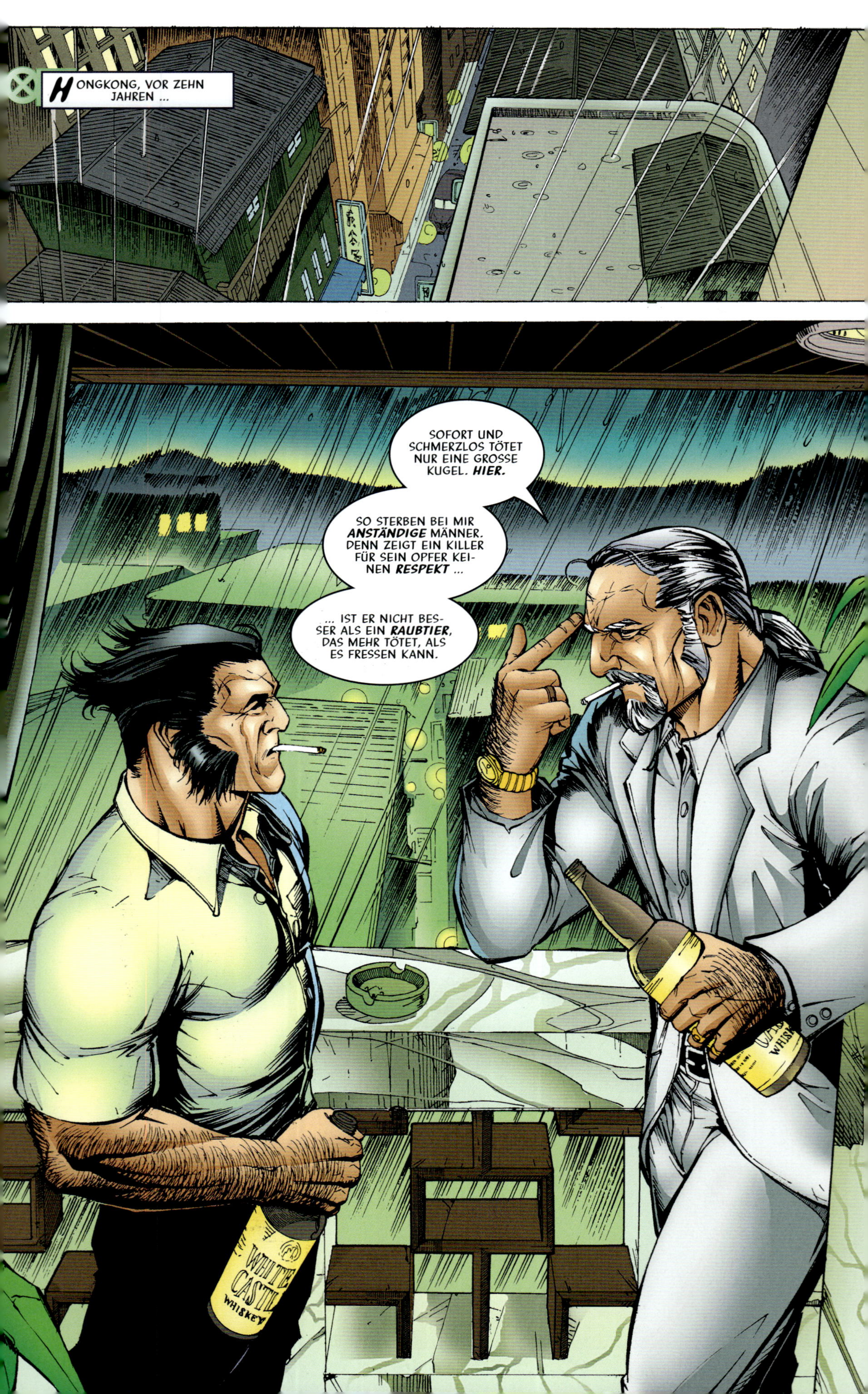
HONGKONG, VOR ZEHN JAHREN ...
SOFORT UND SCHMERZLOS TÖTET NUR EINE GROSSE KUGEL. HIER.
SO STERBEN BEI MIR ANSTÄNDIGE MÄNNER. DENN ZEIGT EIN KILLER FÜR SEIN OPFER KEINEN RESPEKT ...
... IST ER NICHT BESSER ALS EIN RAUBTIER, DAS MEHR TÖTET, ALS ES FRESSEN KANN.
WHITE CASTLE WHISKEY

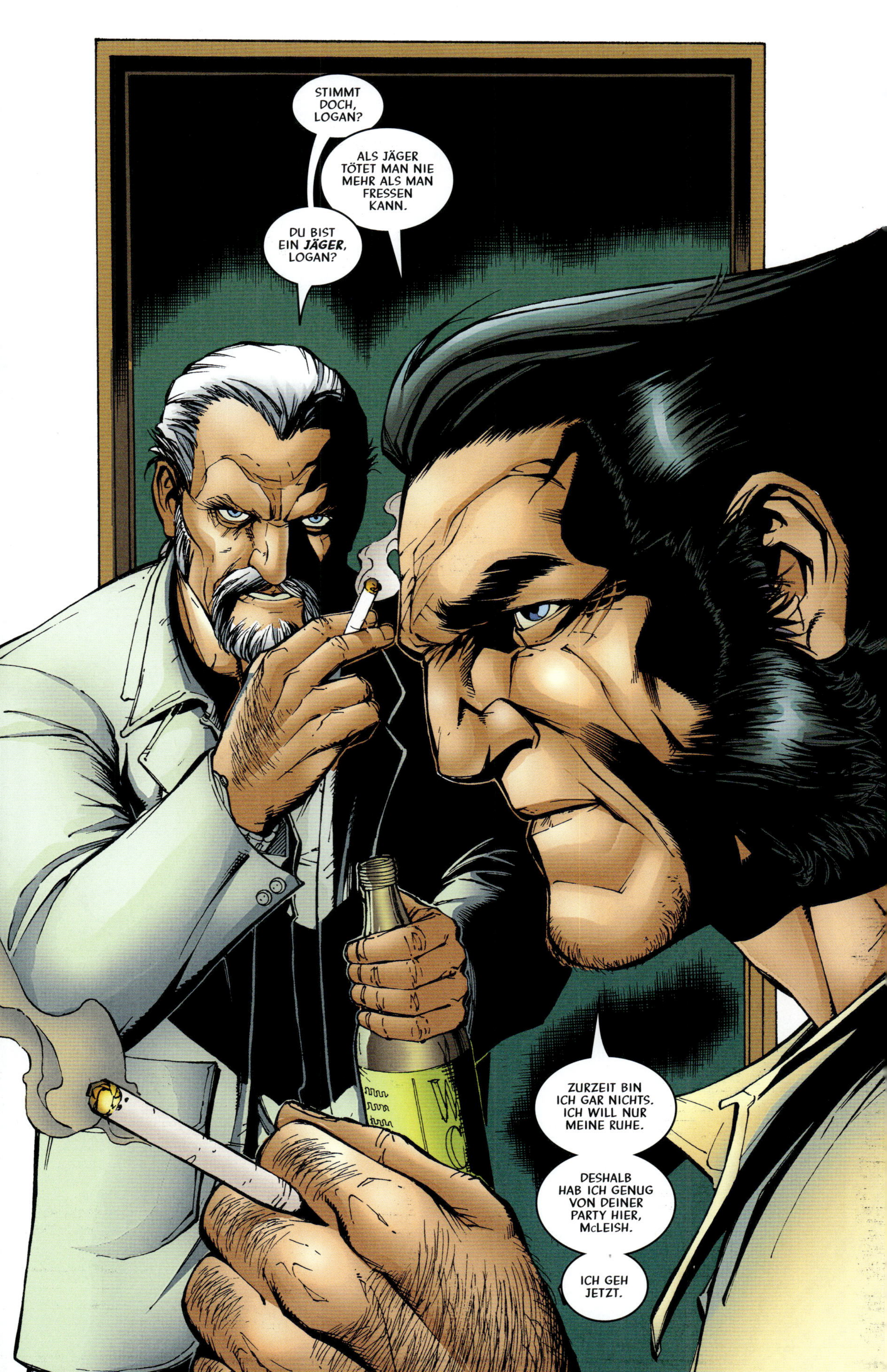
STIMMT DOCH, LOGAN?
ALS JÄGER TÖTET MAN NIE MEHR ALS MAN FRESSEN KANN.
DU BIST EIN *JÄGER*, LOGAN?
ZURZEIT BIN ICH GAR NICHTS. ICH WILL NUR MEINE RUHE.
DESHALB HAB ICH GENUG VON DEINER PARTY HIER, McLEISH.
ICH GEH JETZT.

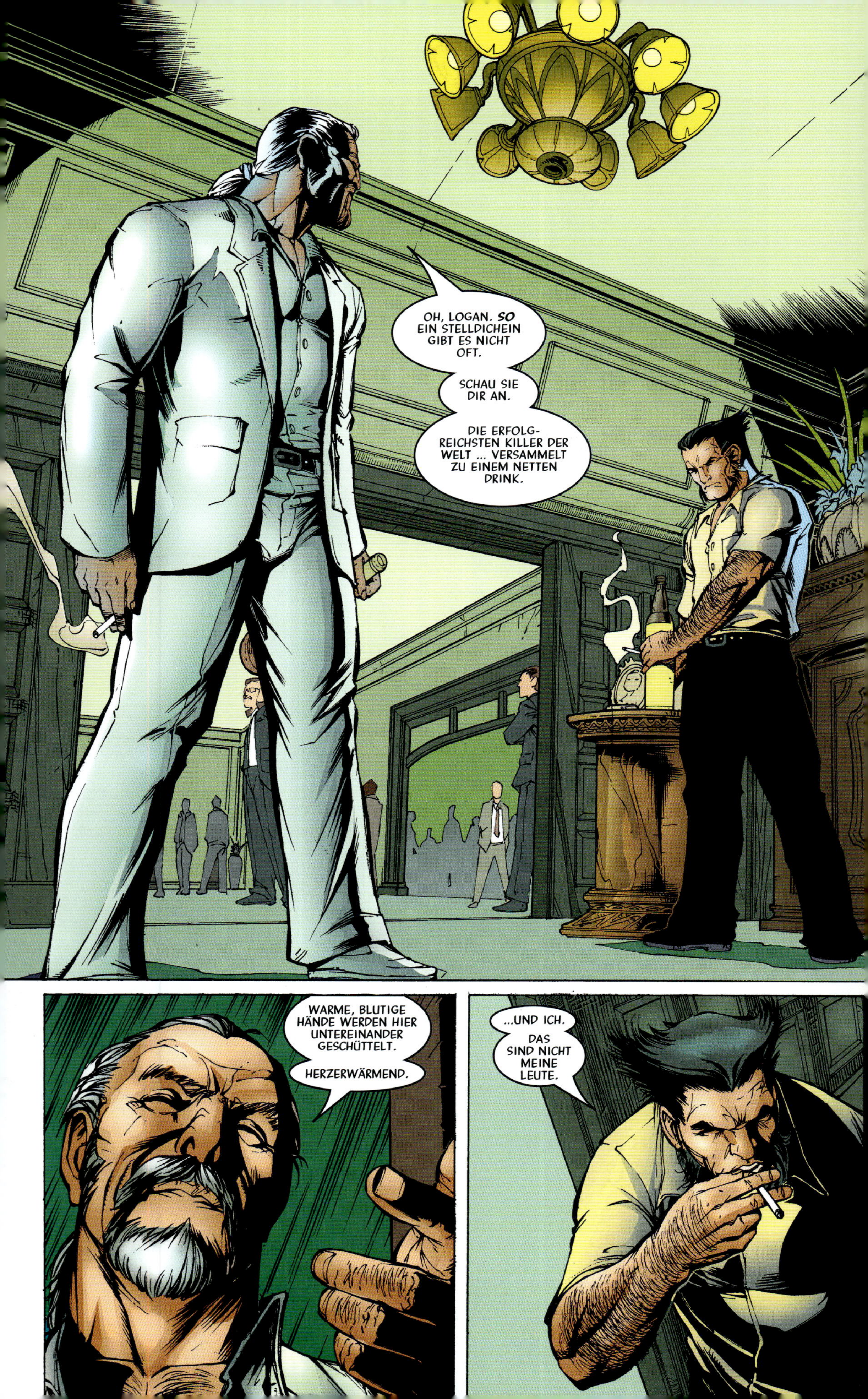

OH, LOGAN. ***SO*** EIN STELLDICHEIN GIBT ES NICHT OFT.

SCHAU SIE DIR AN.

DIE ERFOLGREICHSTEN KILLER DER WELT ... VERSAMMELT ZU EINEM NETTEN DRINK.

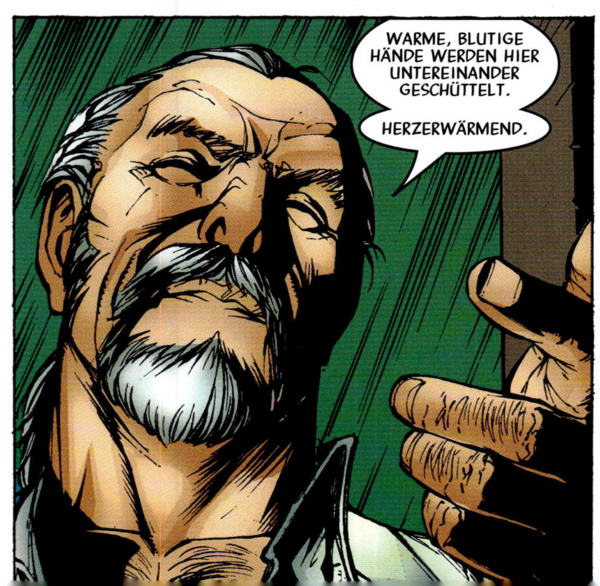

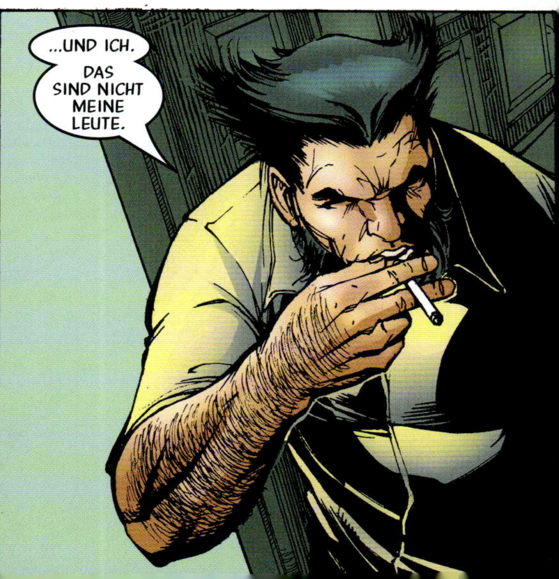

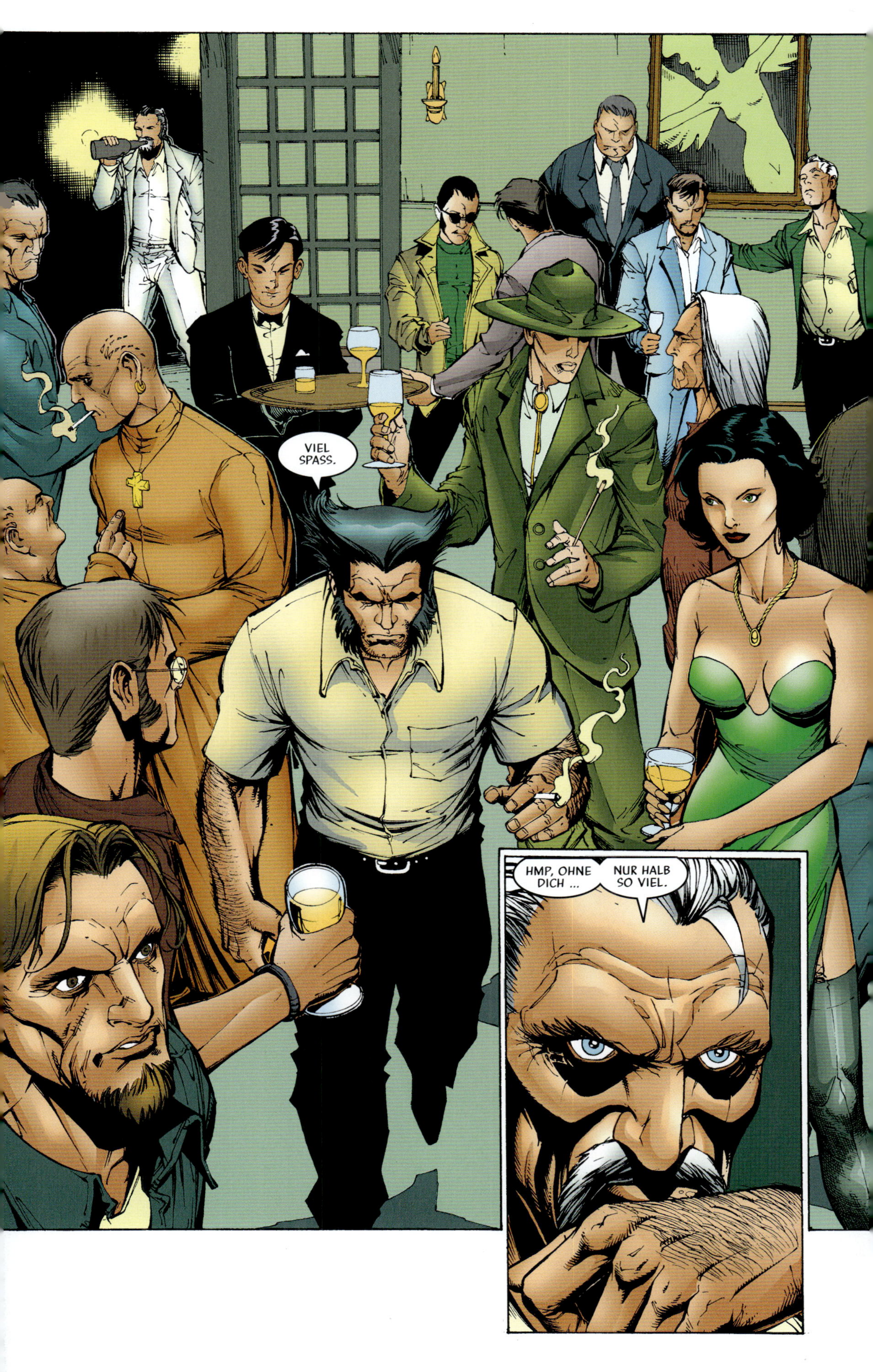
VIEL SPASS.
HMP, OHNE DICH ...
NUR HALB SO VIEL.

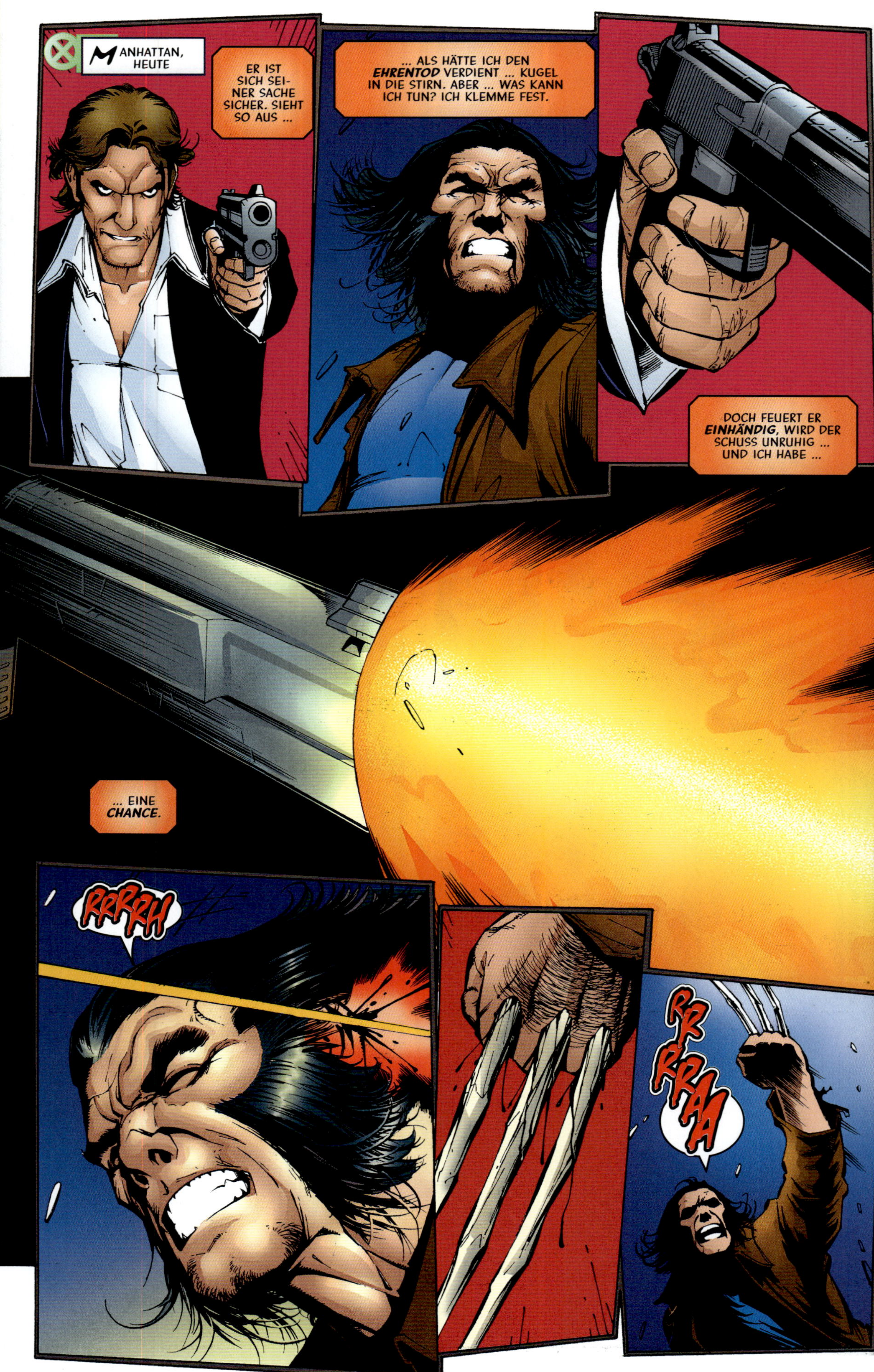
MANHATTAN, HEUTE
ER IST SICH SEINER SACHE SICHER. SIEHT SO AUS ...
... ALS HÄTTE ICH DEN EHRENTOD VERDIENT ... KUGEL IN DIE STIRN. ABER ... WAS KANN ICH TUN? ICH KLEMME FEST.
DOCH FEUERT ER EINHÄNDIG, WIRD DER SCHUSS UNRUHIG ... UND ICH HABE ...
... EINE CHANCE.
RRRRH
RRRRAA

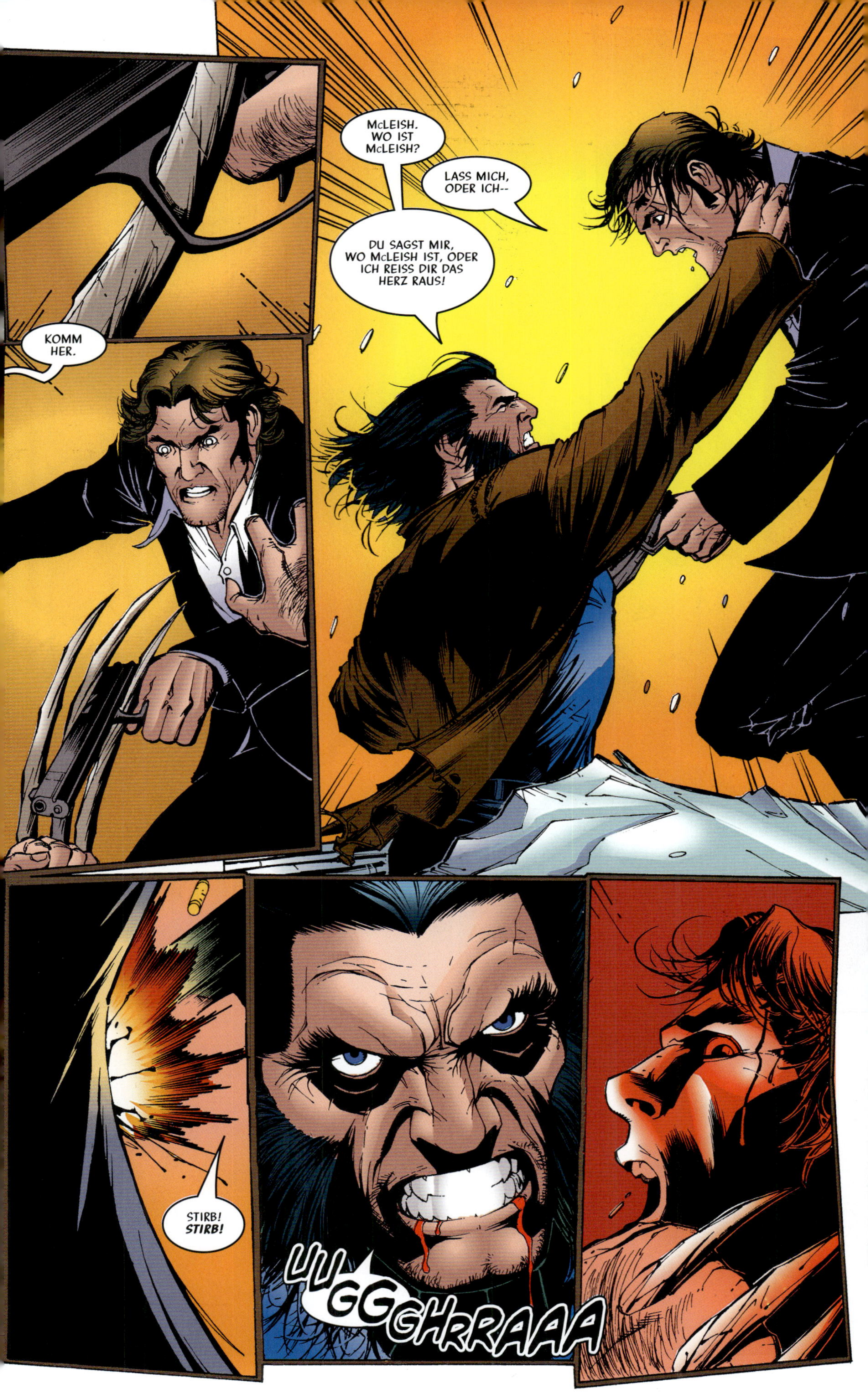
KOMM HER.
McLEISH. WO IST McLEISH?
LASS MICH, ODER ICH--
DU SAGST MIR, WO McLEISH IST, ODER ICH REISS DIR DAS HERZ RAUS!
STIRB! **STIRB!**
UUGGGHRRAAA

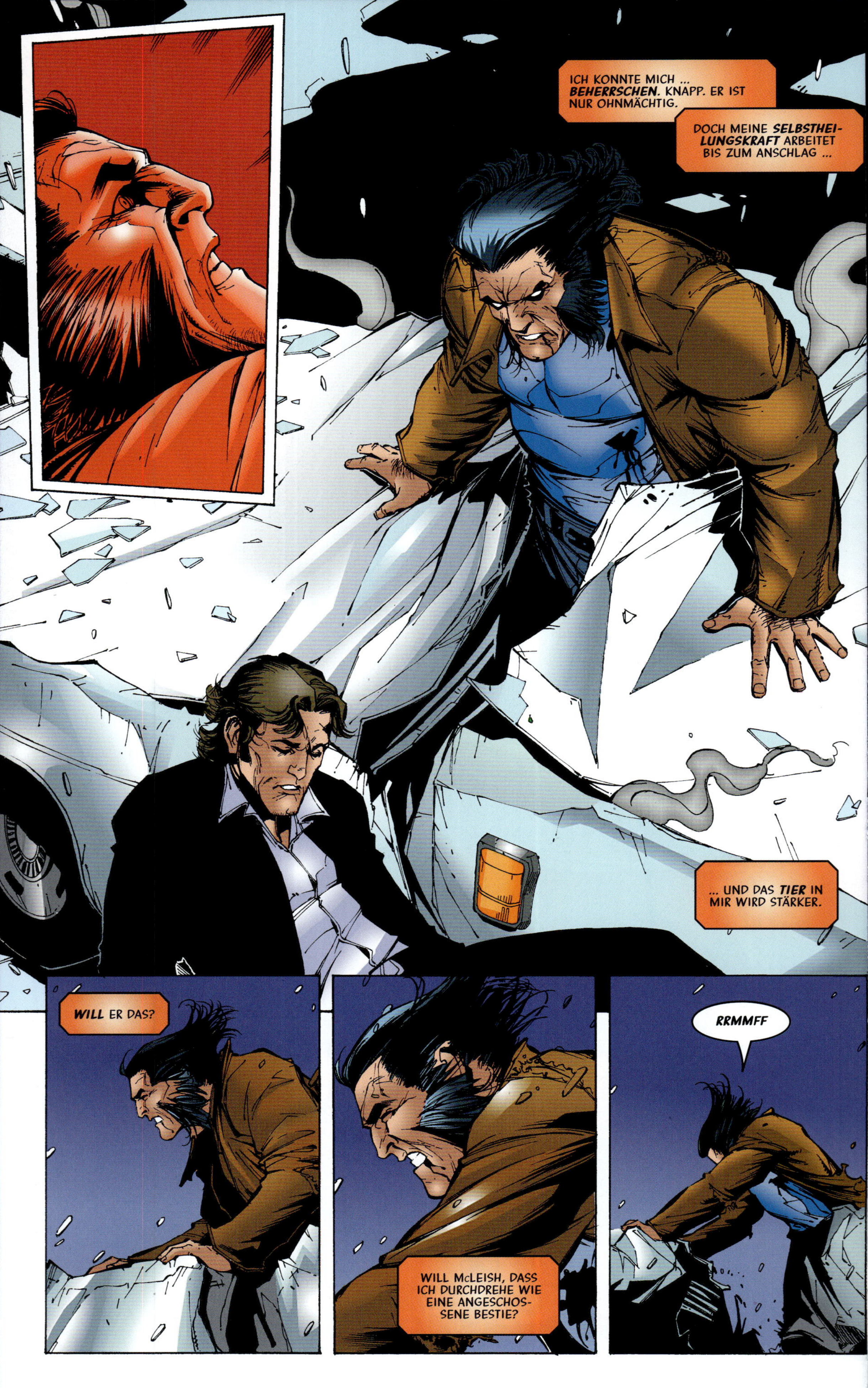
ICH KONNTE MICH ... BEHERRSCHEN. KNAPP. ER IST NUR OHNMÄCHTIG.
DOCH MEINE SELBSTHEI-LUNGSKRAFT ARBEITET BIS ZUM ANSCHLAG ...
... UND DAS TIER IN MIR WIRD STÄRKER.
WILL ER DAS?
WILL McLEISH, DASS ICH DURCHDREHE WIE EINE ANGESCHOS-SENE BESTIE?
RRMMFF

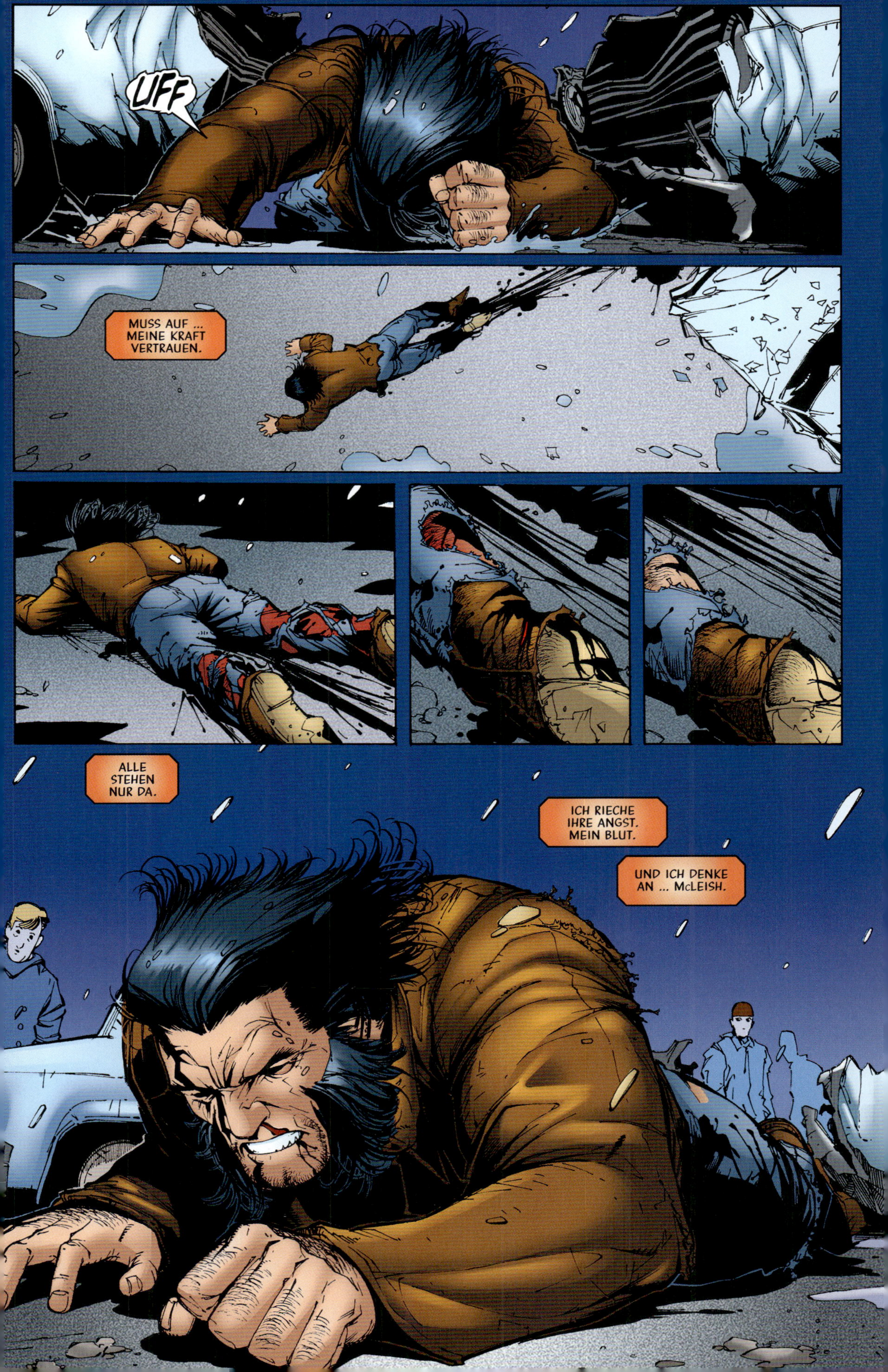

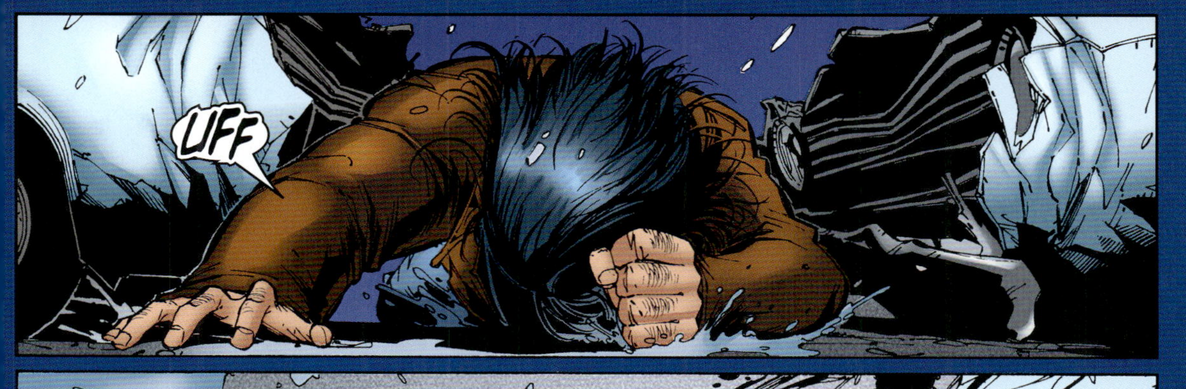

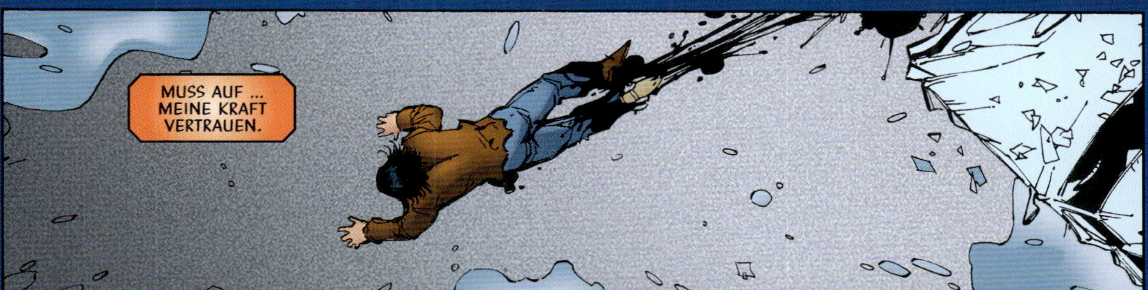

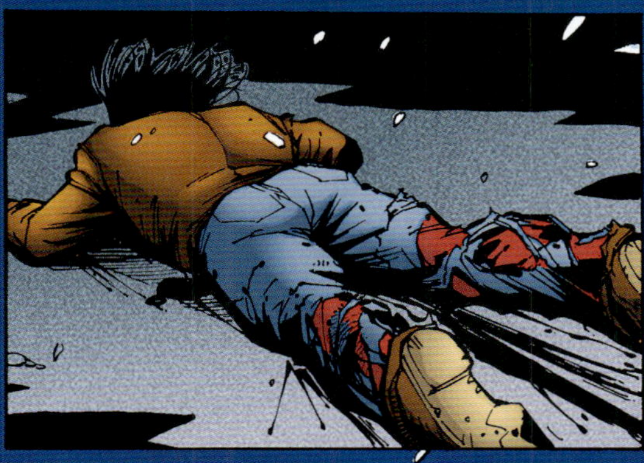

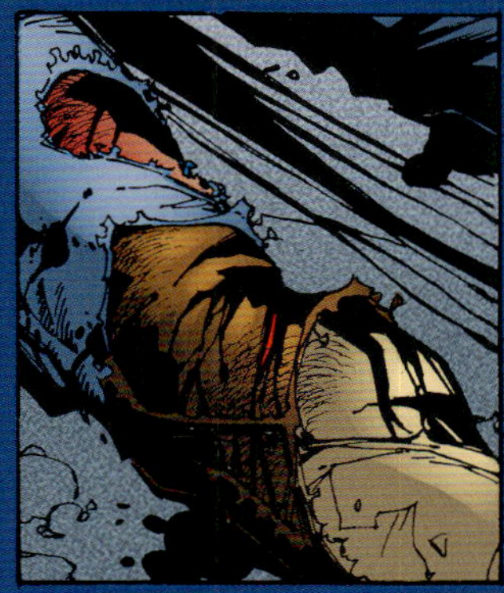

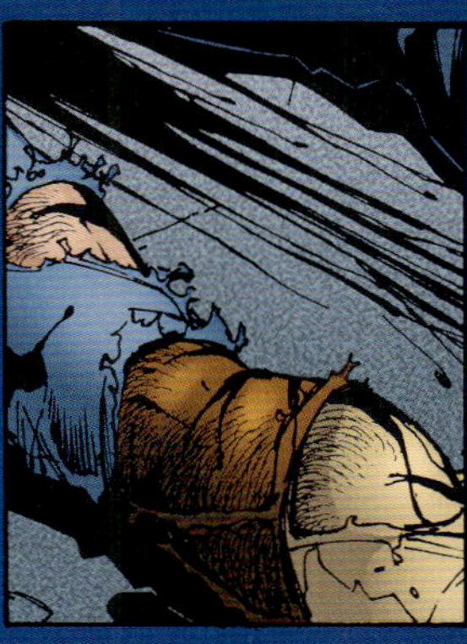

ALLE STEHEN NUR DA.

ICH RIECHE IHRE ANGST. MEIN BLUT.

UND ICH DENKE AN ... McLEISH.

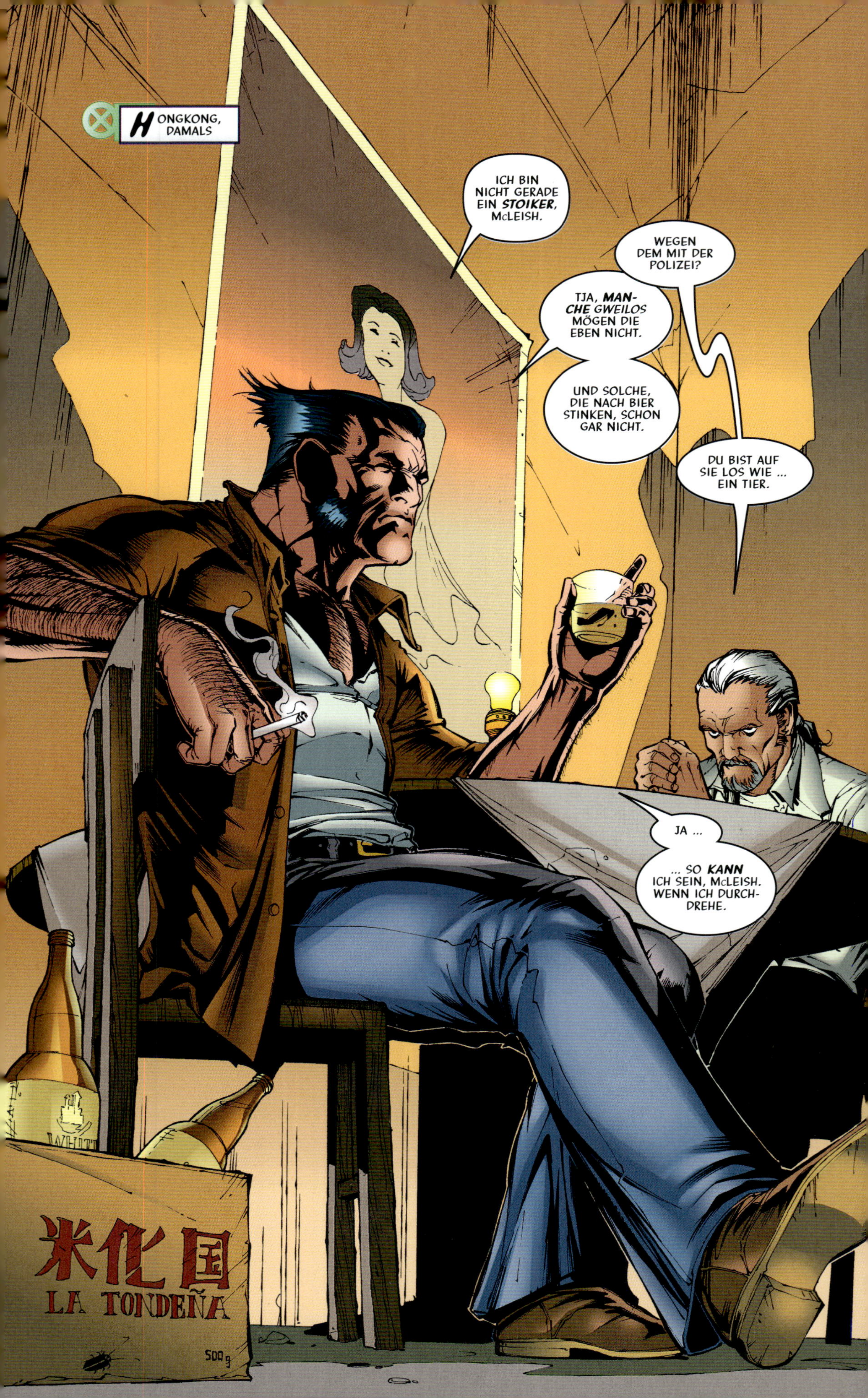
HONGKONG, DAMALS
ICH BIN NICHT GERADE EIN STOIKER, McLEISH.
WEGEN DEM MIT DER POLIZEI?
TJA, MANCHE GWEILOS MÖGEN DIE EBEN NICHT.
UND SOLCHE, DIE NACH BIER STINKEN, SCHON GAR NICHT.
DU BIST AUF SIE LOS WIE ... EIN TIER.
JA ...
... SO KANN ICH SEIN, McLEISH. WENN ICH DURCHDREHE.
米化国
LA TONDEÑA
500 g

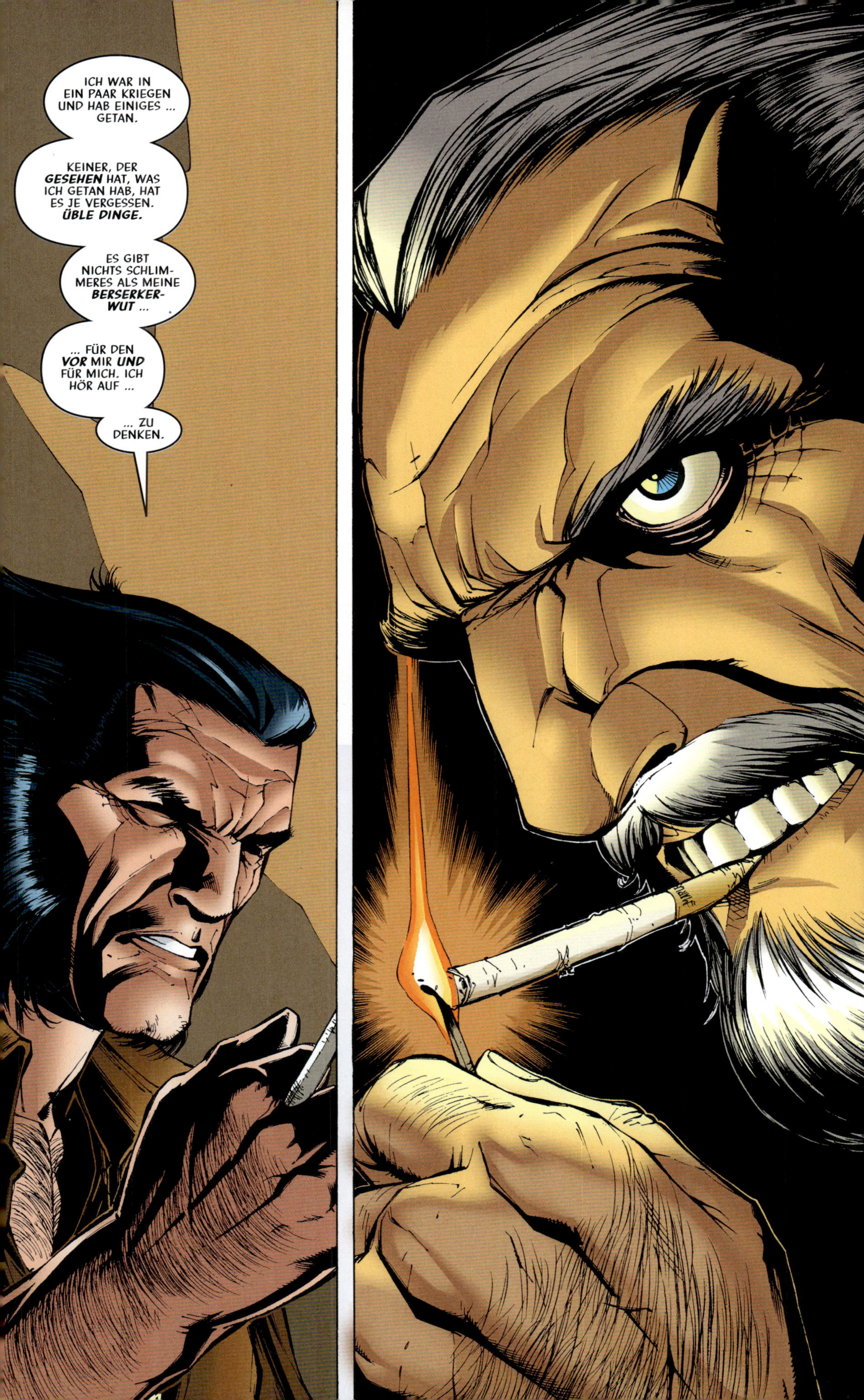
ICH WAR IN EIN PAAR KRIEGEN UND HAB EINIGES ... GETAN.
KEINER, DER **GESEHEN** HAT, WAS ICH GETAN HAB, HAT ES JE VERGESSEN. **ÜBLE DINGE.**
ES GIBT NICHTS SCHLIMMERES ALS MEINE **BERSERKERWUT** ...
... FÜR DEN **VOR** MIR **UND** FÜR MICH. ICH HÖR AUF ...
... ZU DENKEN.

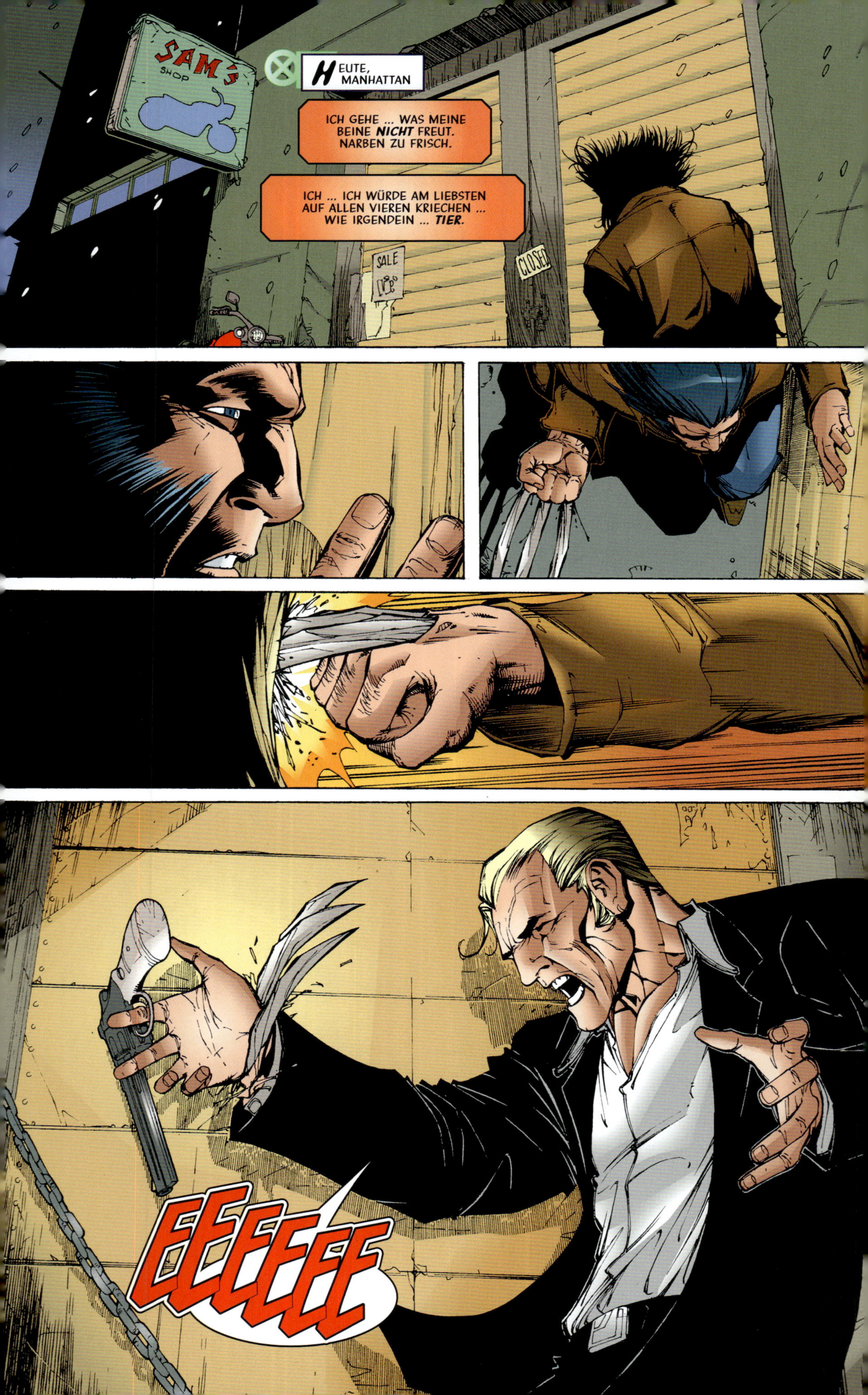
SAM'S
SHOP
HEUTE, MANHATTAN
ICH GEHE ... WAS MEINE BEINE NICHT FREUT. NARBEN ZU FRISCH.
ICH ... ICH WÜRDE AM LIEBSTEN AUF ALLEN VIEREN KRIECHEN ... WIE IRGENDEIN ... TIER.
SALE
CLOSED
EEEEEE

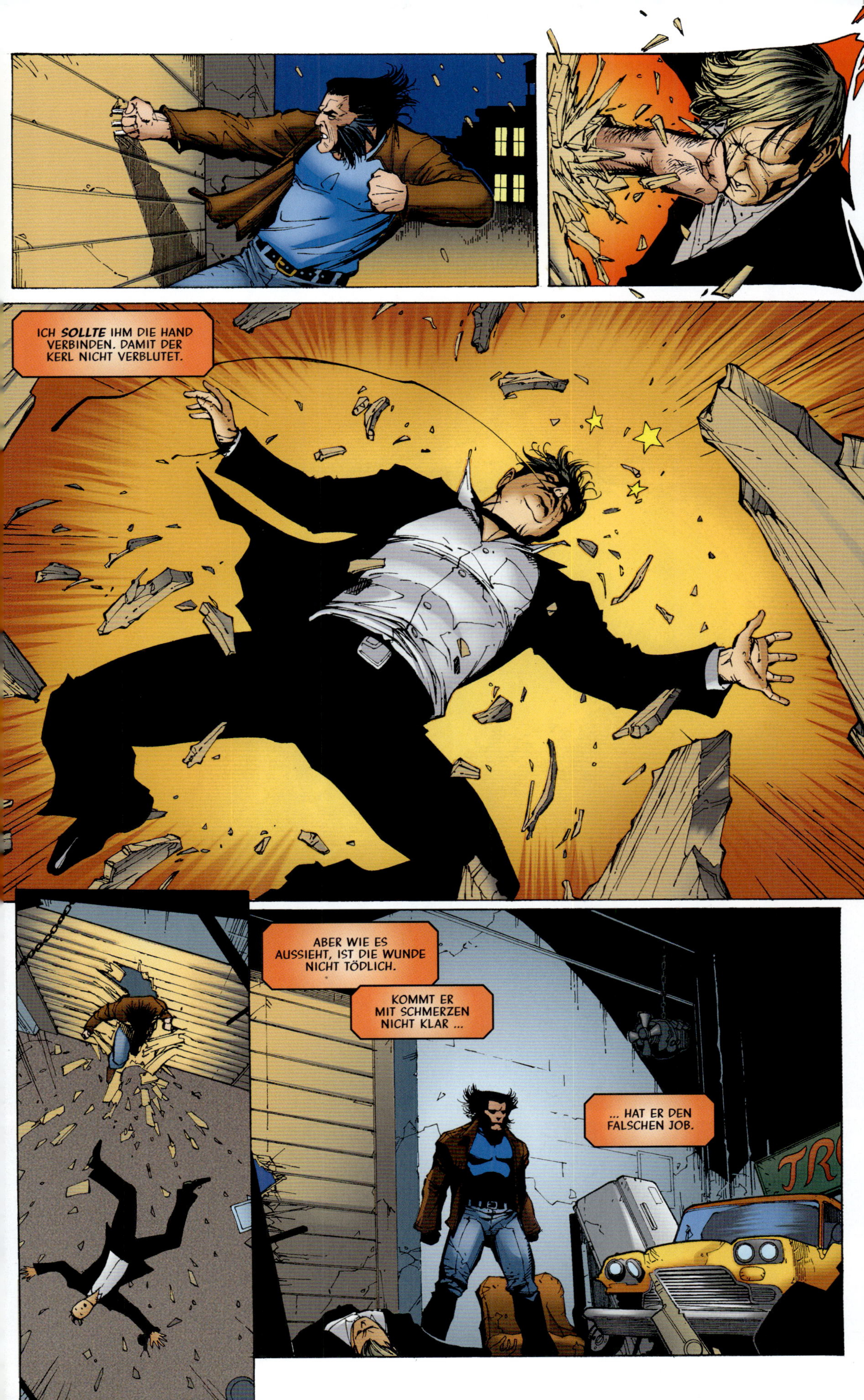
ICH SOLLTE IHM DIE HAND VERBINDEN. DAMIT DER KERL NICHT VERBLUTET.
ABER WIE ES AUSSIEHT, IST DIE WUNDE NICHT TÖDLICH.
KOMMT ER MIT SCHMERZEN NICHT KLAR ...
... HAT ER DEN FALSCHEN JOB.

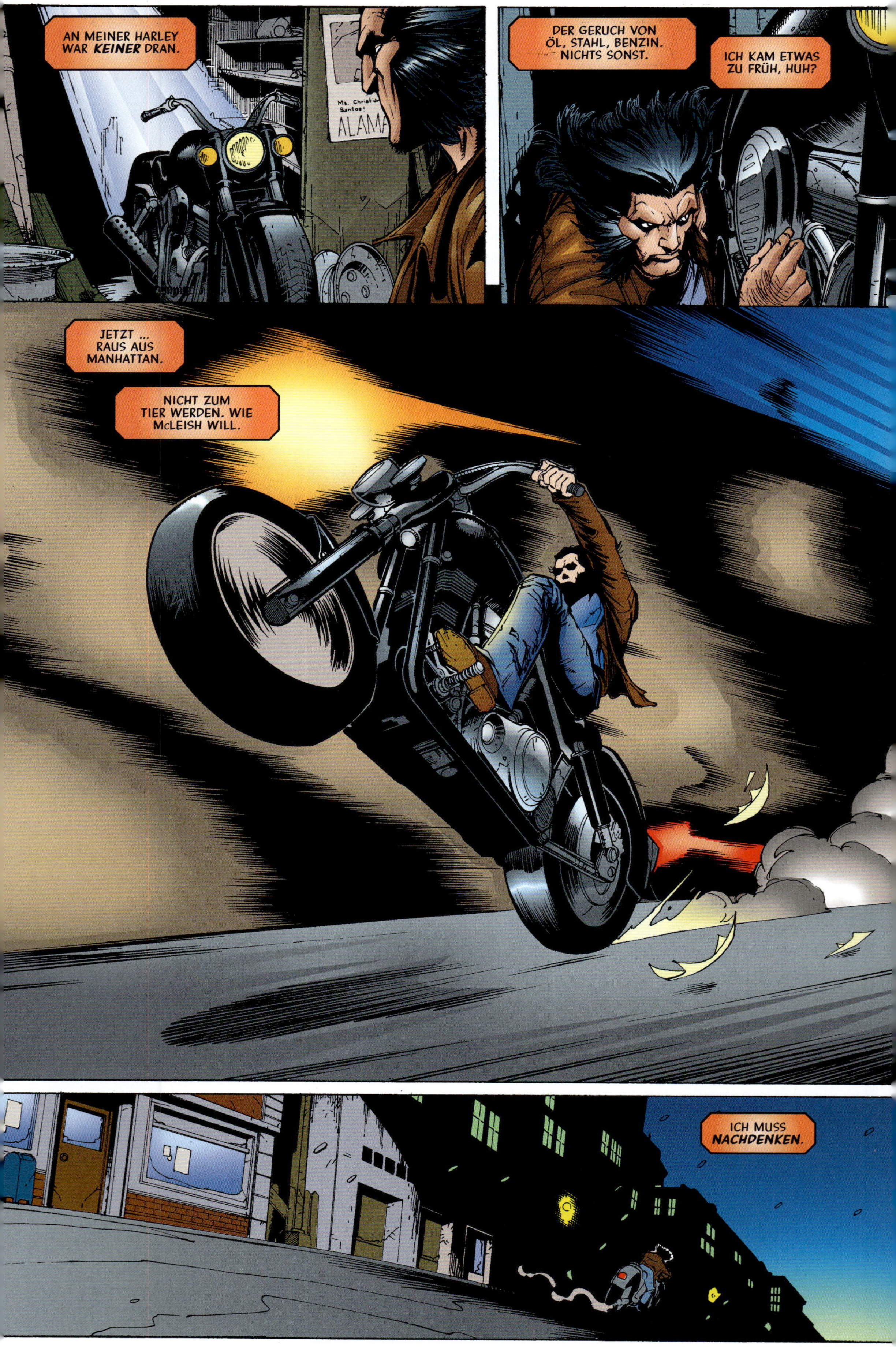

AN MEINER HARLEY WAR ***KEINER*** DRAN.
DER GERUCH VON ÖL, STAHL, BENZIN. NICHTS SONST.
ICH KAM ETWAS ZU FRÜH, HUH?
JETZT ... RAUS AUS MANHATTAN.
NICHT ZUM TIER WERDEN. WIE McLEISH WILL.

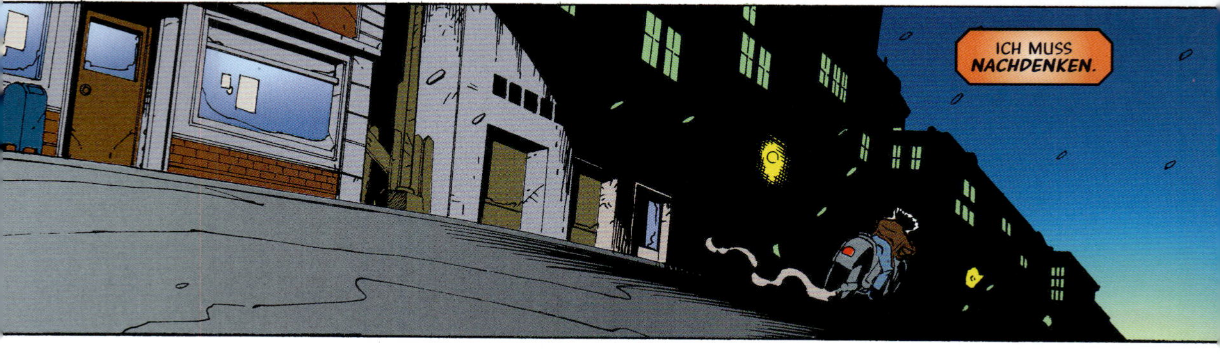
ICH MUSS ***NACHDENKEN.***

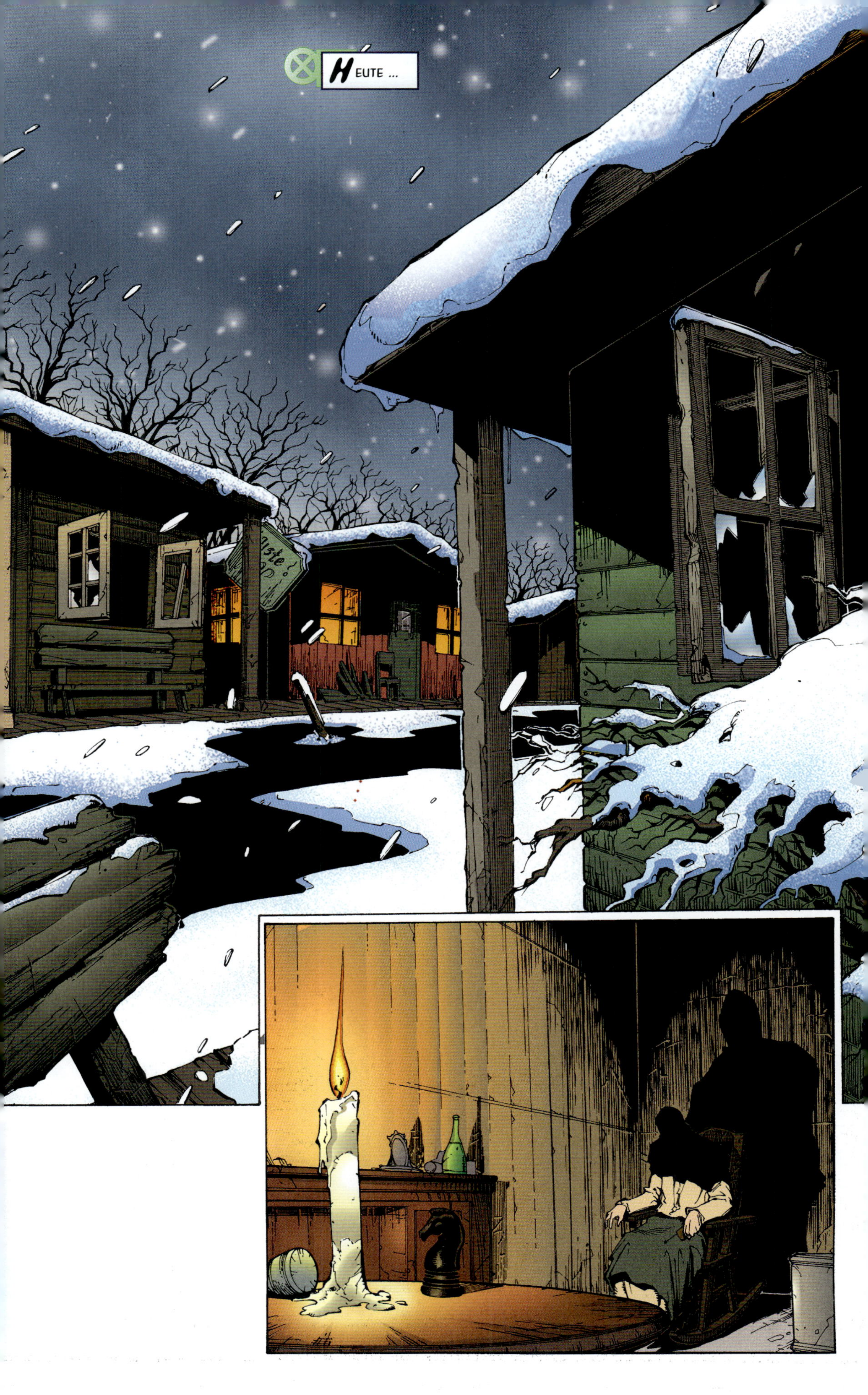
HEUTE ...

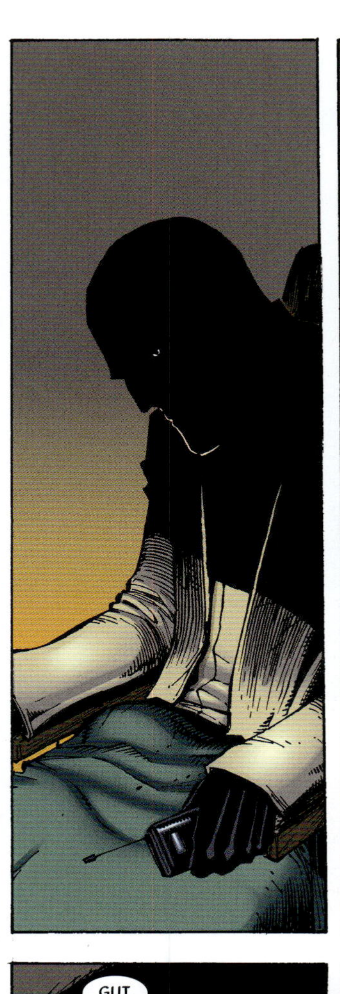

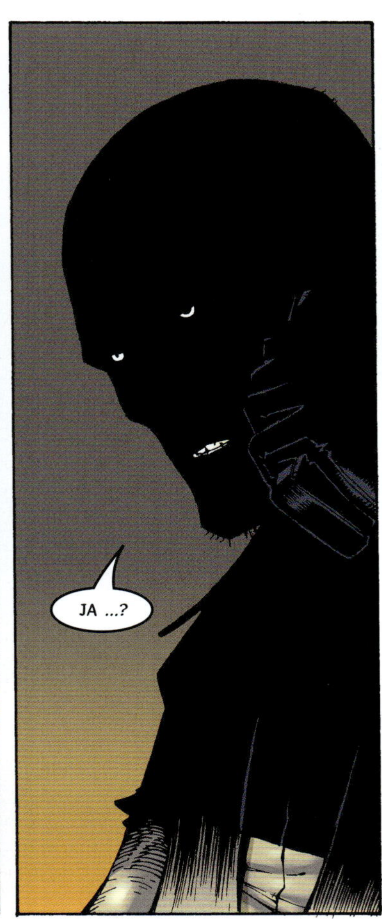
JA ...?

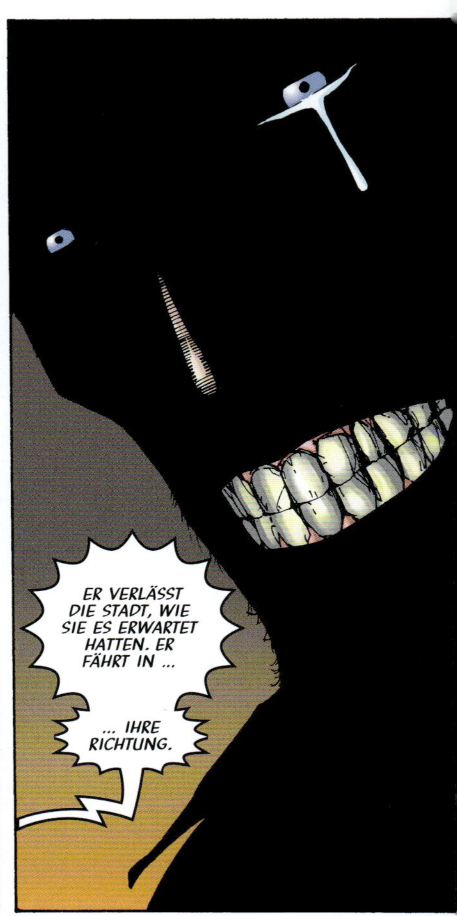
ER VERLÄSST DIE STADT, WIE SIE ES ERWARTET HATTEN. ER FÄHRT IN ...
... IHRE RICHTUNG.

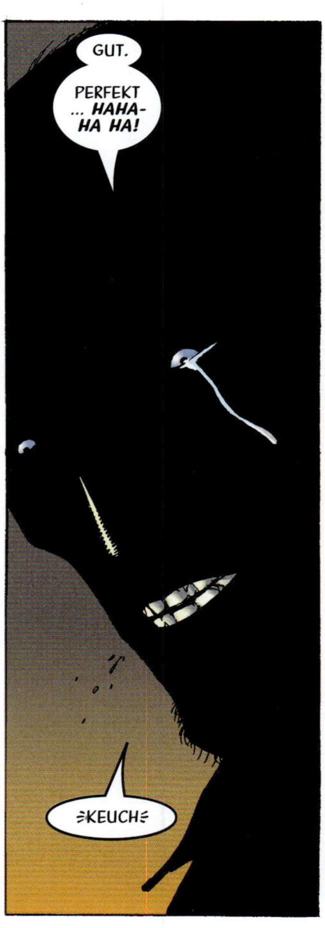
GUT.
PERFEKT ... HAHA-HA HA!
KEUCH

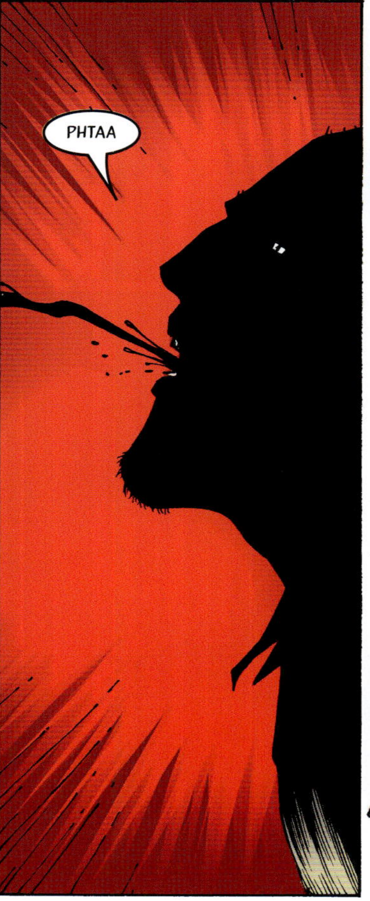
PHTAA

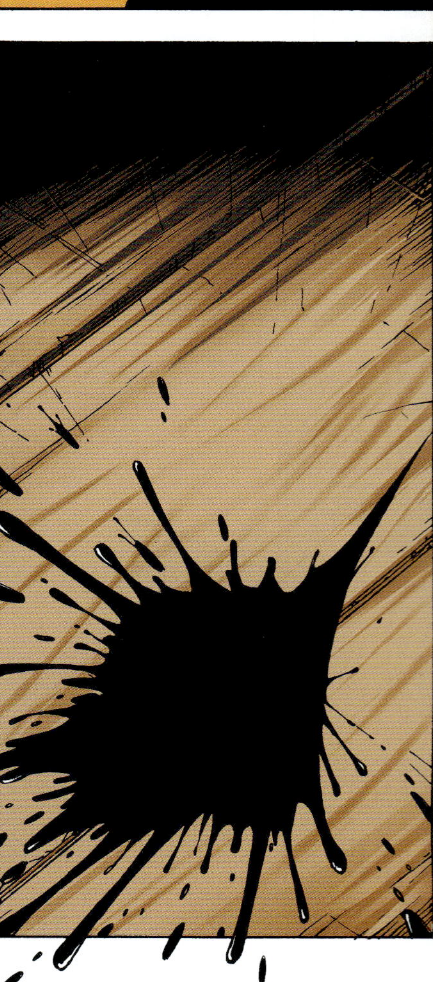

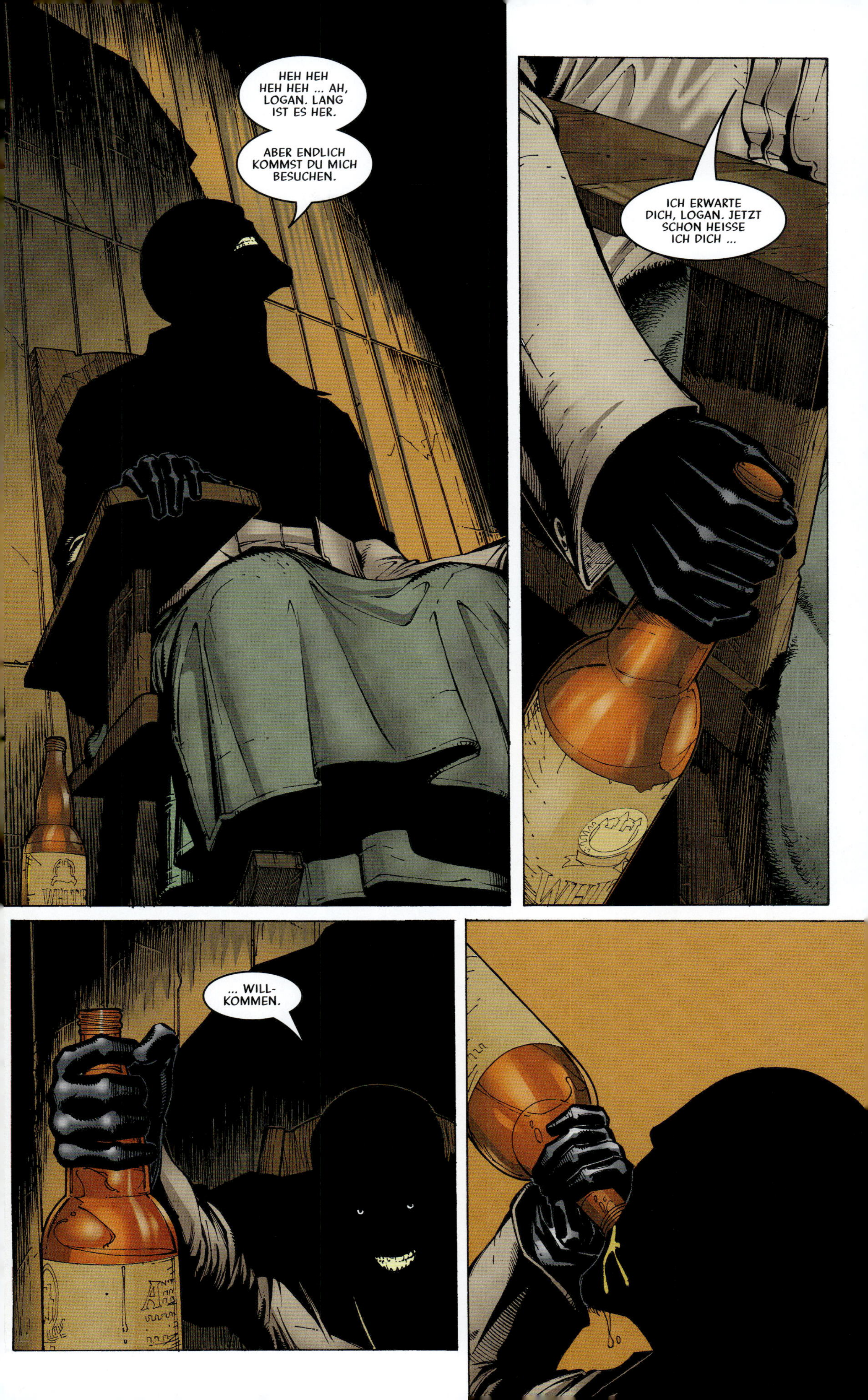

HEH HEH
HEH HEH ... AH,
LOGAN. LANG
IST ES HER.

ABER ENDLICH
KOMMST DU MICH
BESUCHEN.

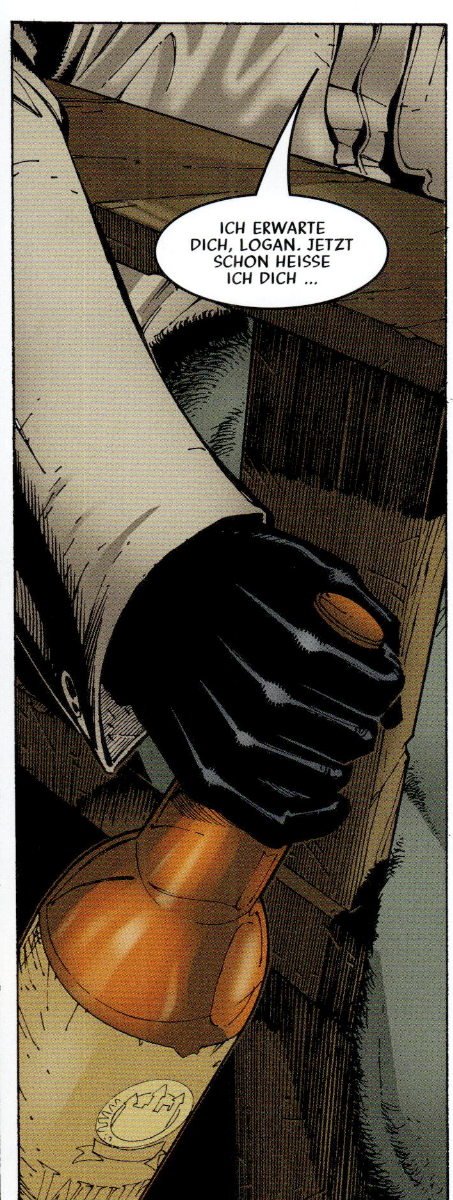

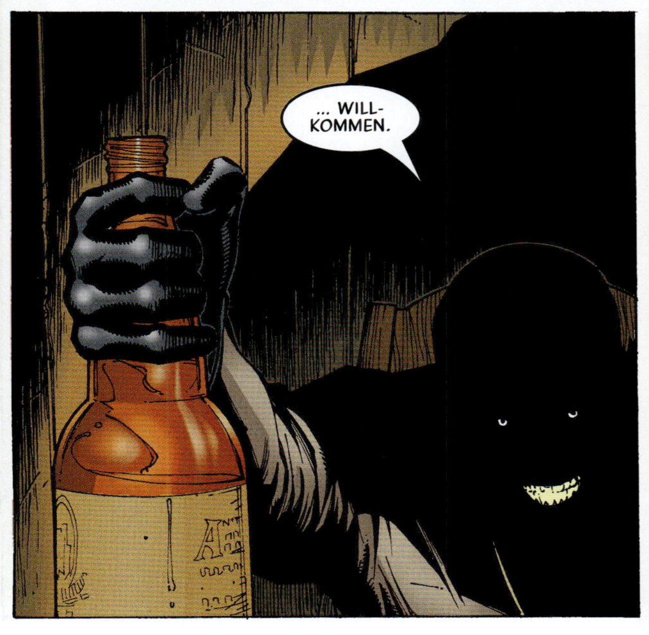

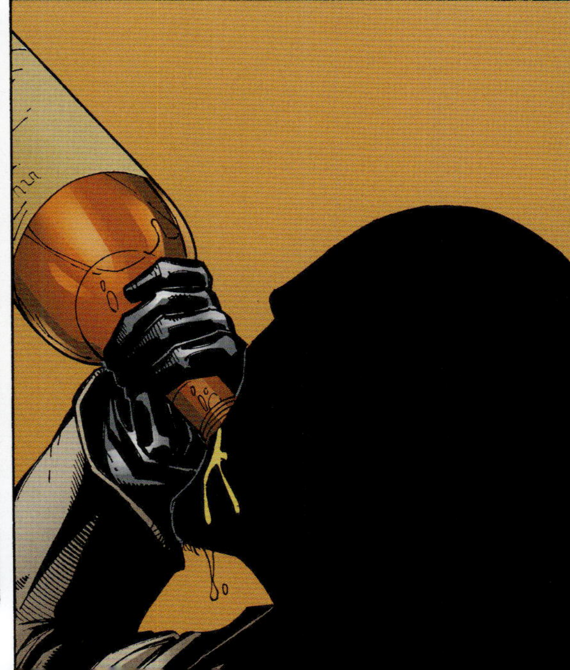

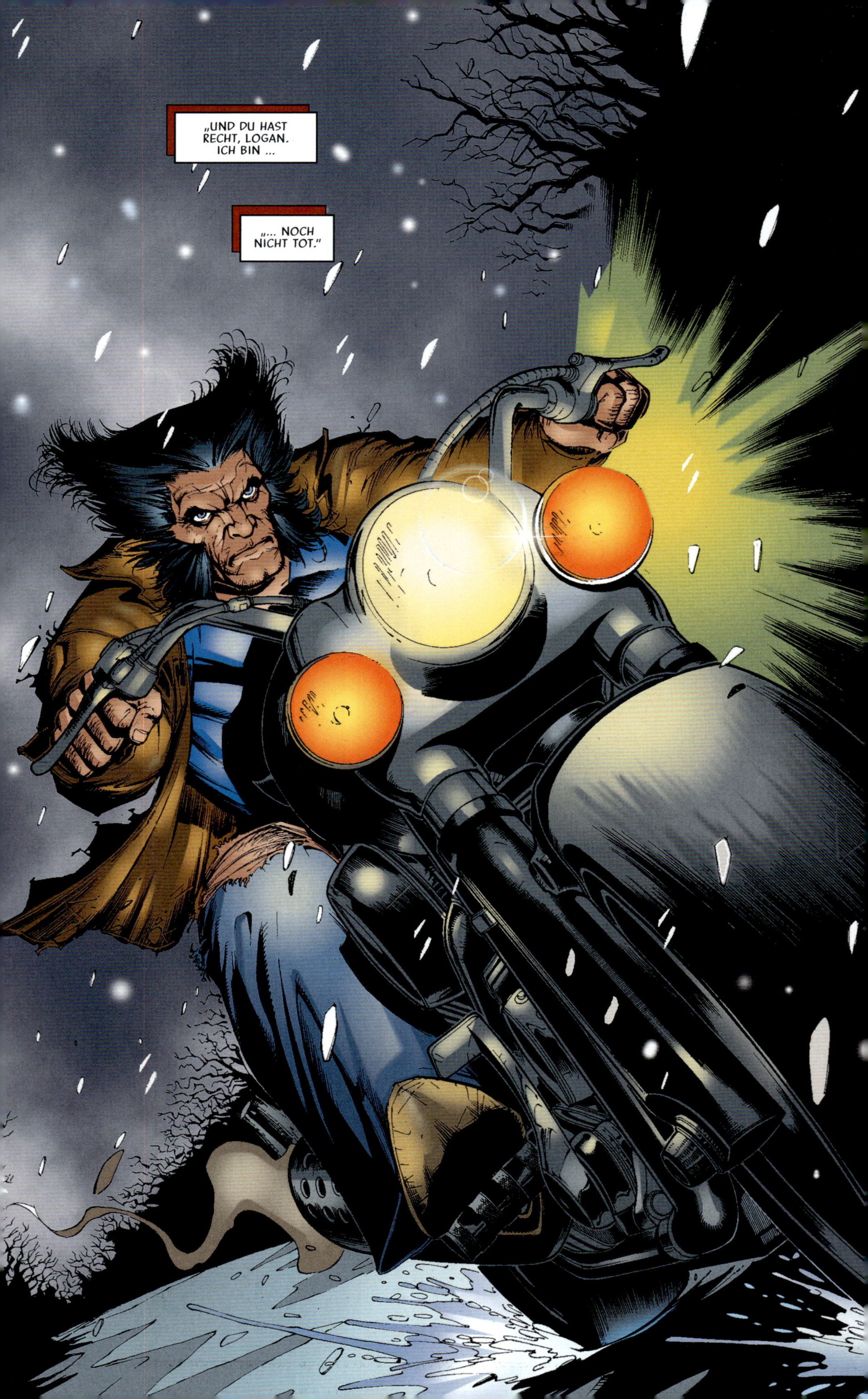
„UND DU HAST RECHT, LOGAN. ICH BIN ...
„... NOCH NICHT TOT."

NOCH NICHT TOT, TEIL 3

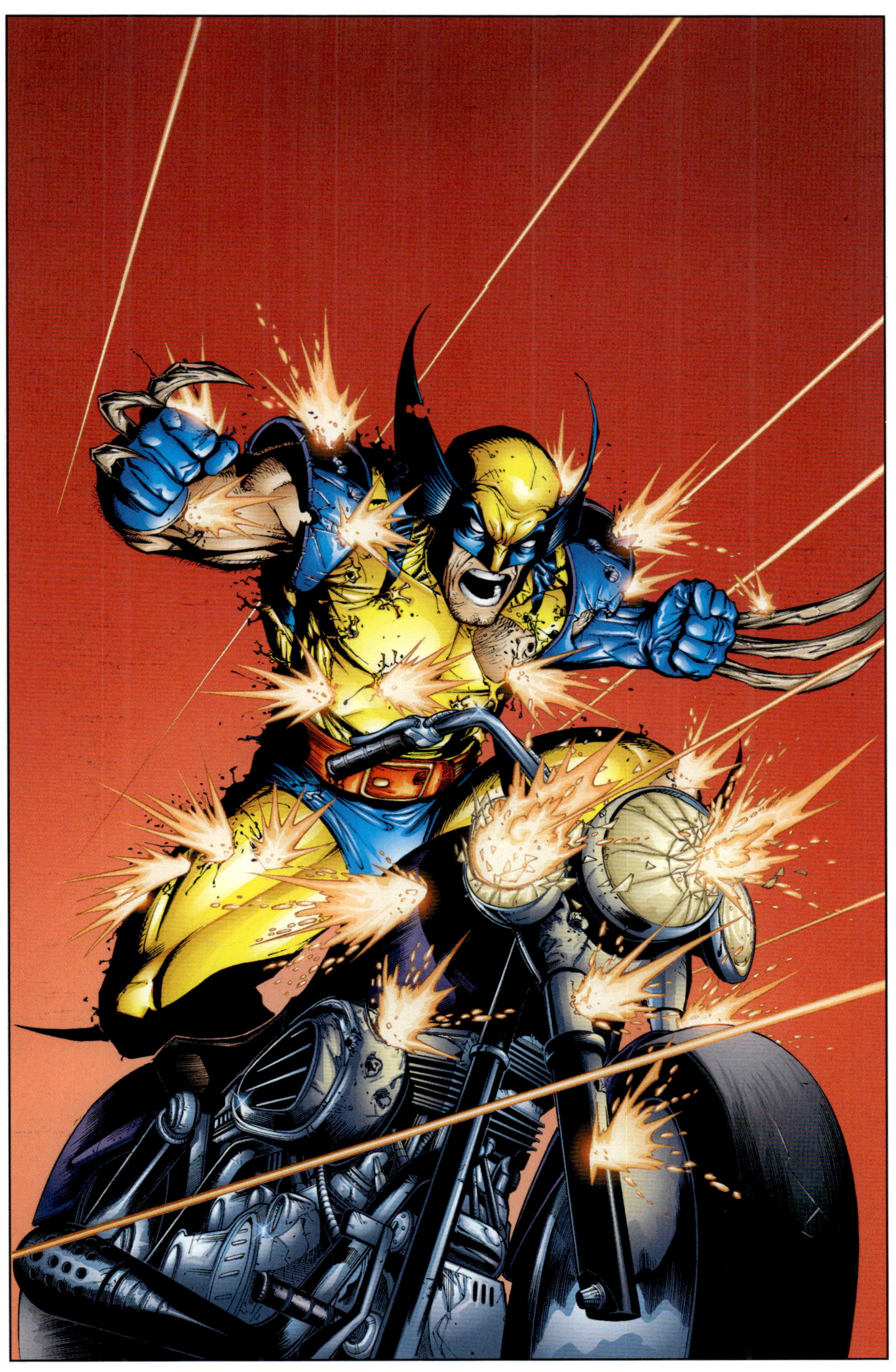

Wolverine (1988) 121
Cover von **LEINIL FRANCIS YU**

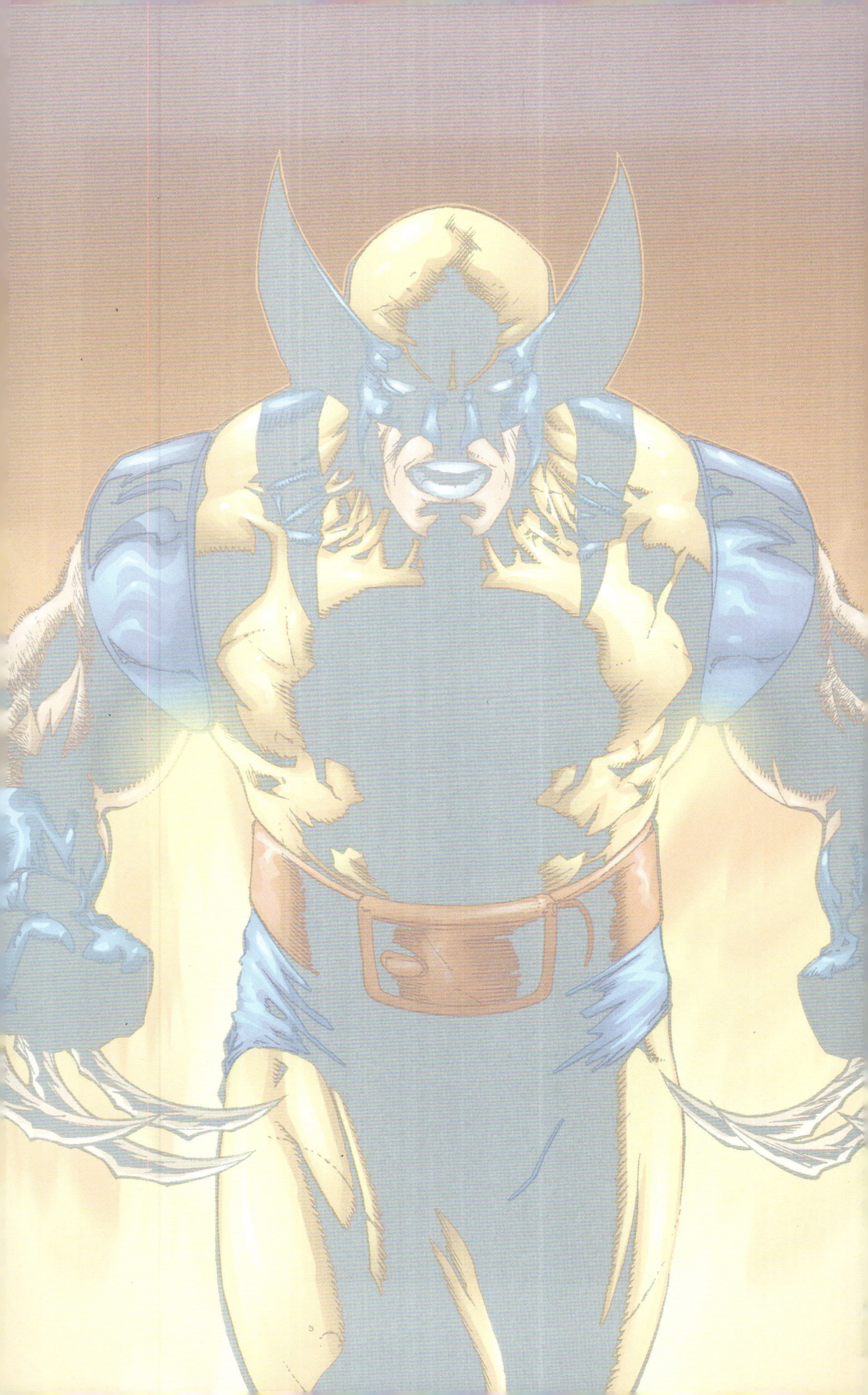

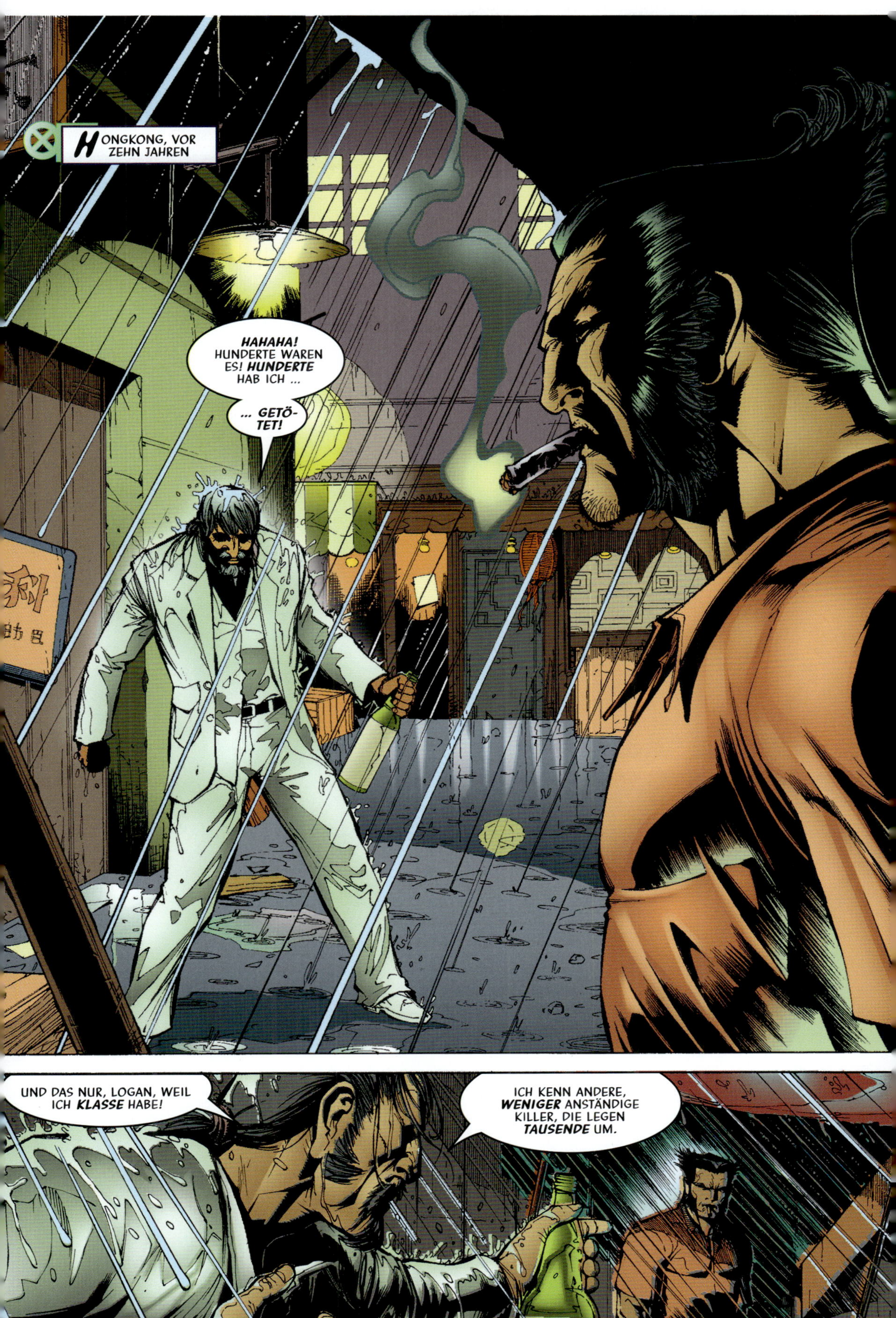
HONGKONG, VOR ZEHN JAHREN
HAHAHA! HUNDERTE WAREN ES! HUNDERTE HAB ICH ...
... GETÖTET!
UND DAS NUR, LOGAN, WEIL ICH KLASSE HABE!
ICH KENN ANDERE, WENIGER ANSTÄNDIGE KILLER, DIE LEGEN TAUSENDE UM.

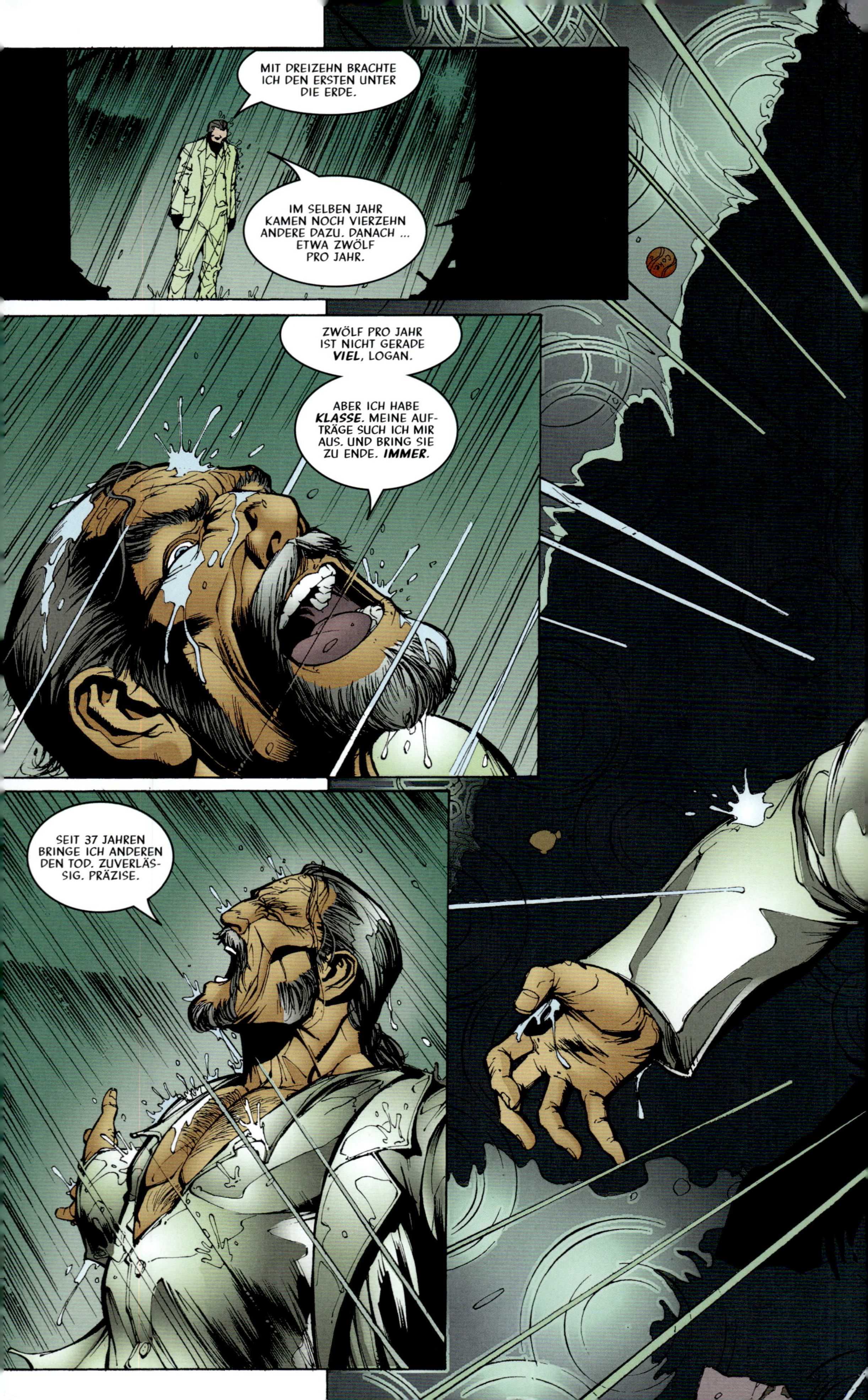
MIT DREIZEHN BRACHTE ICH DEN ERSTEN UNTER DIE ERDE.
IM SELBEN JAHR KAMEN NOCH VIERZEHN ANDERE DAZU. DANACH ... ETWA ZWÖLF PRO JAHR.
ZWÖLF PRO JAHR IST NICHT GERADE VIEL, LOGAN.
ABER ICH HABE KLASSE. MEINE AUFTRÄGE SUCH ICH MIR AUS. UND BRING SIE ZU ENDE. IMMER.
SEIT 37 JAHREN BRINGE ICH ANDEREN DEN TOD. ZUVERLÄSSIG. PRÄZISE.

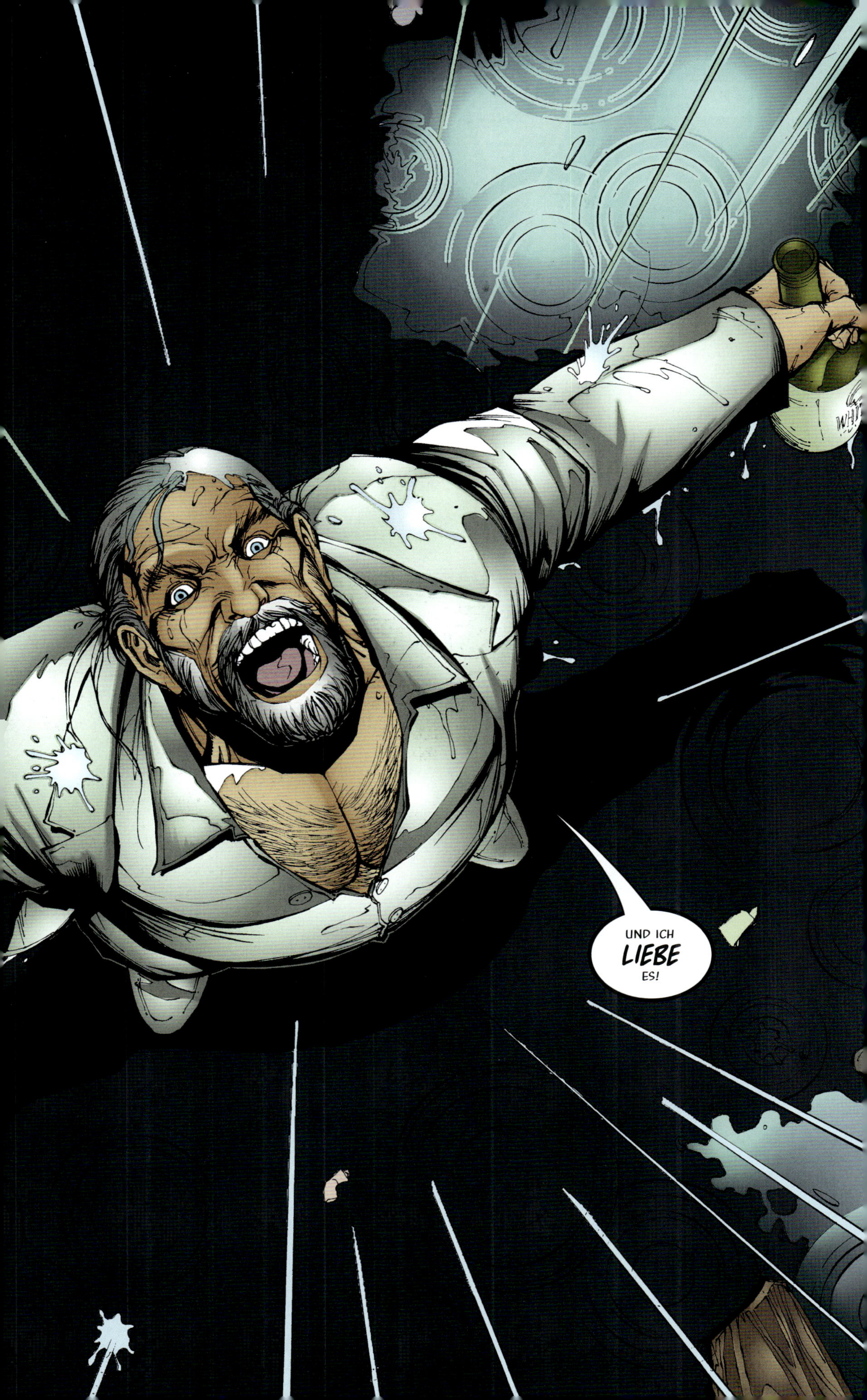
UND ICH LIEBE ES!

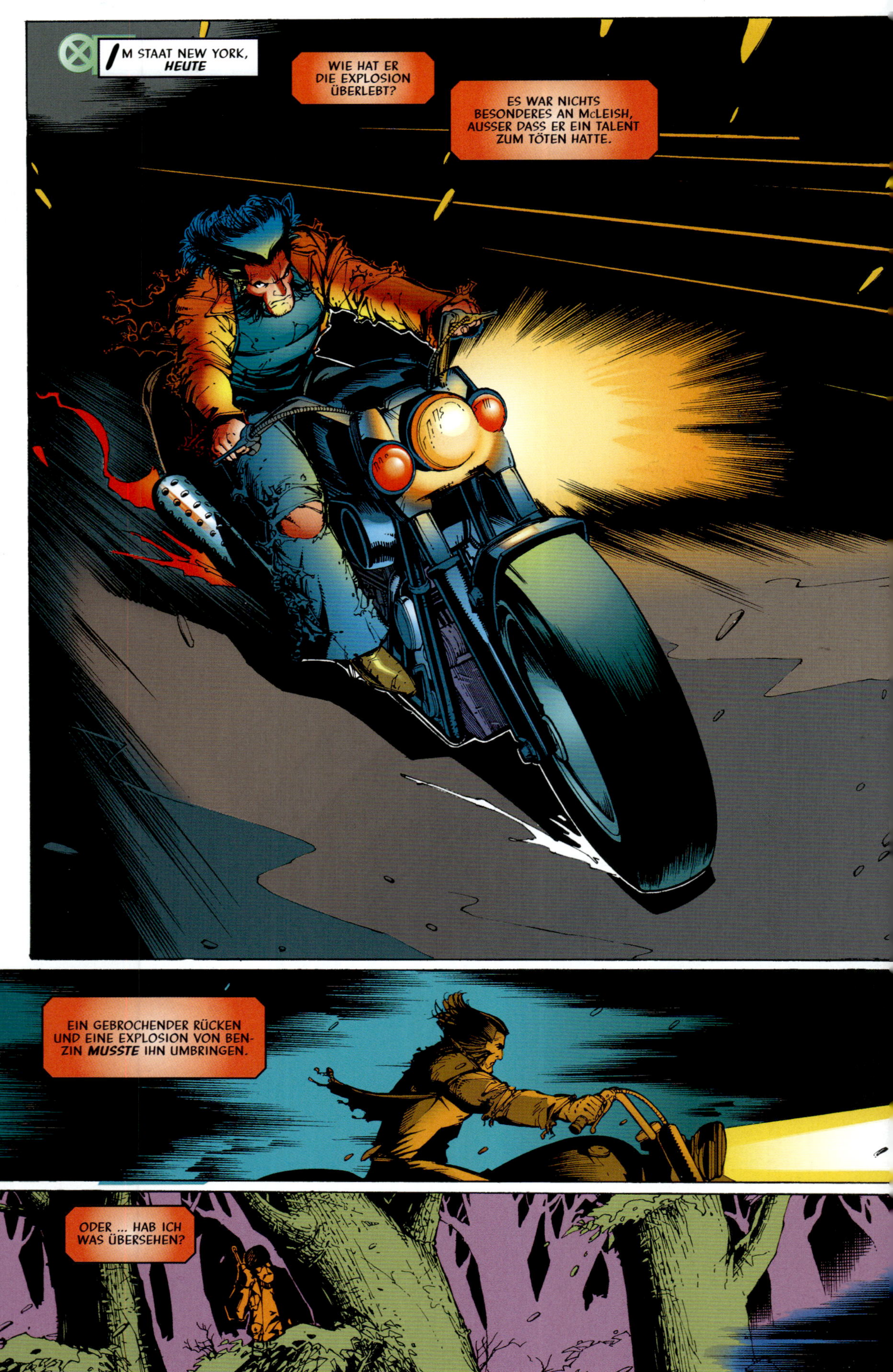
IM STAAT NEW YORK, HEUTE
WIE HAT ER DIE EXPLOSION ÜBERLEBT?
ES WAR NICHTS BESONDERES AN McLEISH, AUSSER DASS ER EIN TALENT ZUM TÖTEN HATTE.
EIN GEBROCHENDER RÜCKEN UND EINE EXPLOSION VON BENZIN MUSSTE IHN UMBRINGEN.
ODER ... HAB ICH WAS ÜBERSEHEN?

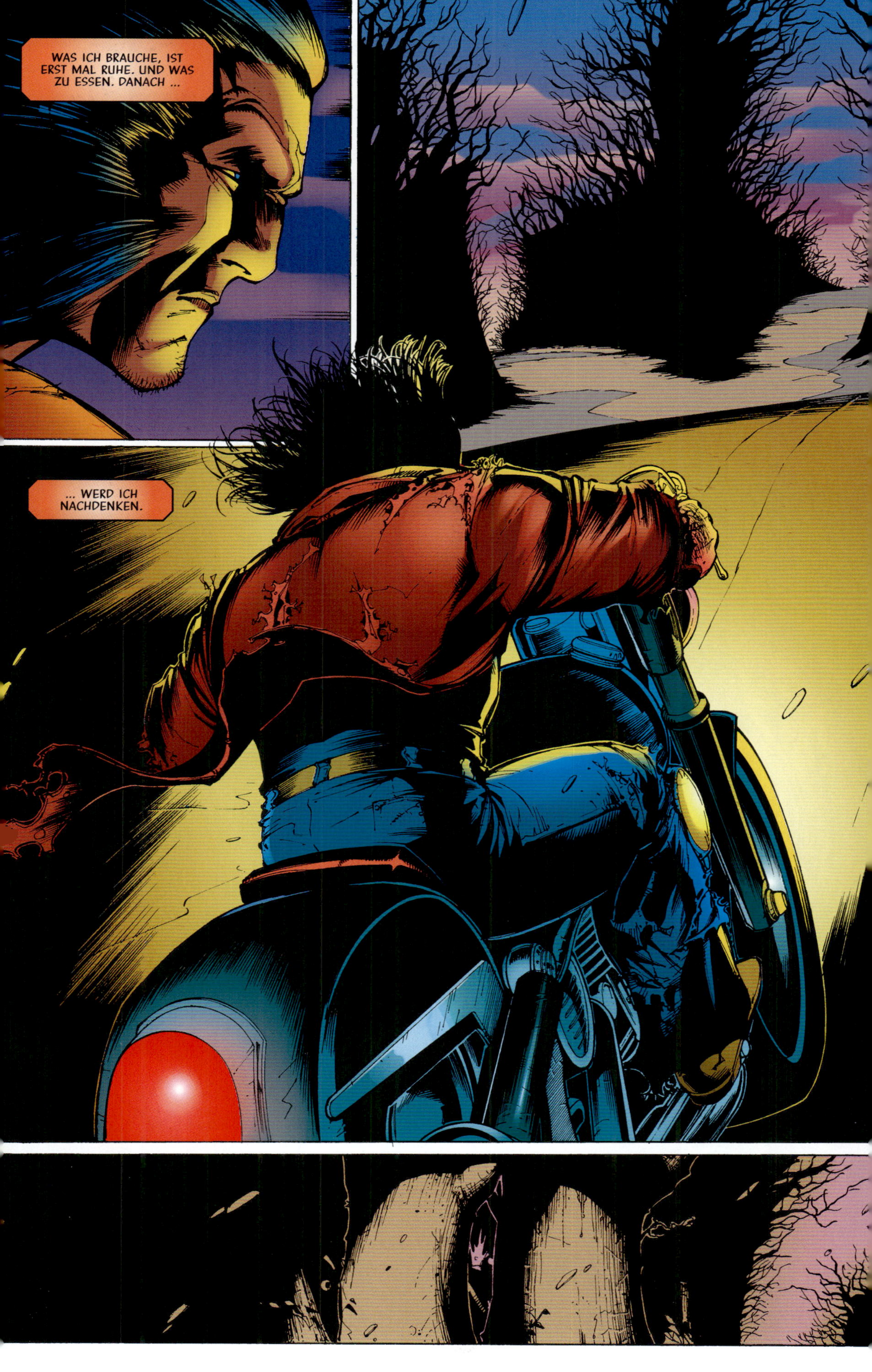
WAS ICH BRAUCHE, IST
ERST MAL RUHE. UND WAS
ZU ESSEN. DANACH ...
... WERD ICH
NACHDENKEN.

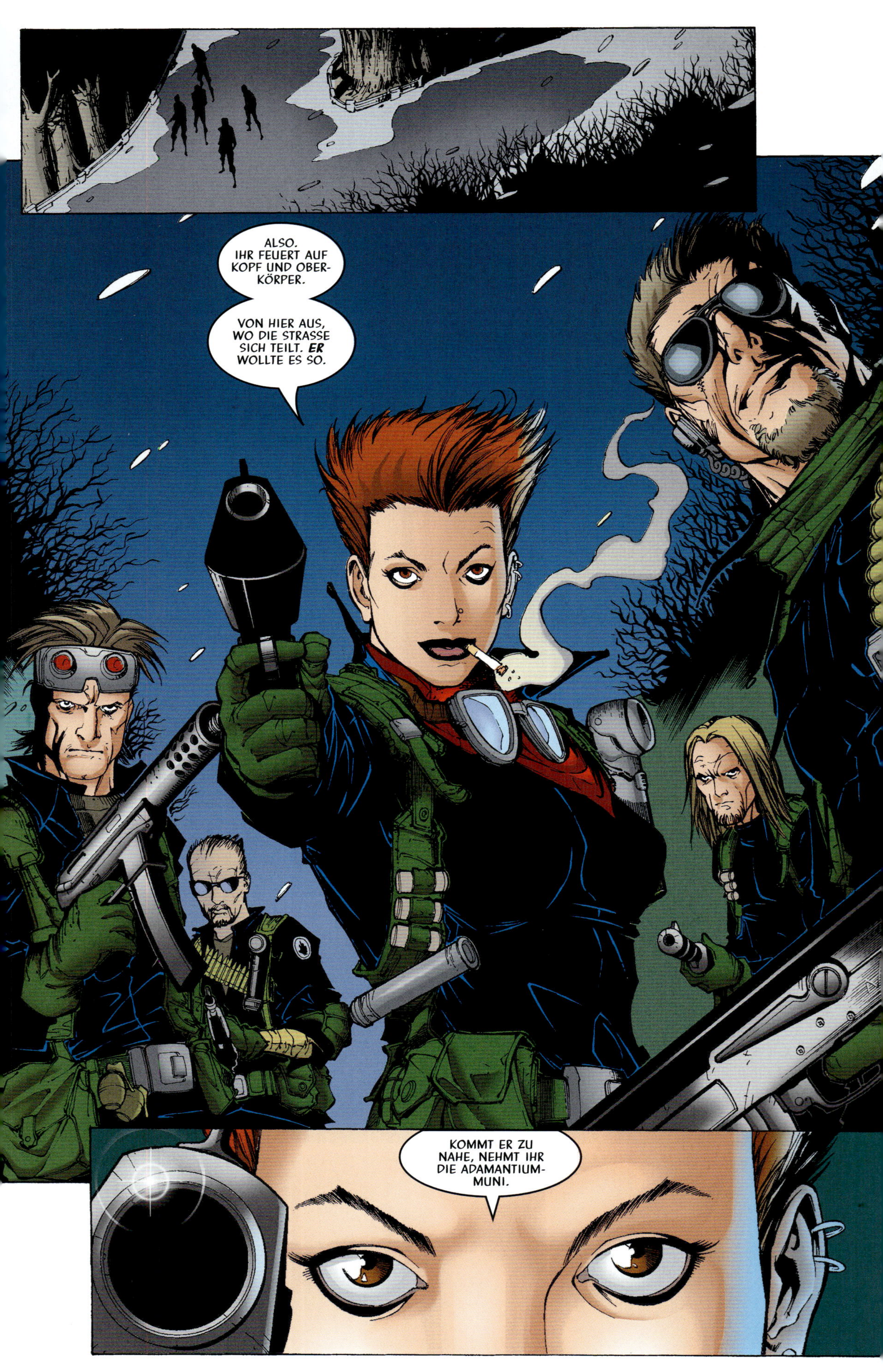
ALSO. IHR FEUERT AUF KOPF UND OBER-KÖRPER.
VON HIER AUS, WO DIE STRASSE SICH TEILT. **ER** WOLLTE ES SO.
KOMMT ER ZU NAHE, NEHMT IHR DIE ADAMANTIUM-MUNI.

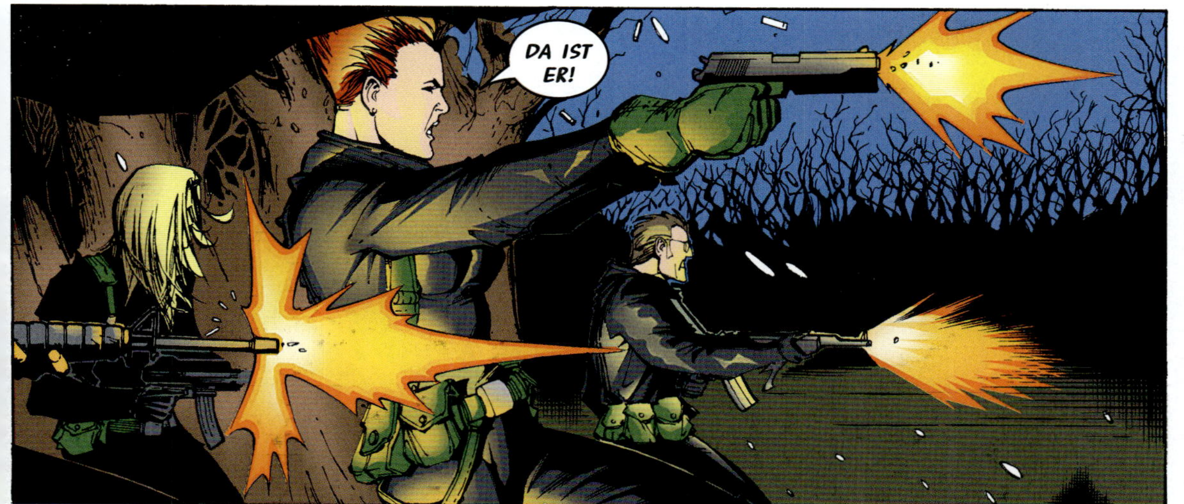
DA IST ER!

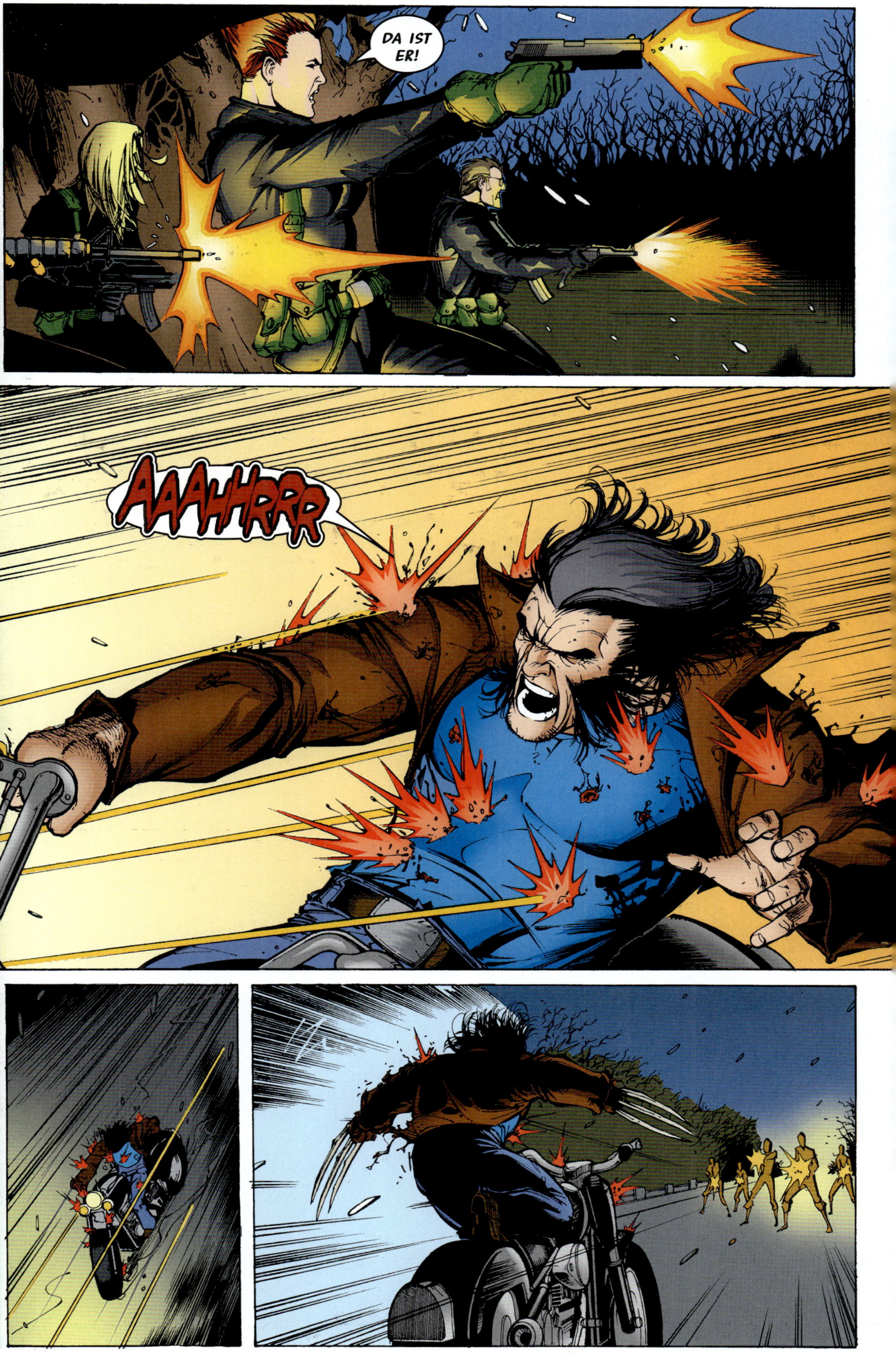

AAAHHRRR

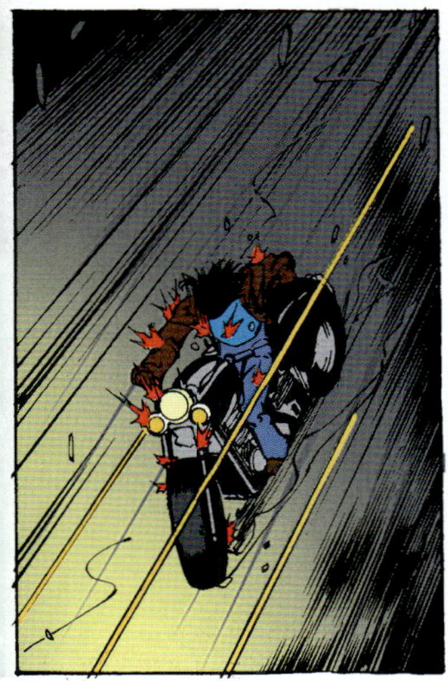

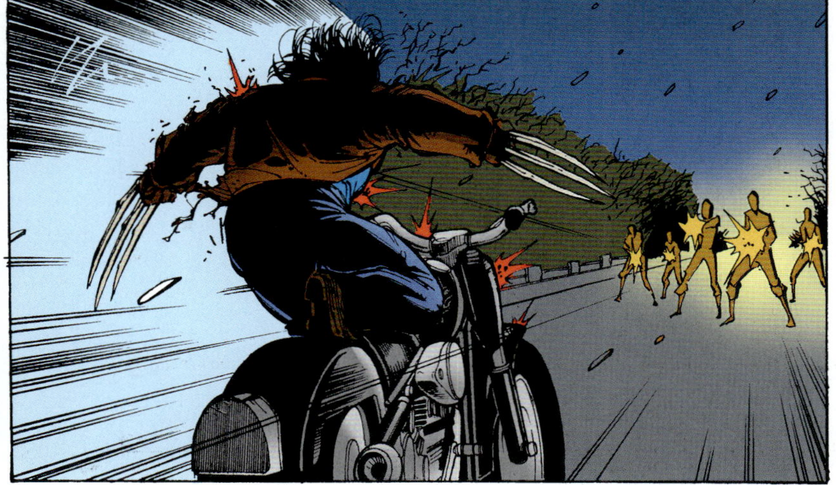

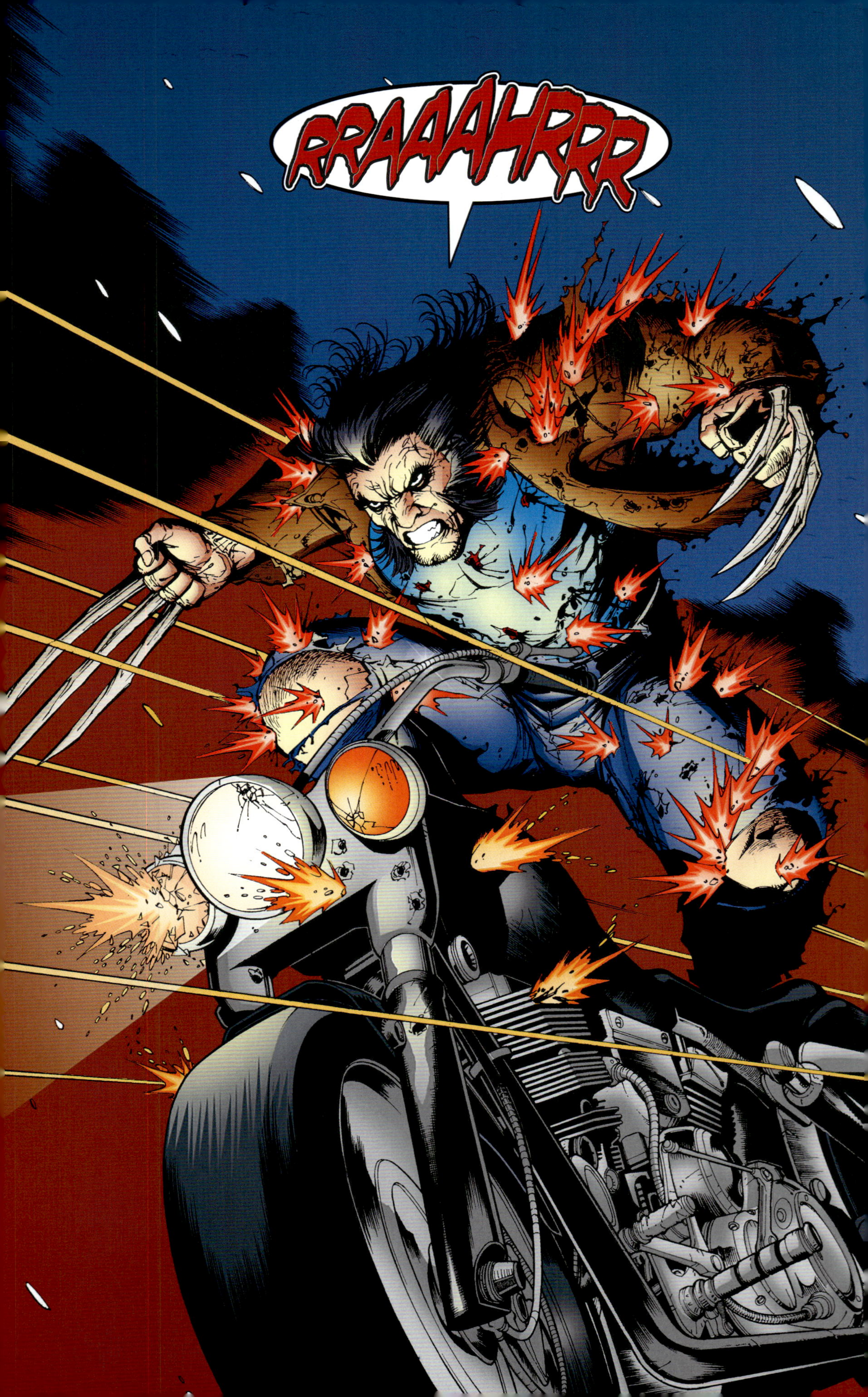
RRAAAHRRR

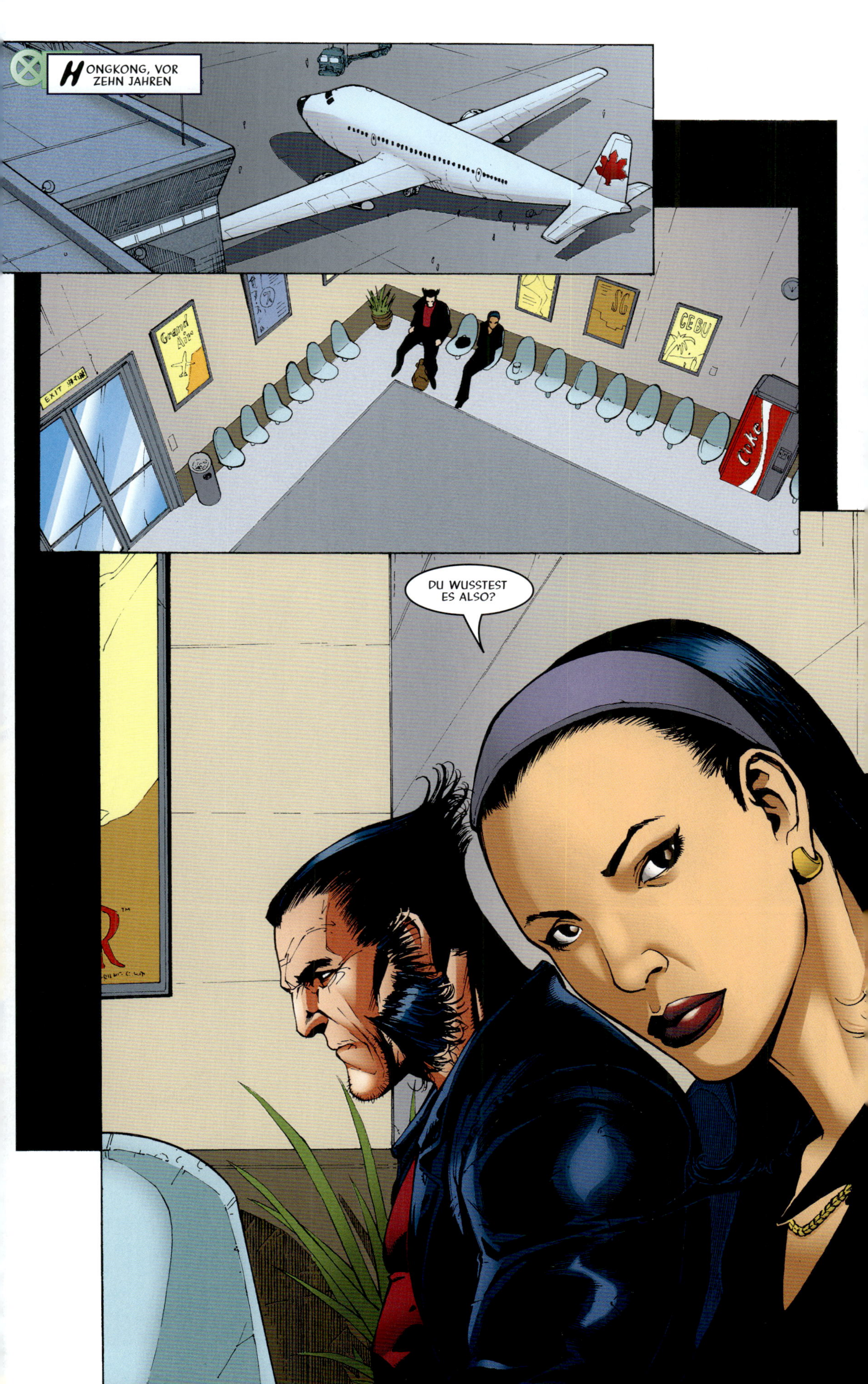
HONGKONG, VOR ZEHN JAHREN
EXIT
Grand Air
SG
CEBU
Coke
DU WUSSTEST ES ALSO?

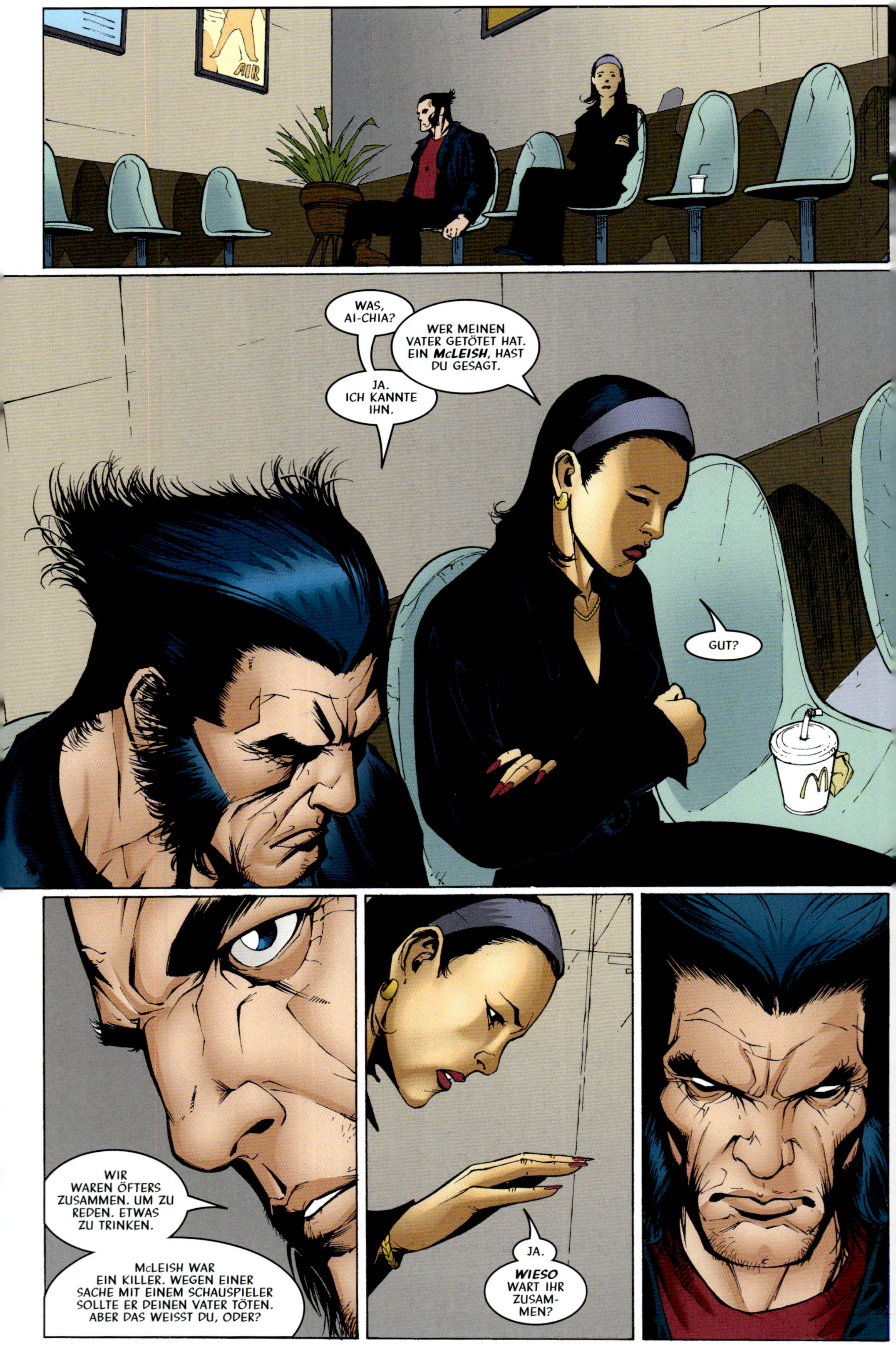

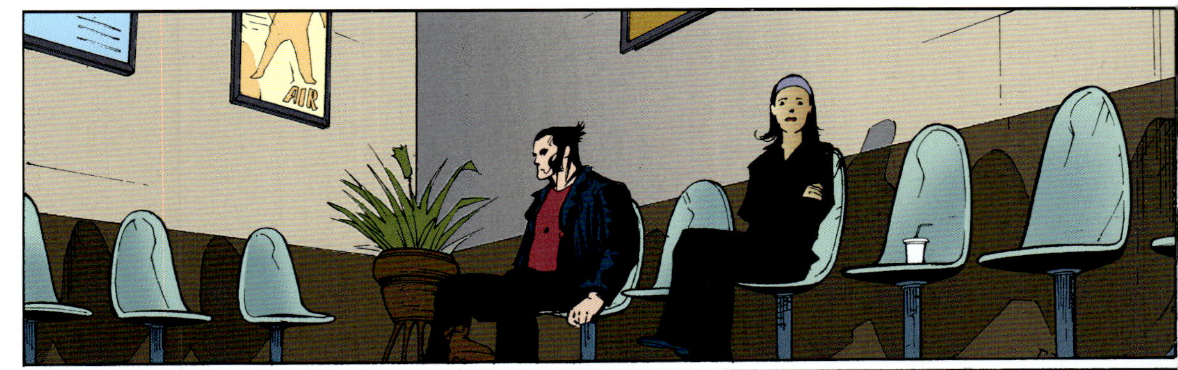

WAS, AI-CHIA?
WER MEINEN VATER GETÖTET HAT. EIN **McLEISH**, HAST DU GESAGT.
JA. ICH KANNTE IHN.
GUT?

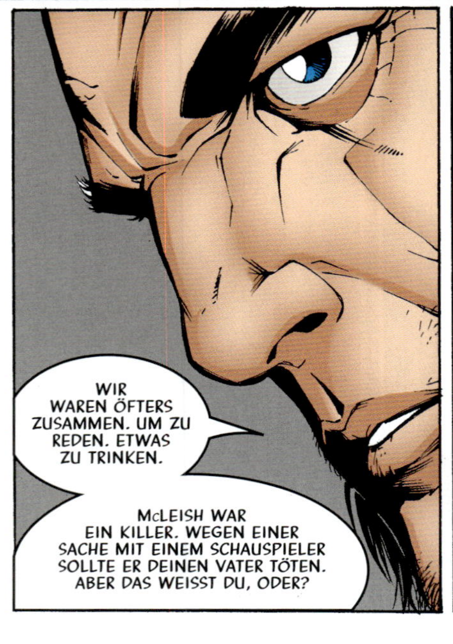
WIR WAREN ÖFTERS ZUSAMMEN. UM ZU REDEN. ETWAS ZU TRINKEN.
McLEISH WAR EIN KILLER. WEGEN EINER SACHE MIT EINEM SCHAUSPIELER SOLLTE ER DEINEN VATER TÖTEN. ABER DAS WEISST DU, ODER?

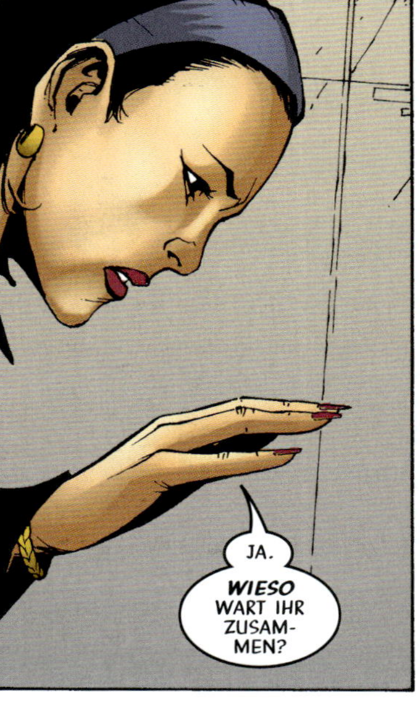
JA.
WIESO WART IHR ZUSAMMEN?

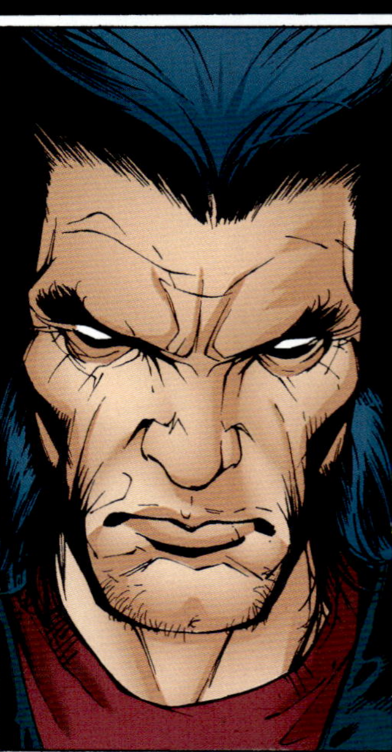

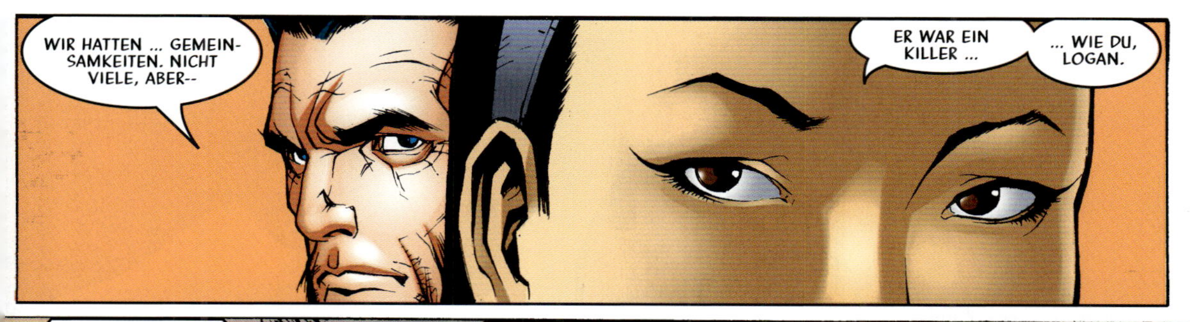

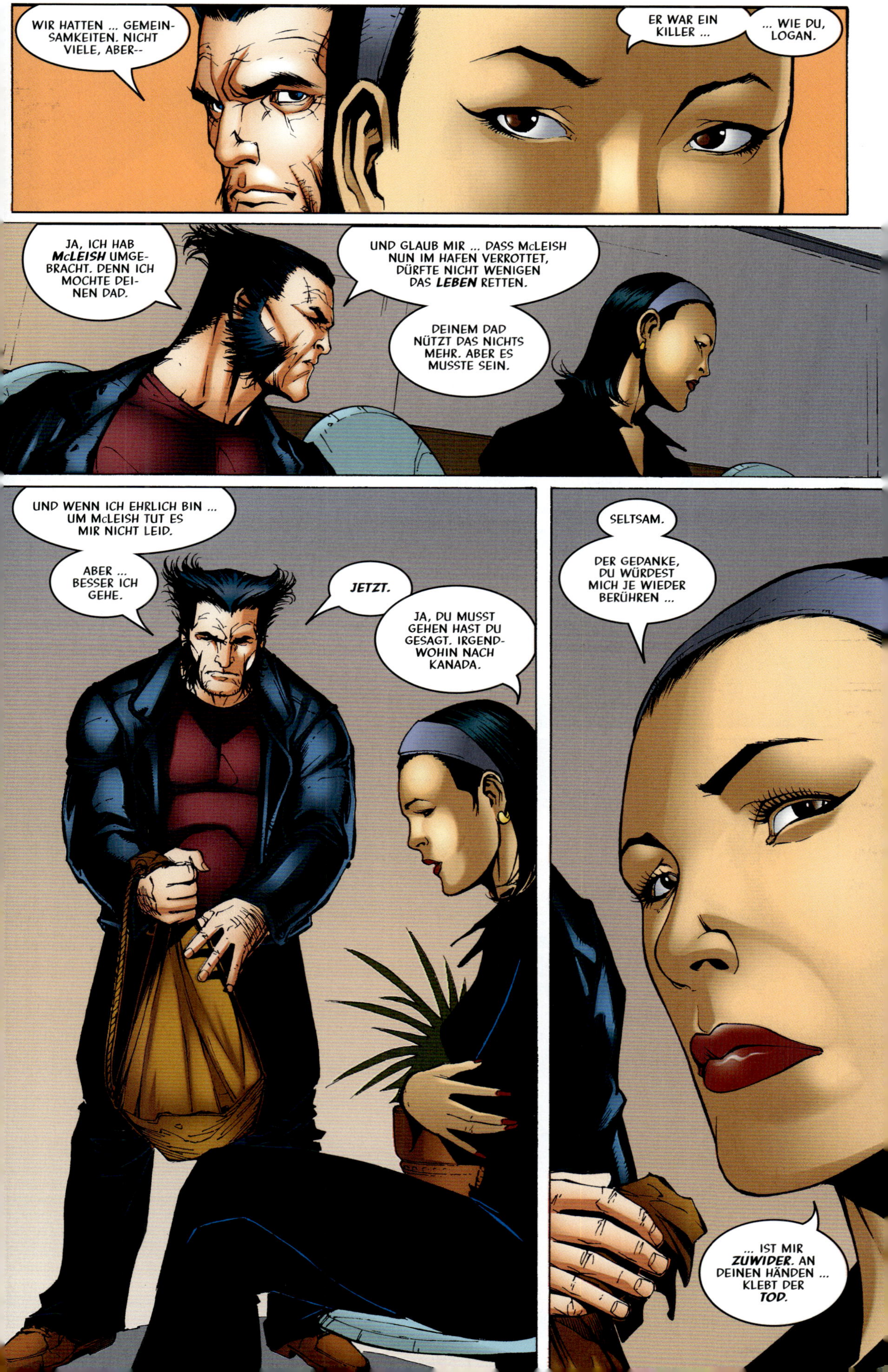

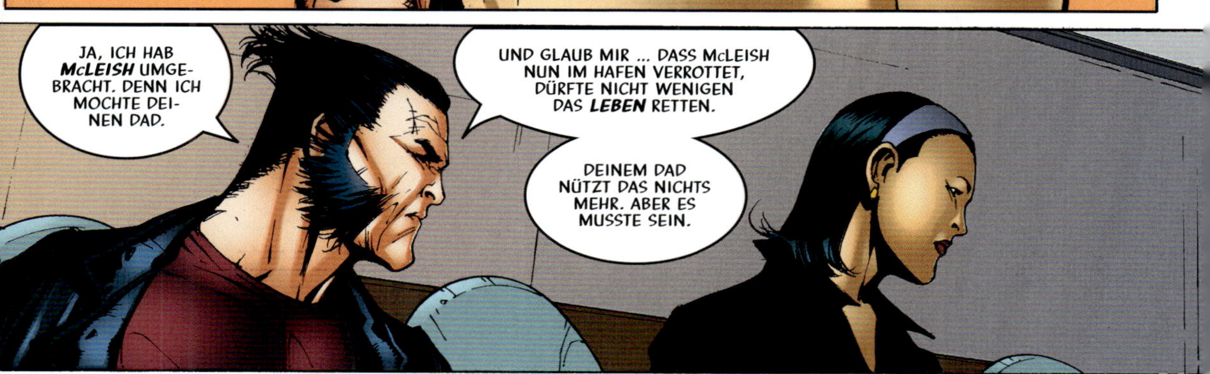

UND WENN ICH EHRLICH BIN ... UM McLEISH TUT ES MIR NICHT LEID.
ABER ... BESSER ICH GEHE.
JETZT.
JA, DU MUSST GEHEN HAST DU GESAGT. IRGENDWOHIN NACH KANADA.

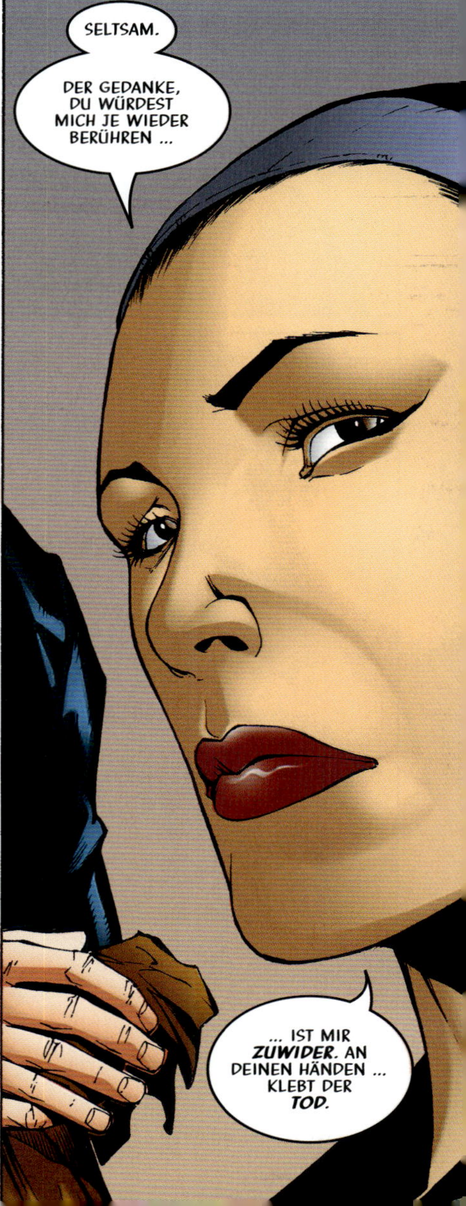

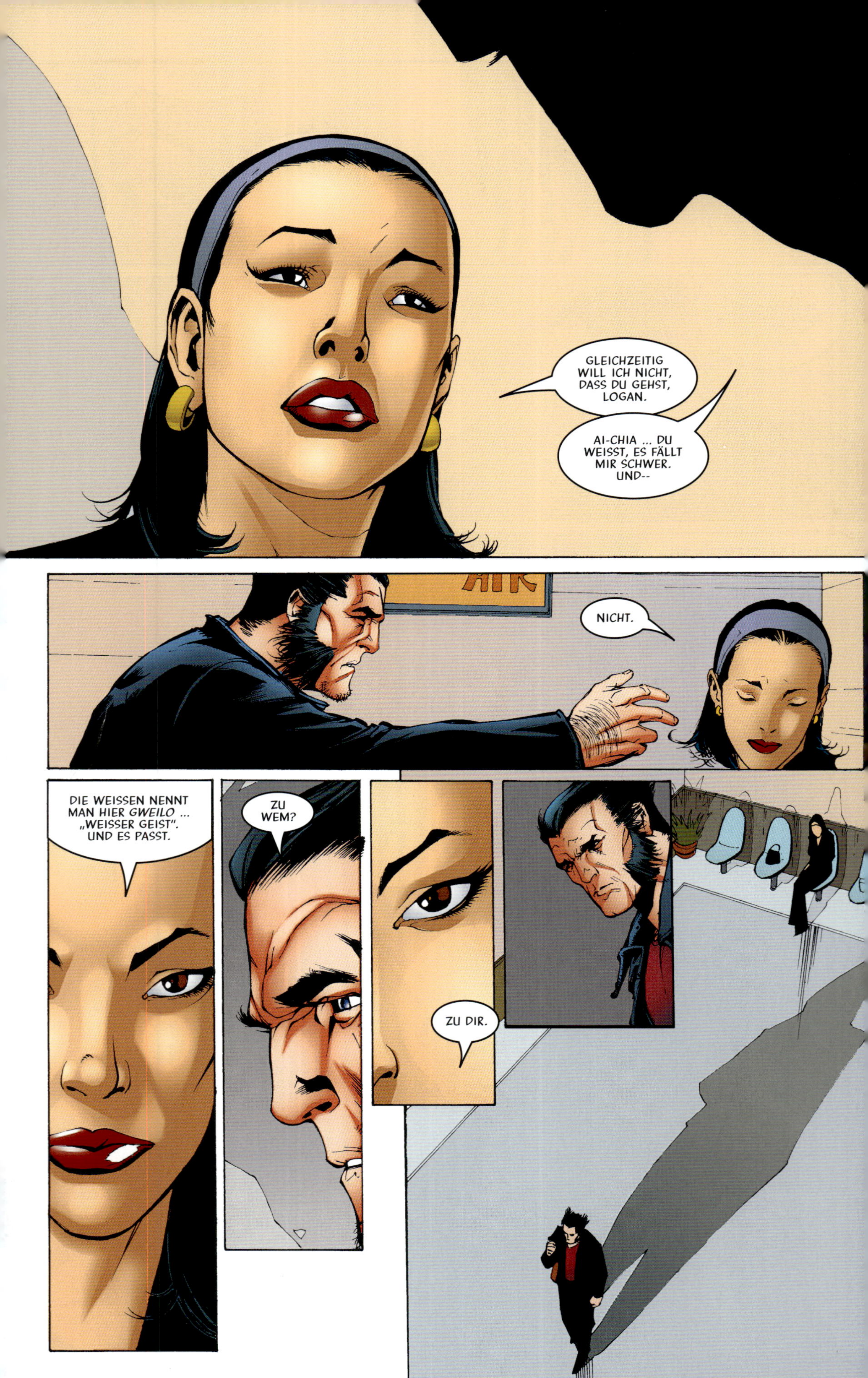
GLEICHZEITIG WILL ICH NICHT, DASS DU GEHST, LOGAN.
AI-CHIA ... DU WEISST, ES FÄLLT MIR SCHWER. UND--
NICHT.
DIE WEISSEN NENNT MAN HIER *GWEILO* ... „WEISSER GEIST". UND ES PASST.
ZU WEM?
ZU DIR.

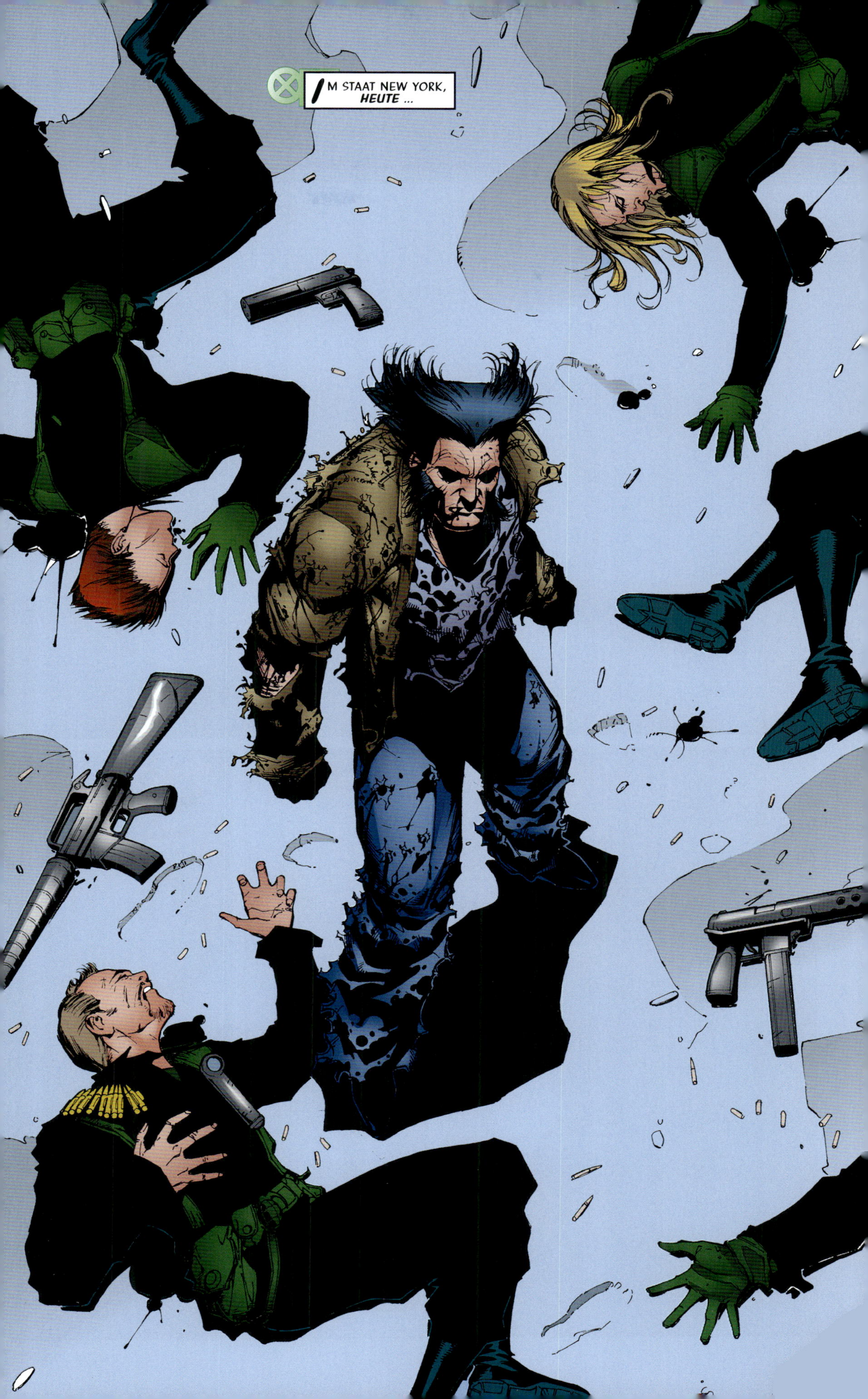
IM STAAT NEW YORK, HEUTE ...

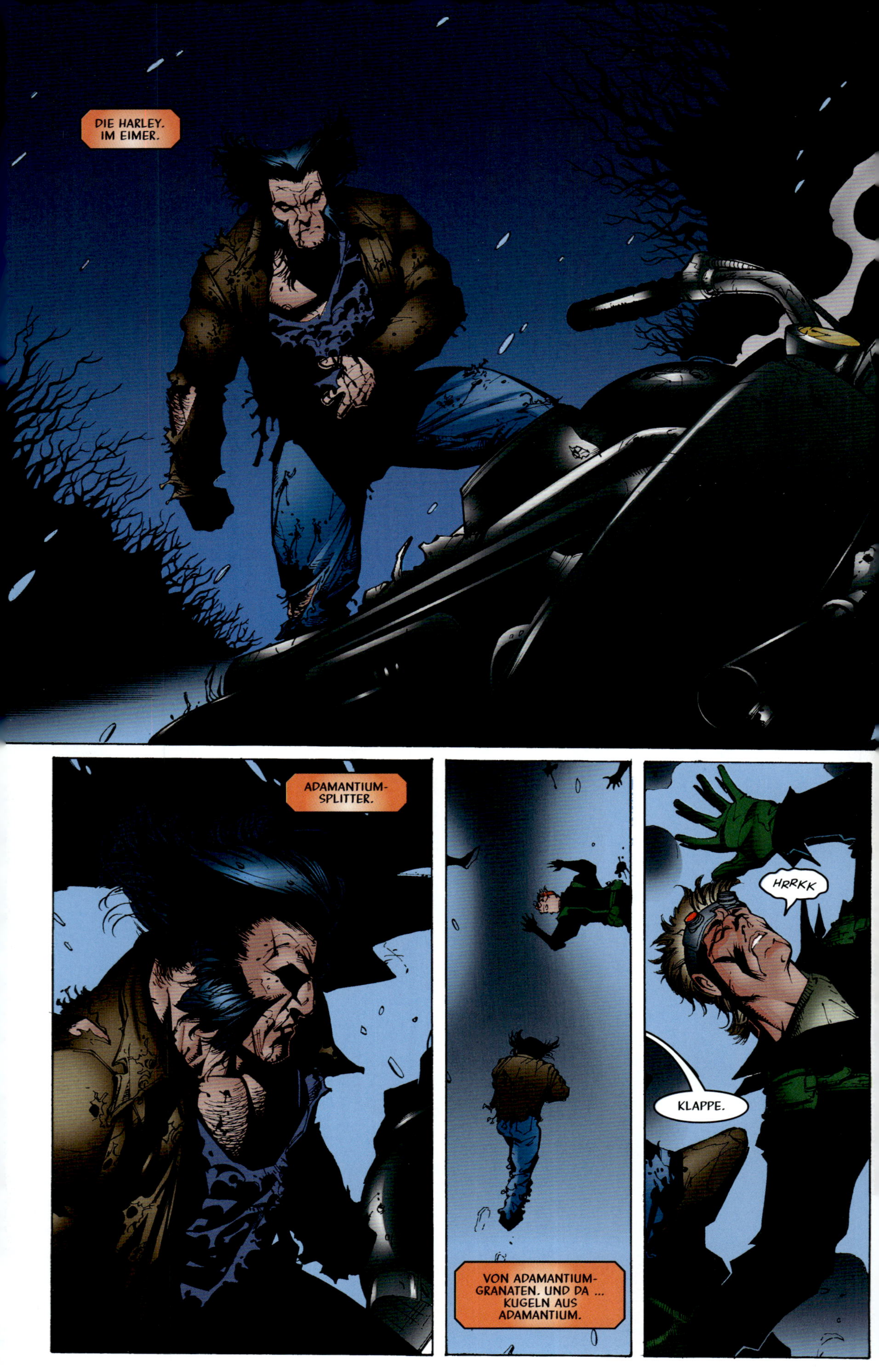

DIE HARLEY.
IM EIMER.

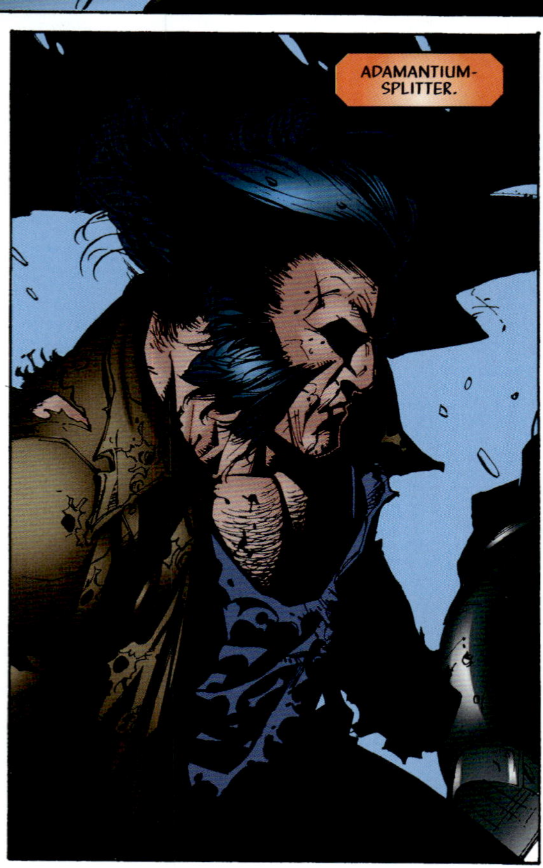

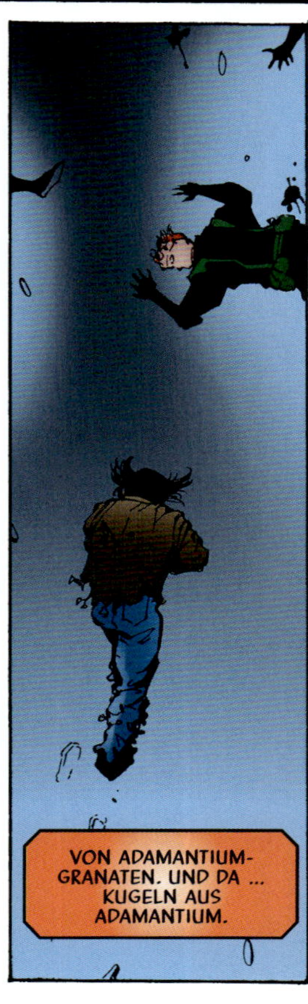

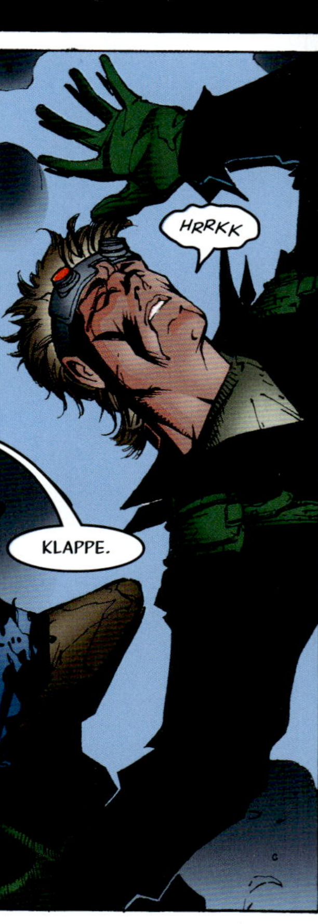

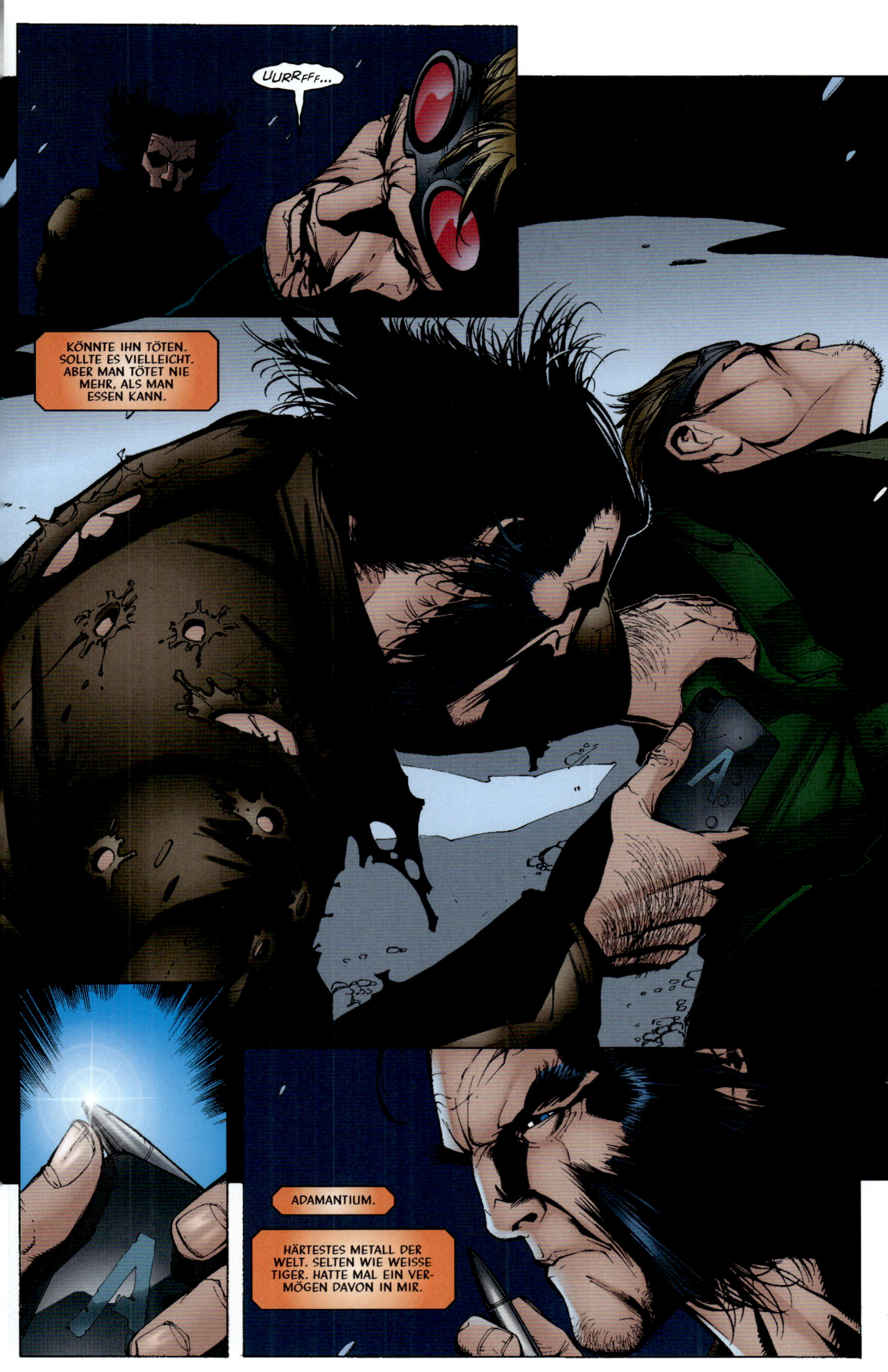
UURRFFF...
KÖNNTE IHN TÖTEN. SOLLTE ES VIELLEICHT. ABER MAN TÖTET NIE MEHR, ALS MAN ESSEN KANN.
ADAMANTIUM.
HÄRTESTES METALL DER WELT. SELTEN WIE WEISSE TIGER. HATTE MAL EIN VERMÖGEN DAVON IN MIR.

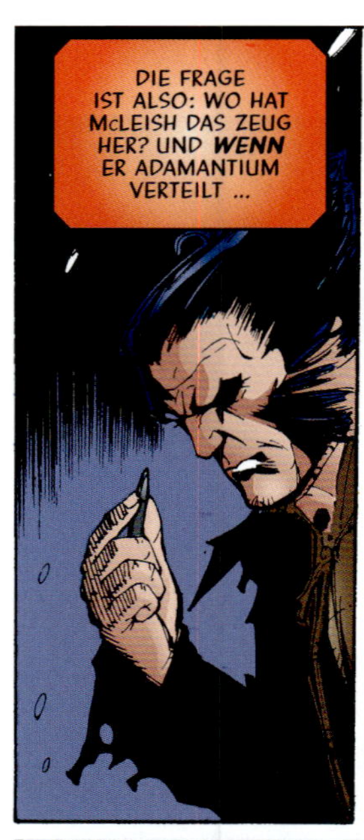
DIE FRAGE IST ALSO: WO HAT McLEISH DAS ZEUG HER? UND **WENN** ER ADAMANTIUM VERTEILT ...

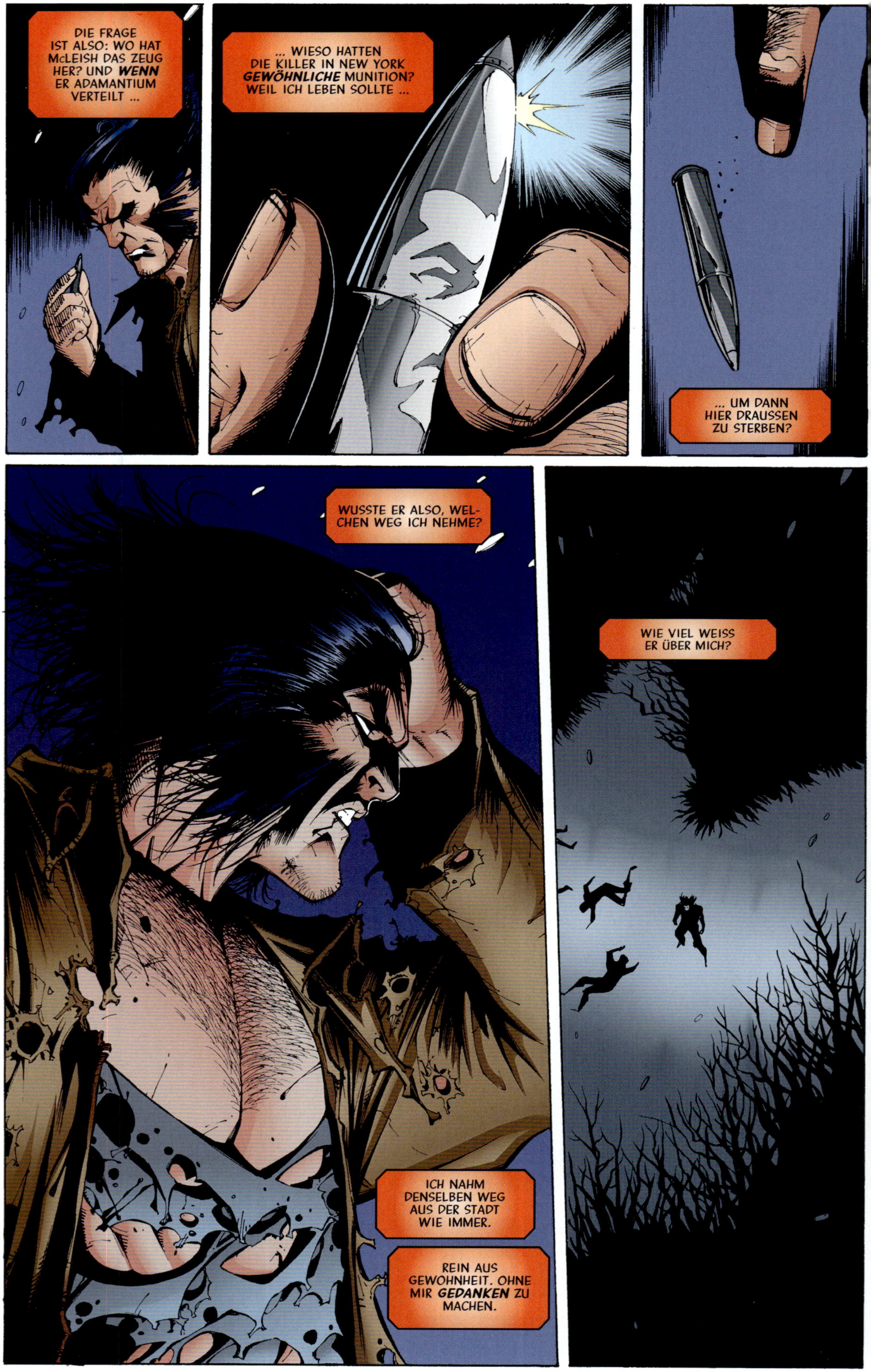

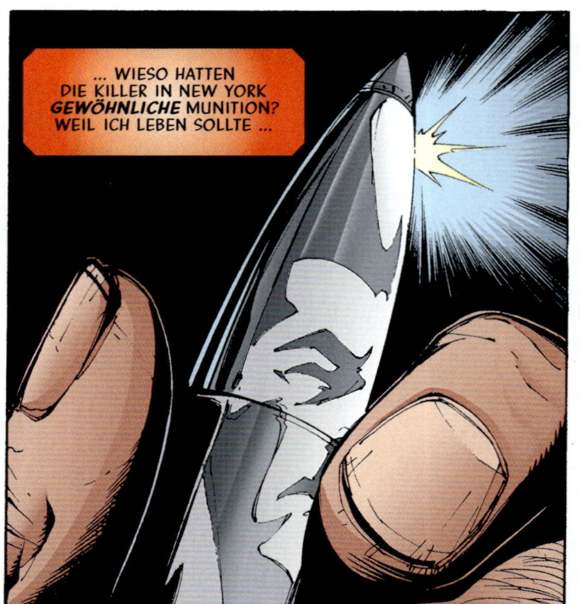
... WIESO HATTEN DIE KILLER IN NEW YORK **GEWÖHNLICHE** MUNITION? WEIL ICH LEBEN SOLLTE ...

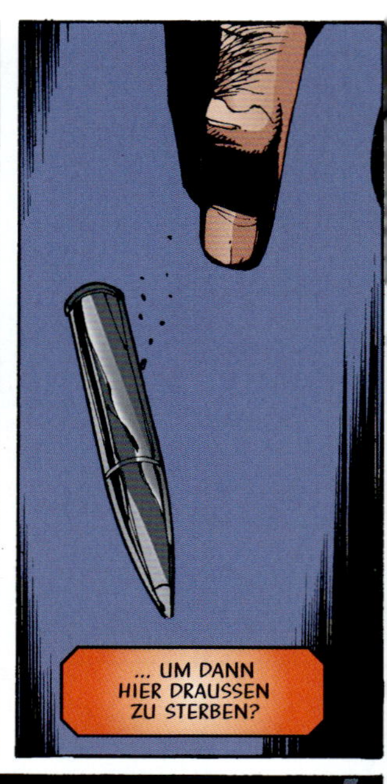
... UM DANN HIER DRAUSSEN ZU STERBEN?

WUSSTE ER ALSO, WEL-CHEN WEG ICH NEHME?
ICH NAHM DENSELBEN WEG AUS DER STADT WIE IMMER.
REIN AUS GEWOHNHEIT. OHNE MIR **GEDANKEN** ZU MACHEN.

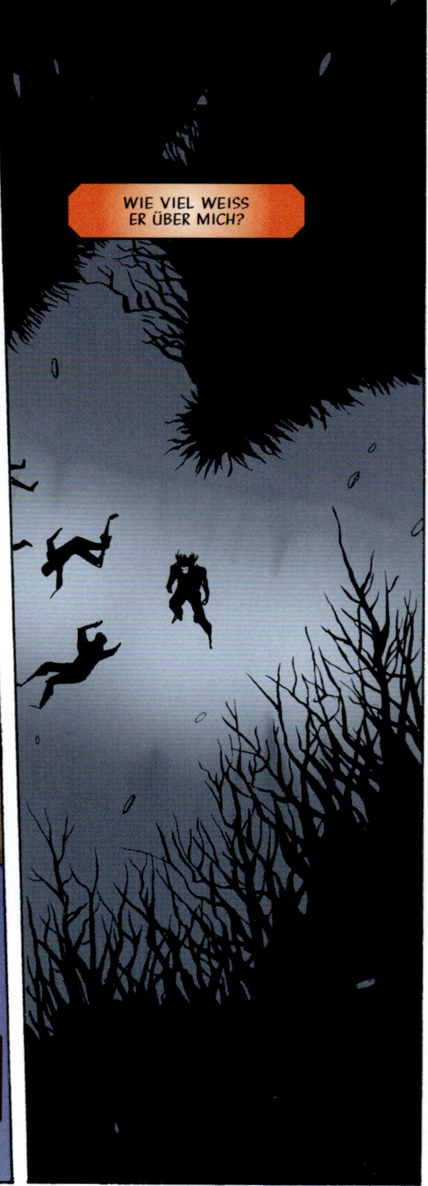
WIE VIEL WEISS ER ÜBER MICH?

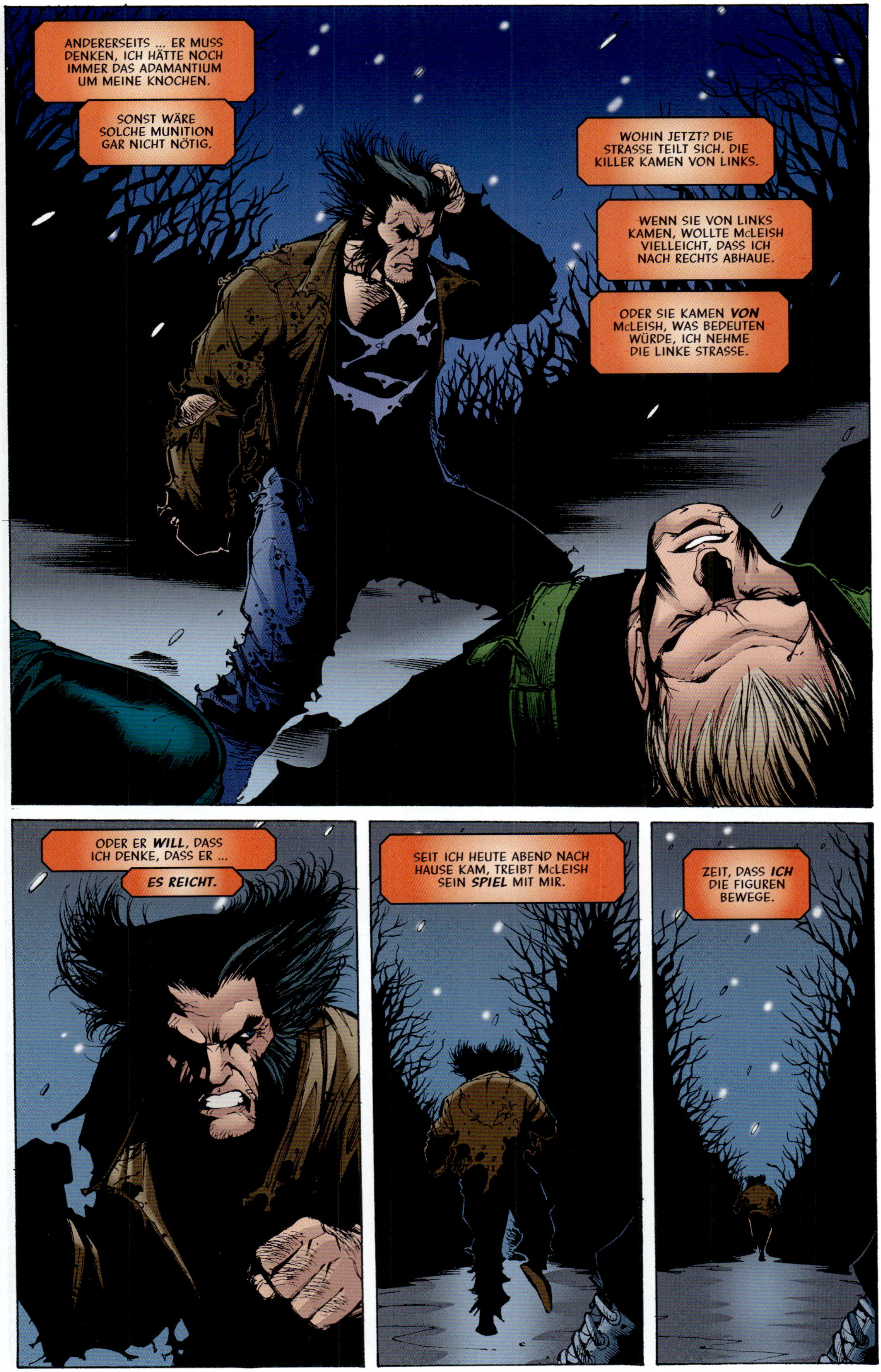

ANDERERSEITS ... ER MUSS DENKEN, ICH HÄTTE NOCH IMMER DAS ADAMANTIUM UM MEINE KNOCHEN.

SONST WÄRE SOLCHE MUNITION GAR NICHT NÖTIG.

WOHIN JETZT? DIE STRASSE TEILT SICH. DIE KILLER KAMEN VON LINKS.

WENN SIE VON LINKS KAMEN, WOLLTE McLEISH VIELLEICHT, DASS ICH NACH RECHTS ABHAUE.

ODER SIE KAMEN ***VON*** McLEISH, WAS BEDEUTEN WÜRDE, ICH NEHME DIE LINKE STRASSE.

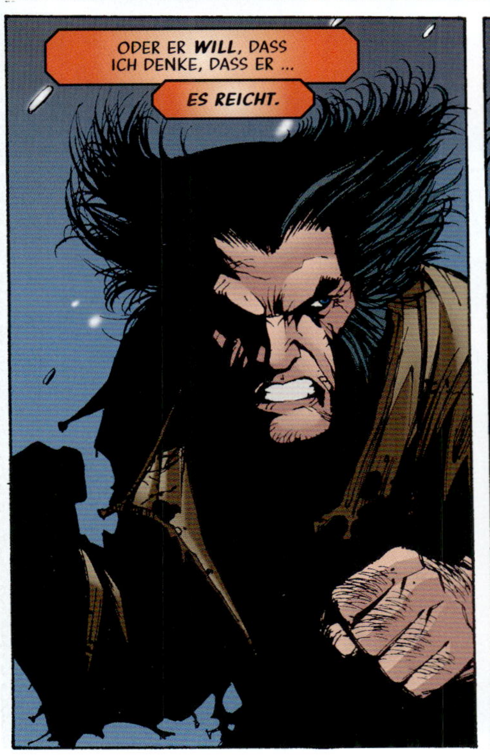

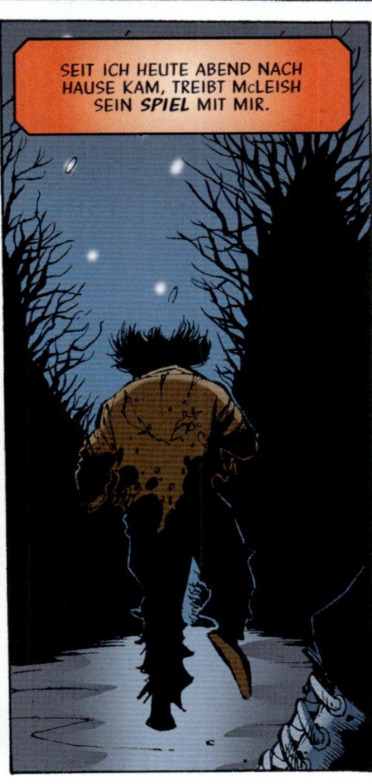

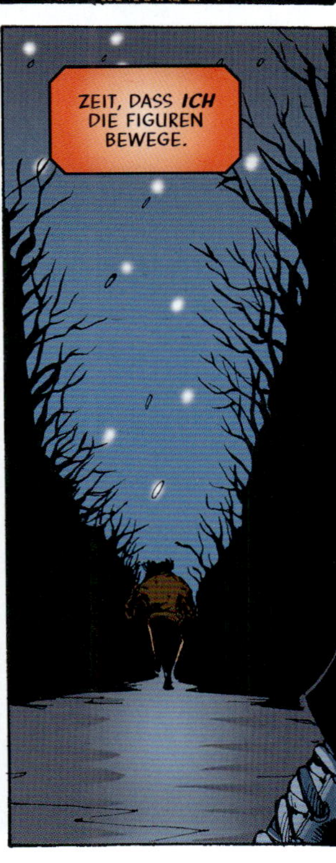

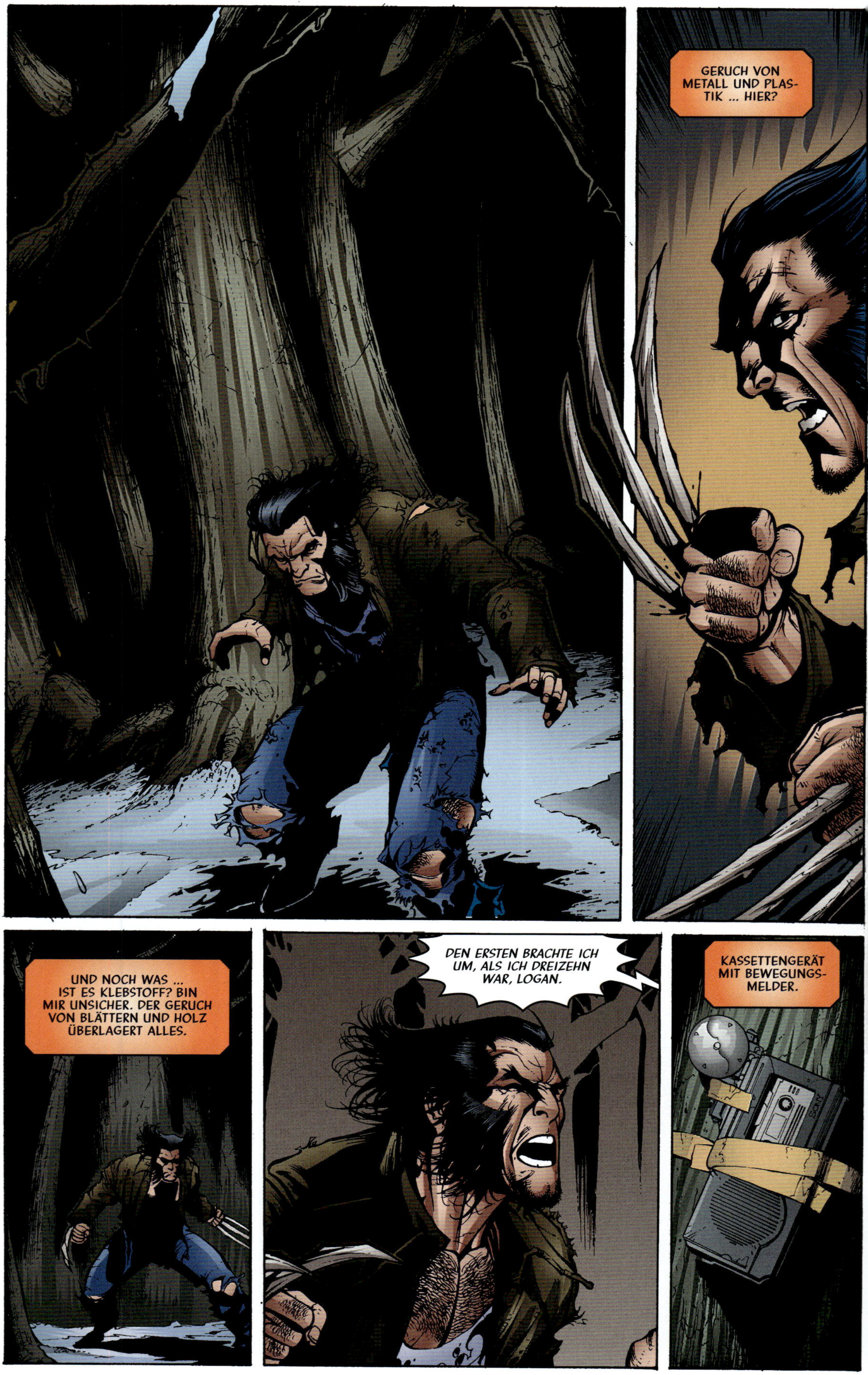

GERUCH VON METALL UND PLAS-TIK ... HIER?

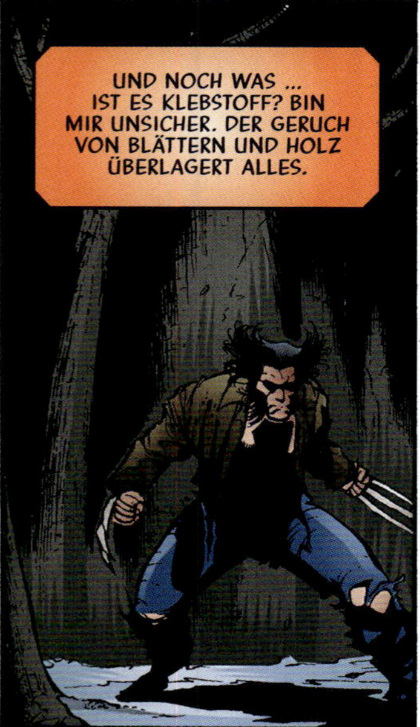

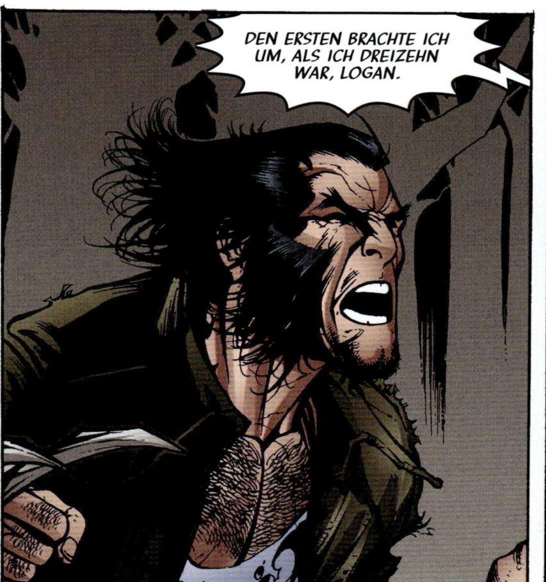

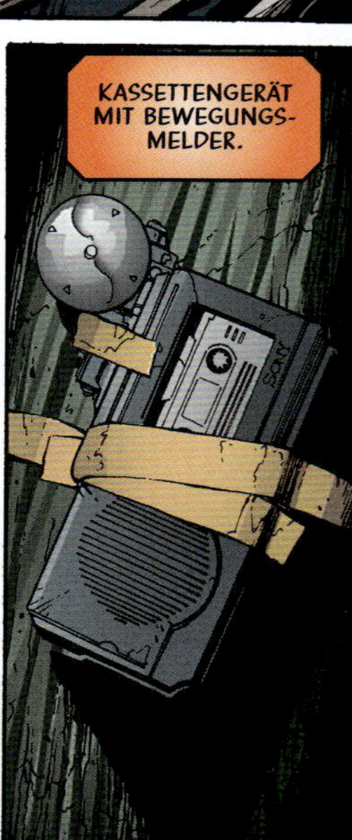

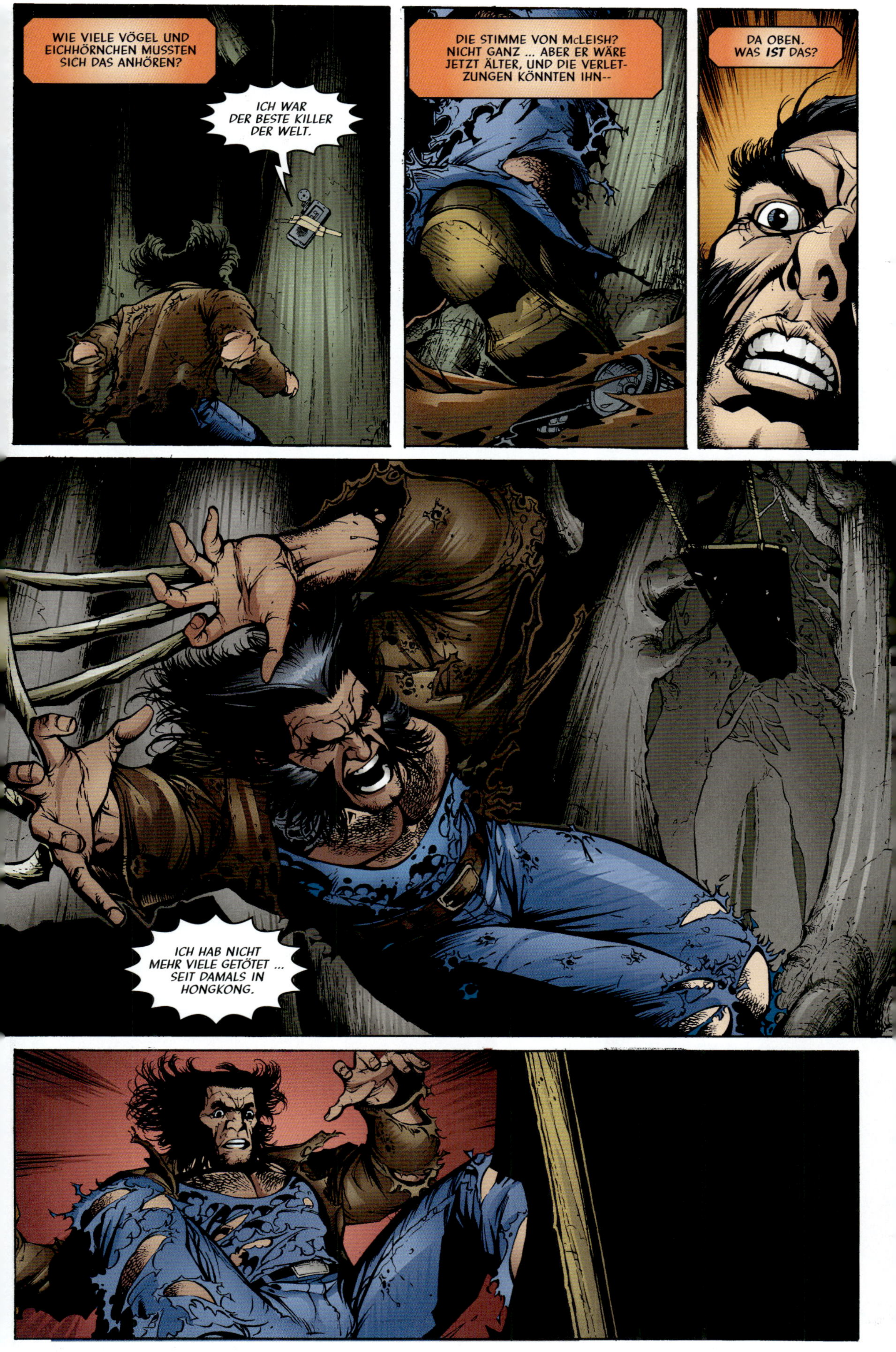

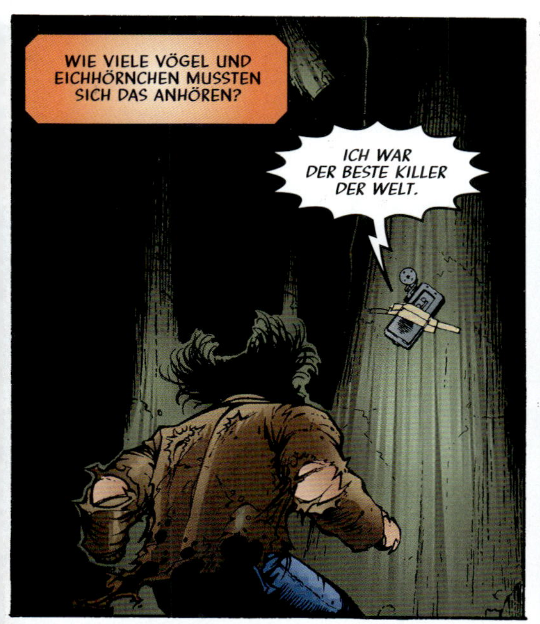

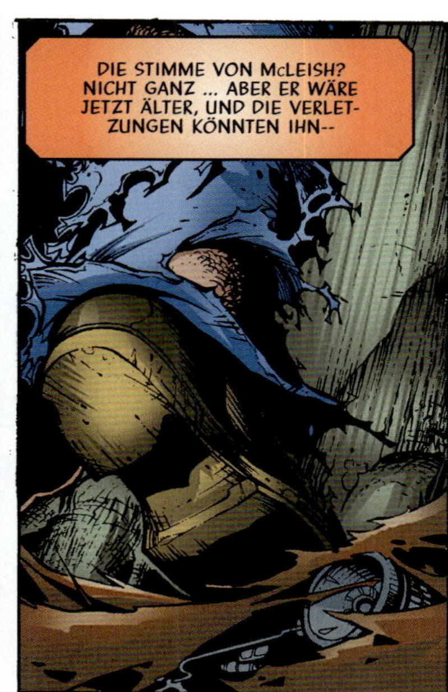

DA OBEN. WAS *IST* DAS?

ICH HAB NICHT MEHR VIELE GETÖTET ... SEIT DAMALS IN HONGKONG.

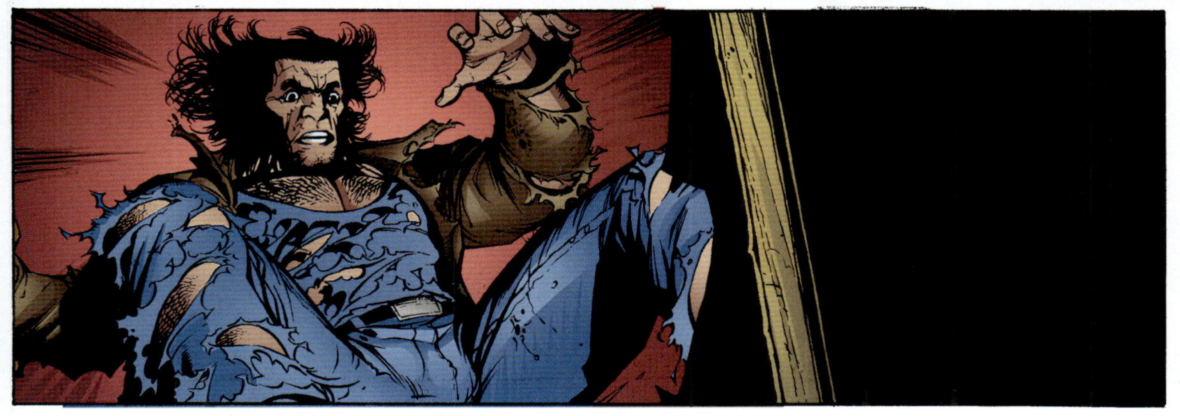

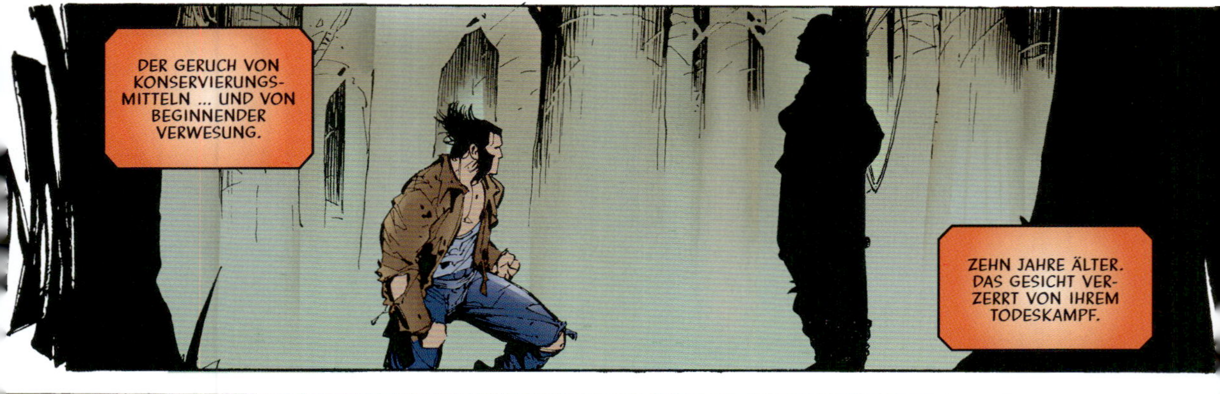
DER GERUCH VON KONSERVIERUNGS-MITTELN ... UND VON BEGINNENDER VERWESUNG.
ZEHN JAHRE ÄLTER. DAS GESICHT VER-ZERRT VON IHREM TODESKAMPF.

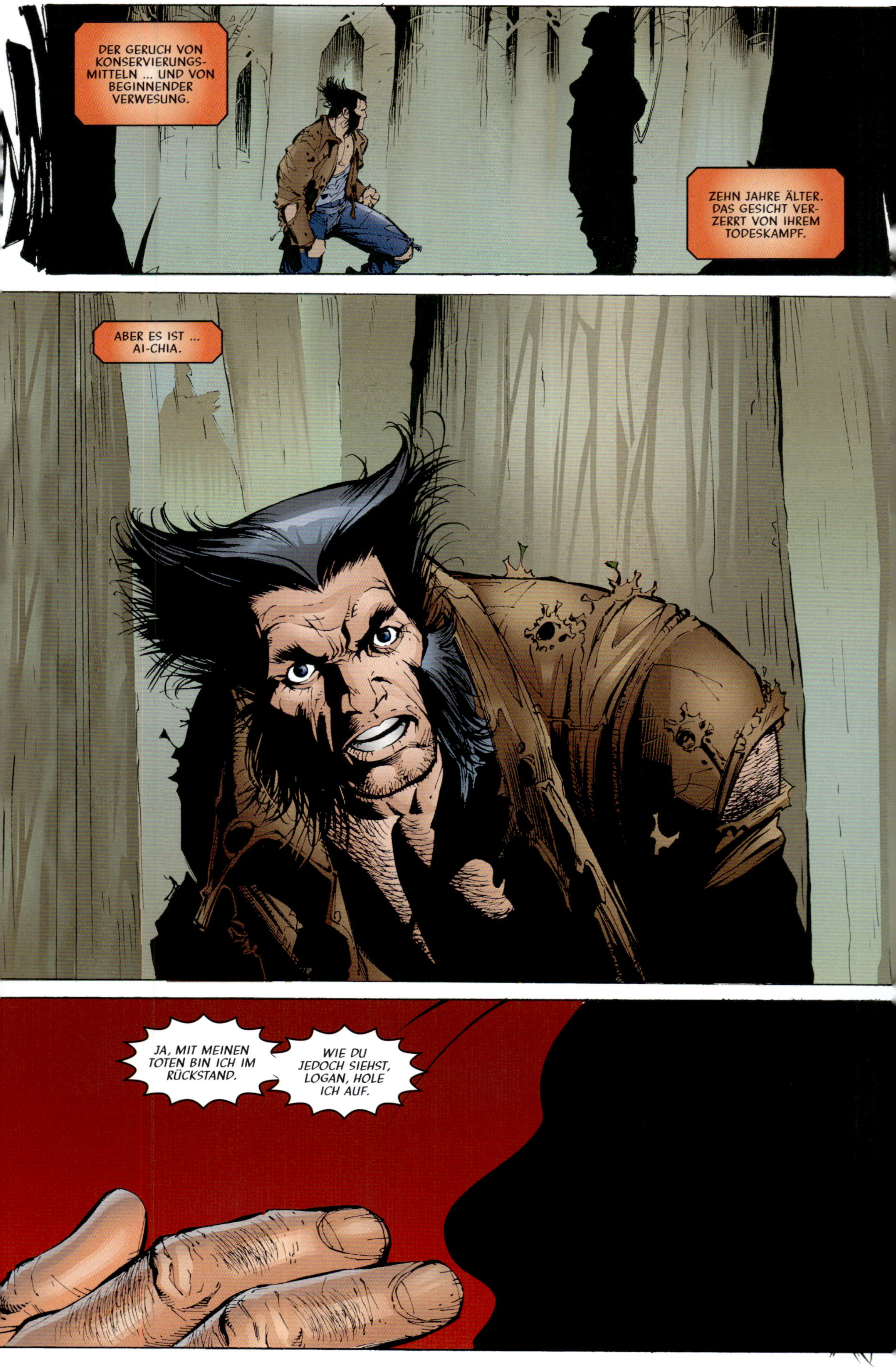

ABER ES IST ... AI-CHIA.

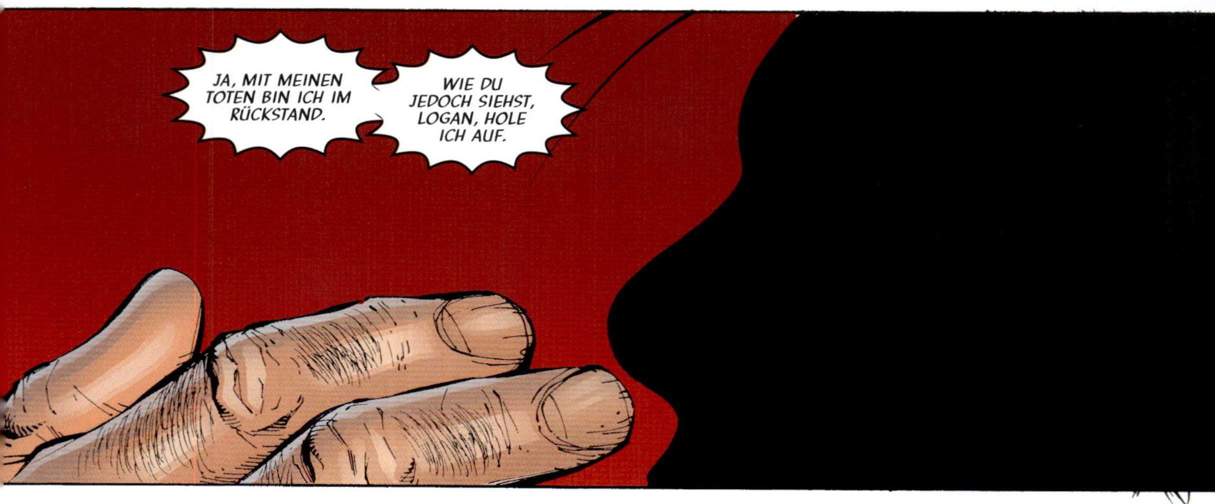
JA, MIT MEINEN TOTEN BIN ICH IM RÜCKSTAND.
WIE DU JEDOCH SIEHST, LOGAN, HOLE ICH AUF.

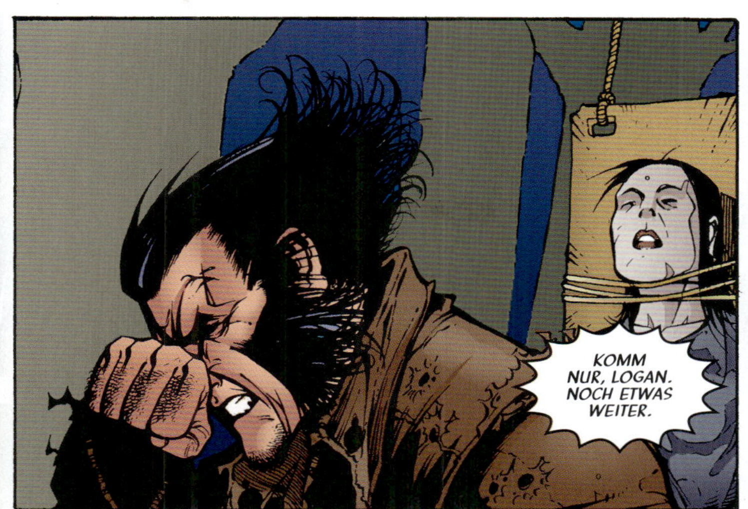
KOMM NUR, LOGAN. NOCH ETWAS WEITER.

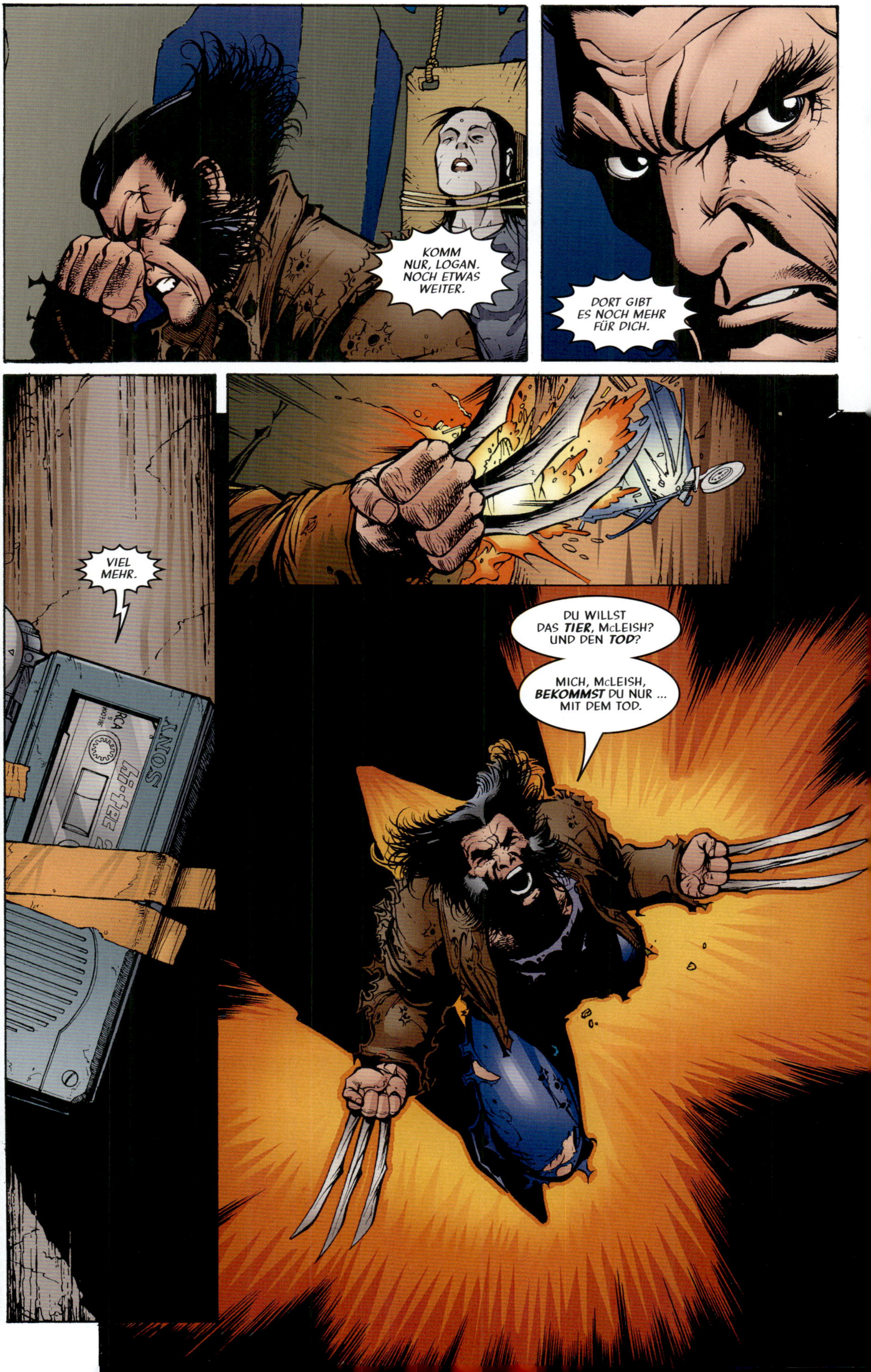

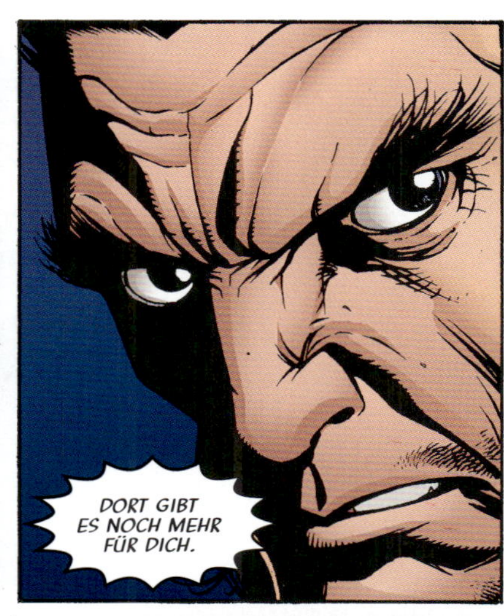
DORT GIBT ES NOCH MEHR FÜR DICH.

VIEL MEHR.
SONY
DU WILLST DAS **TIER**, McLEISH? UND DEN **TOD**?
MICH, McLEISH, **BEKOMMST** DU NUR ... MIT DEM TOD.

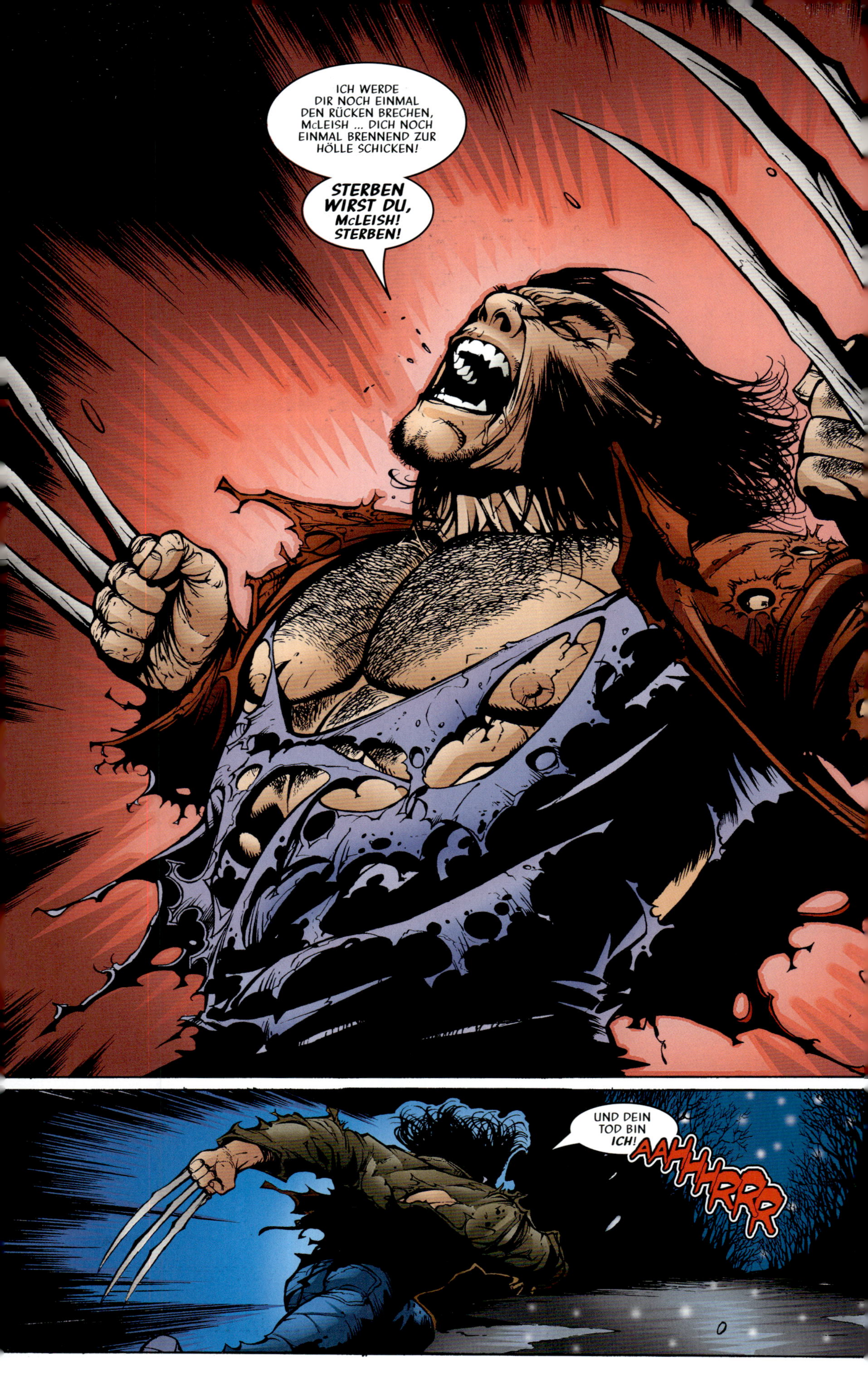
ICH WERDE DIR NOCH EINMAL DEN RÜCKEN BRECHEN, McLEISH ... DICH NOCH EINMAL BRENNEND ZUR HÖLLE SCHICKEN!
STERBEN WIRST DU, McLEISH! STERBEN!
UND DEIN TOD BIN ICH!
AAHHRRR

NOCH NICHT TOT, TEIL 4

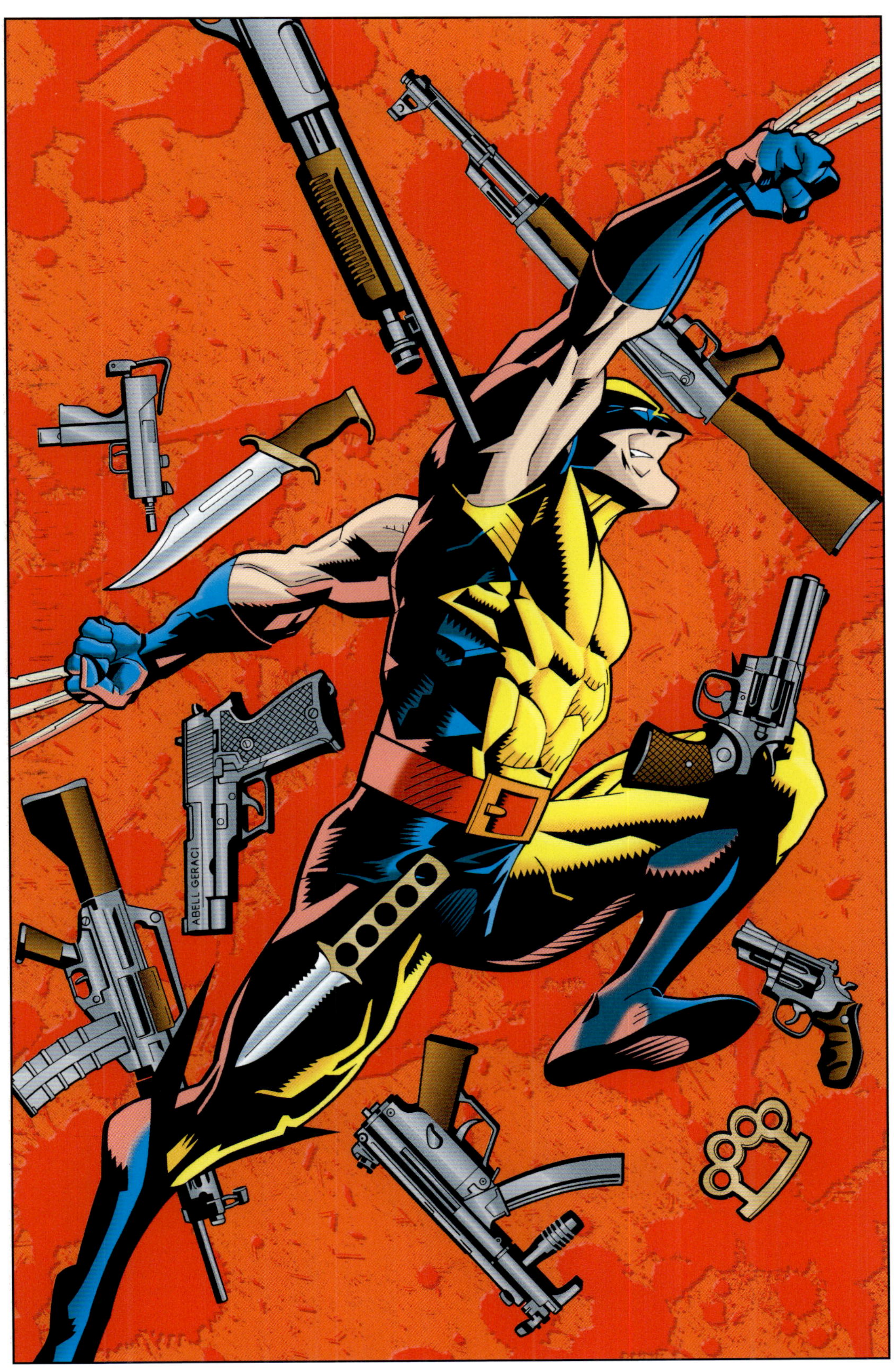

Wolverine (1988) 122
Cover von **DUSTY ABELL**

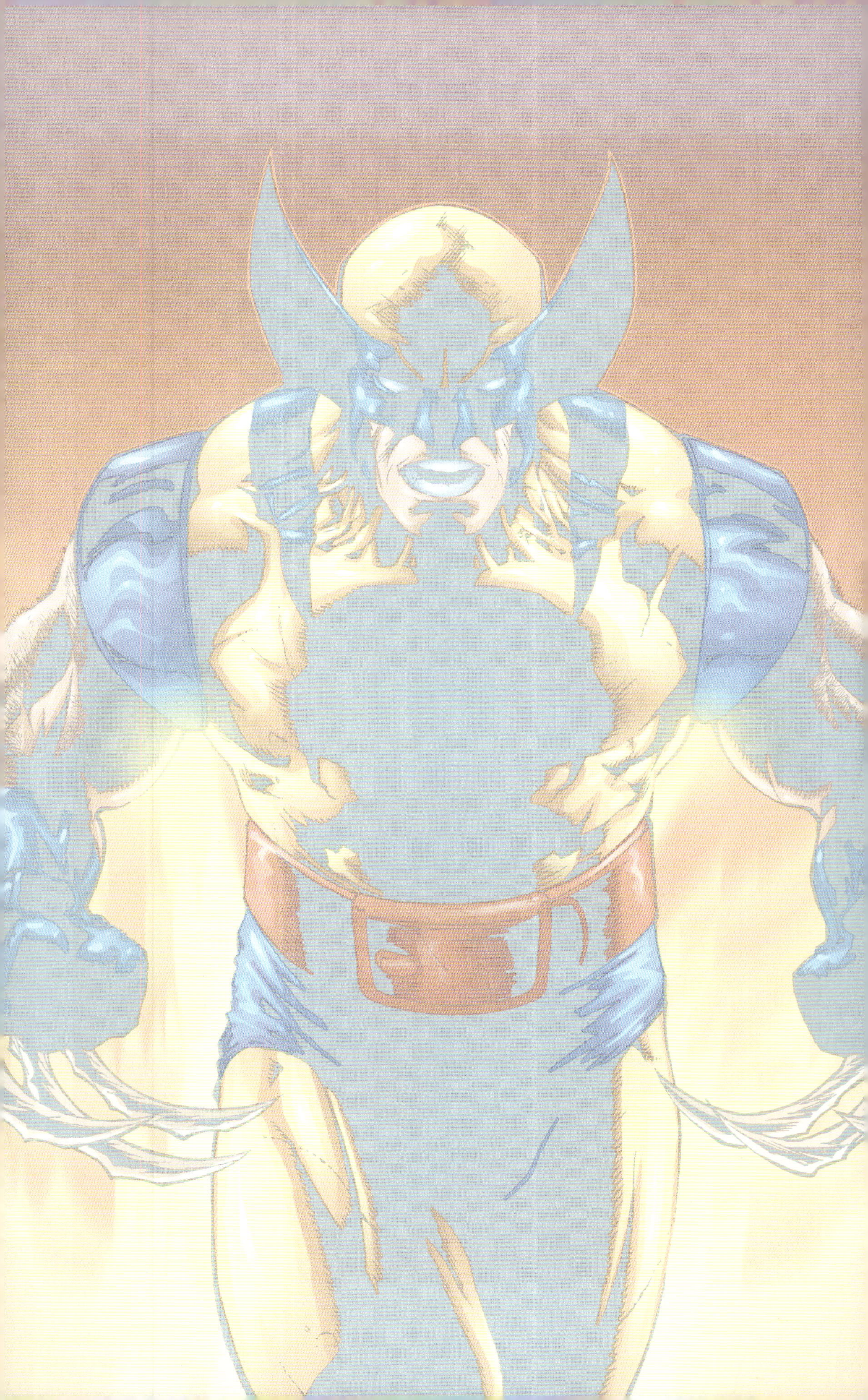

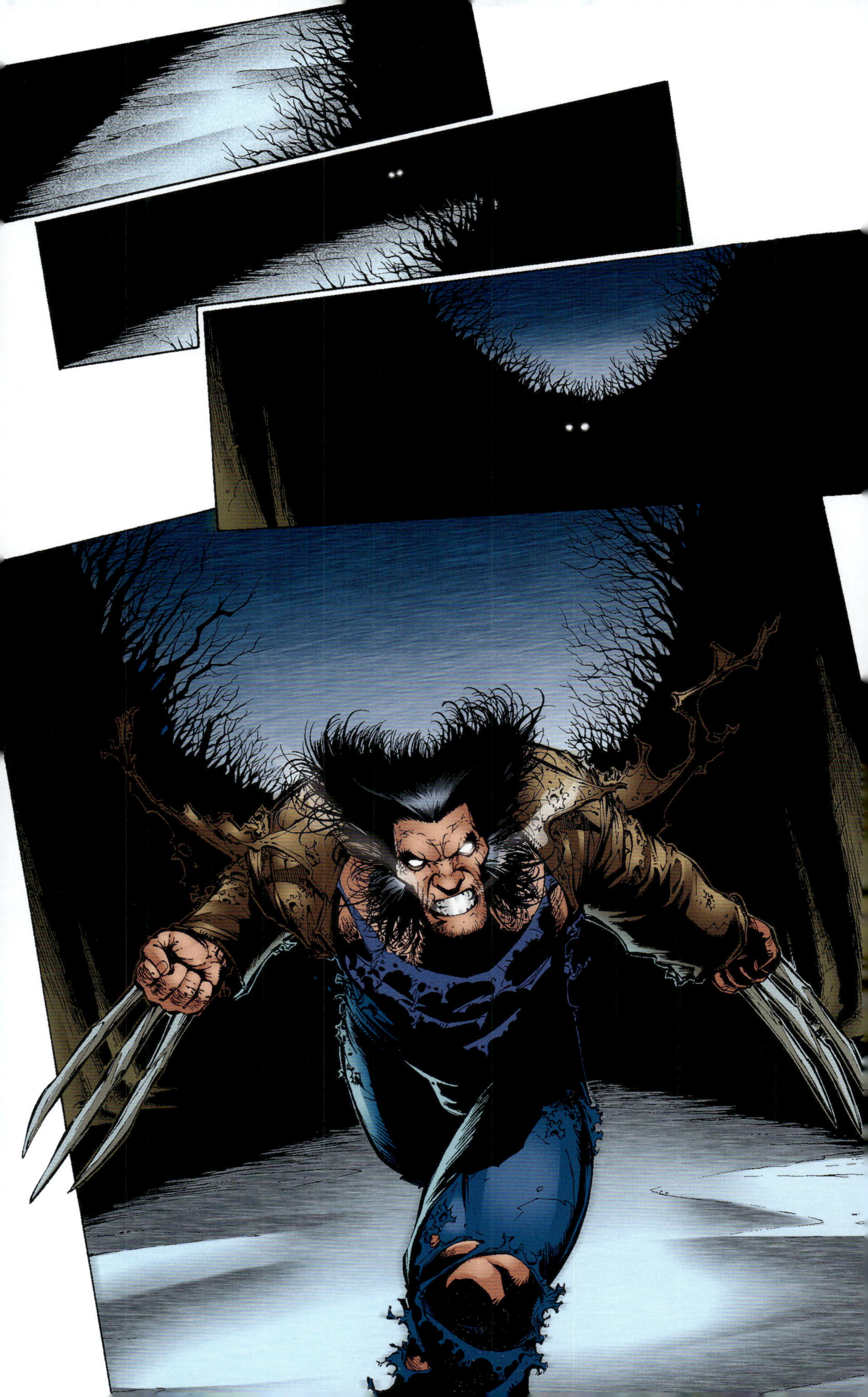

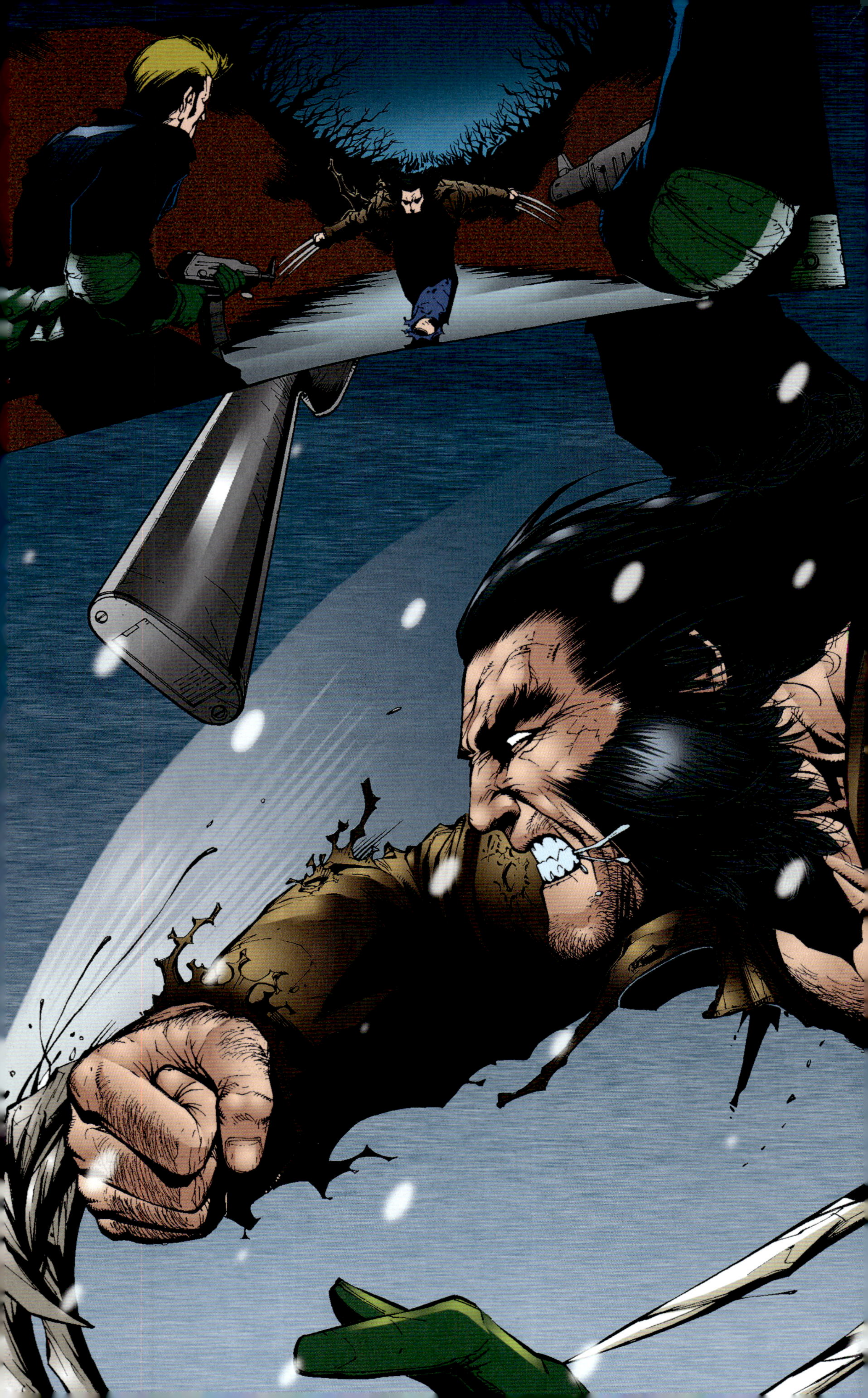

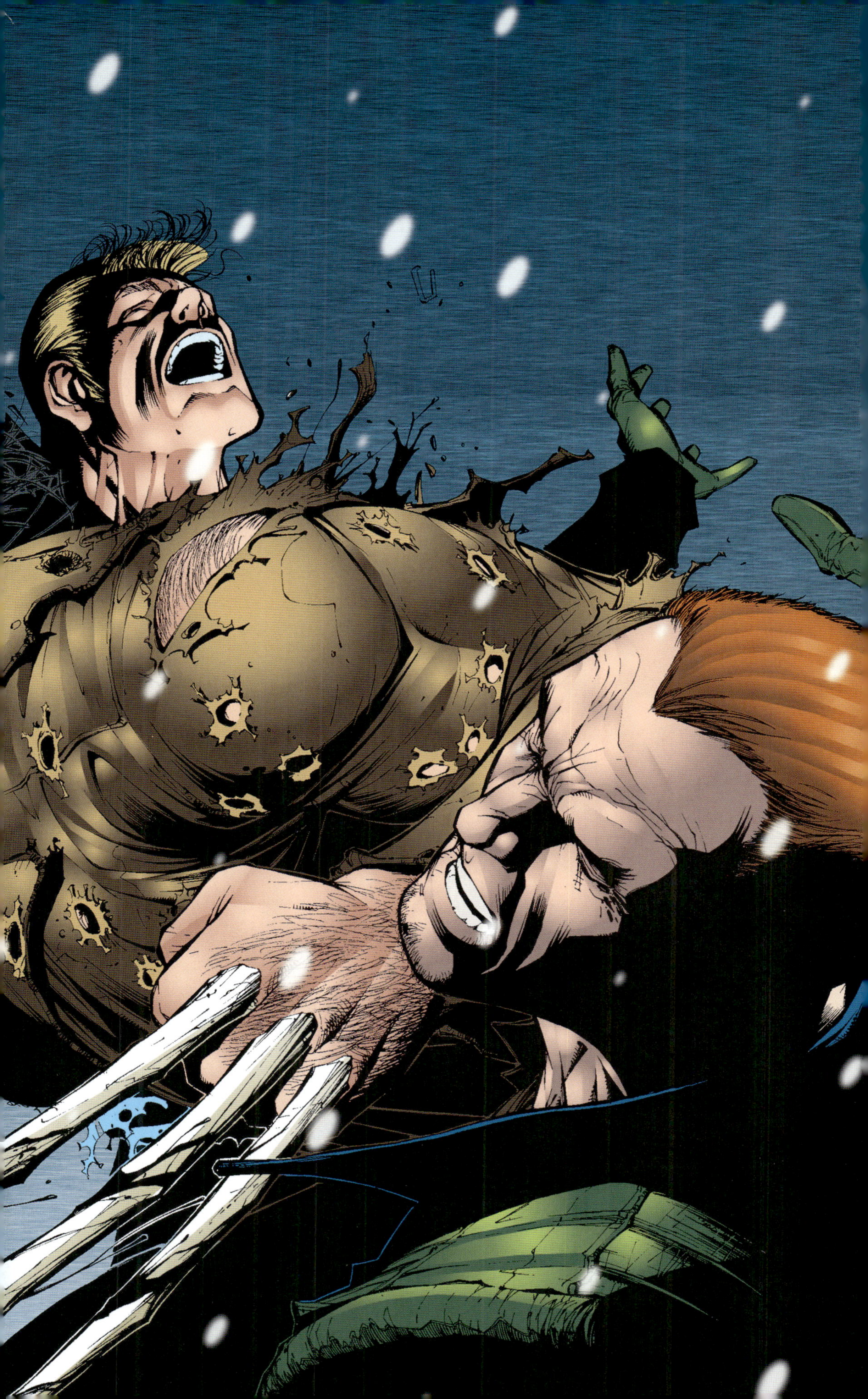

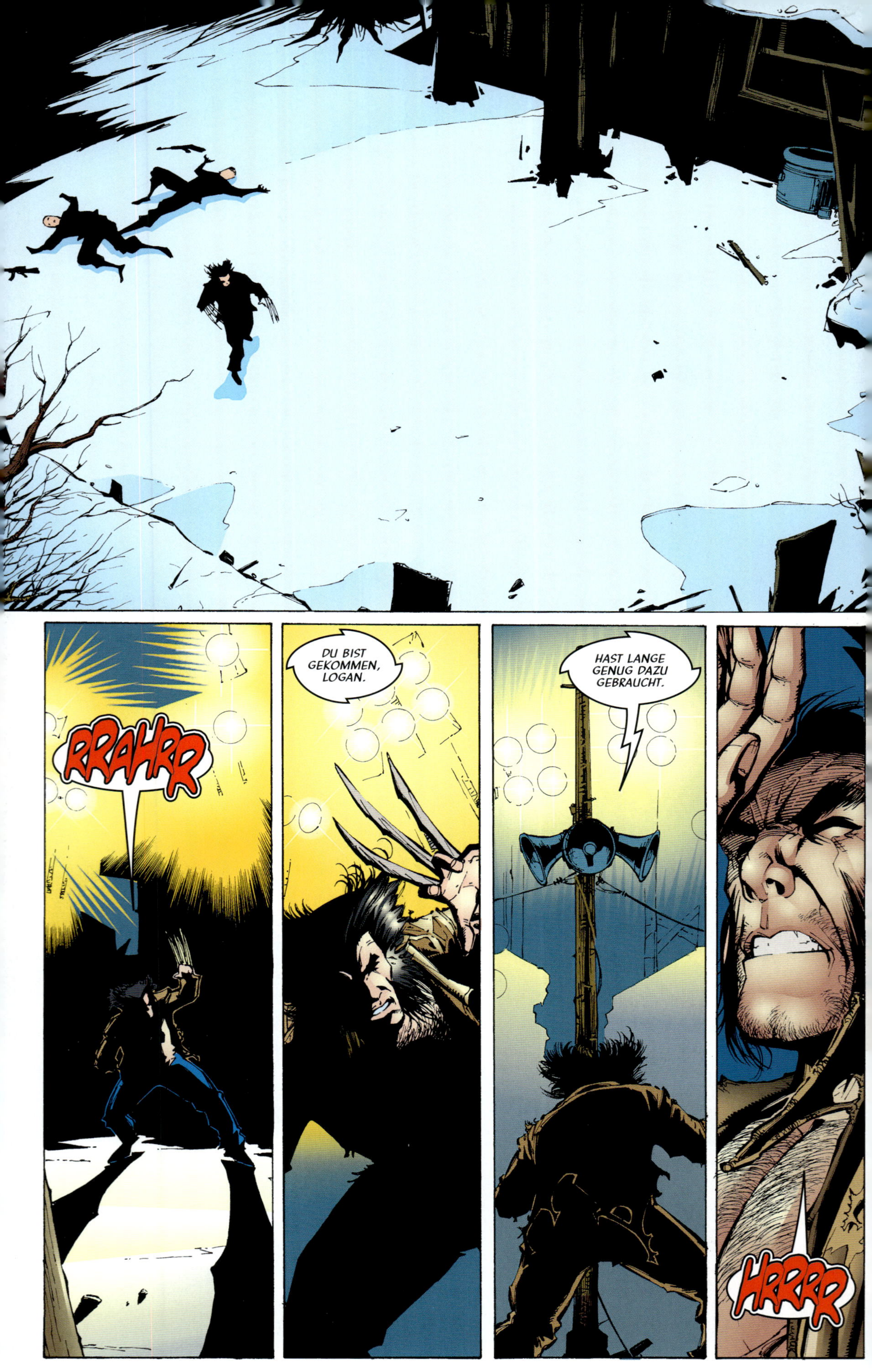

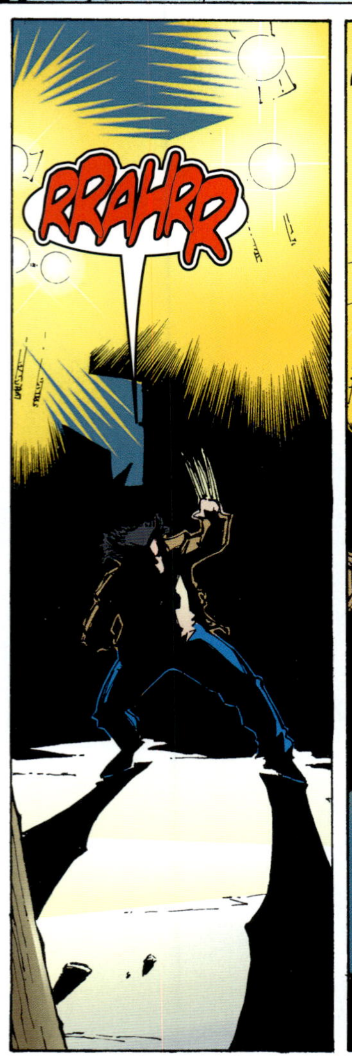
RRAHRR

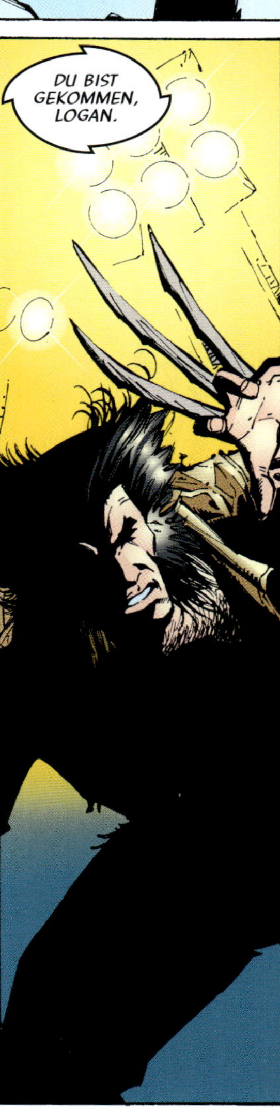
DU BIST GEKOMMEN, LOGAN.

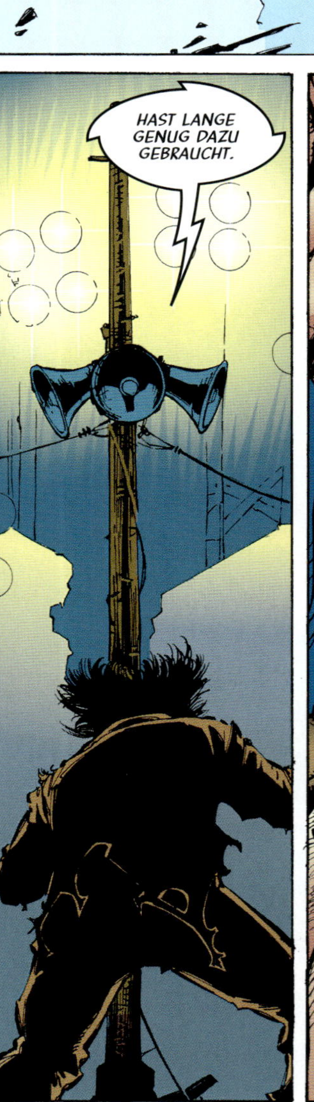
HAST LANGE GENUG DAZU GEBRAUCHT.

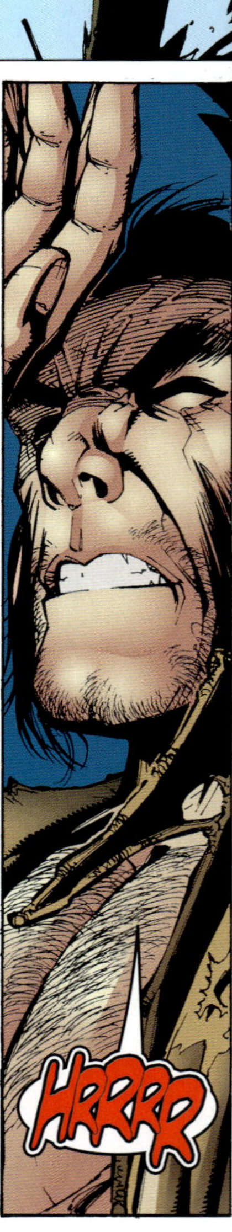
HRRRR

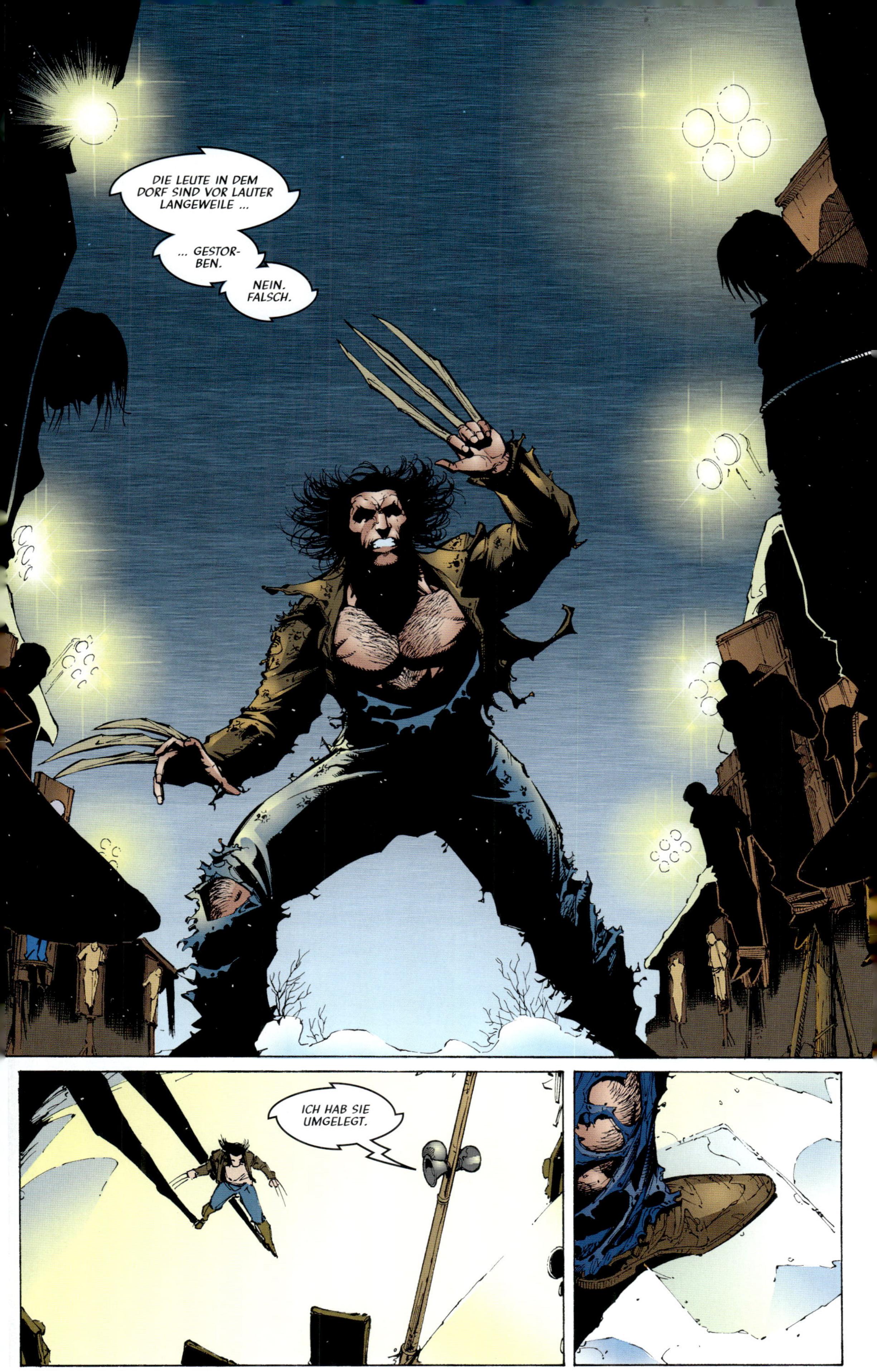

DIE LEUTE IN DEM DORF SIND VOR LAUTER LANGEWEILE ...
... GESTORBEN.
NEIN. FALSCH.

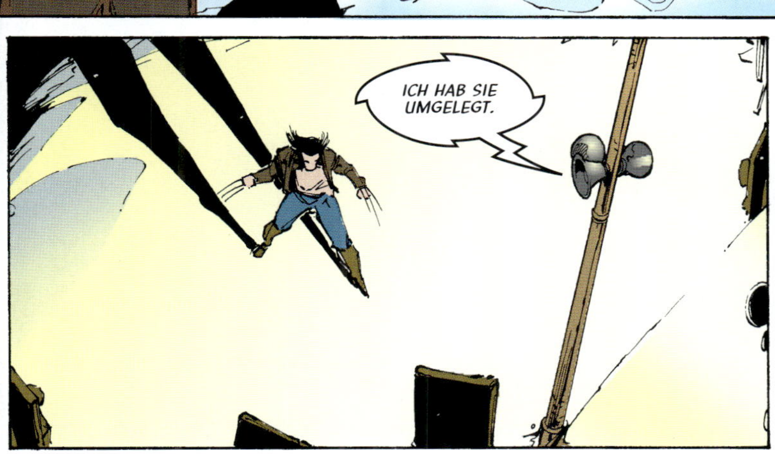

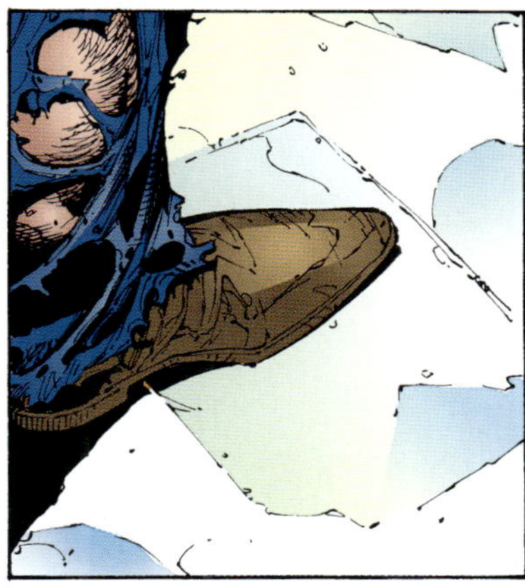

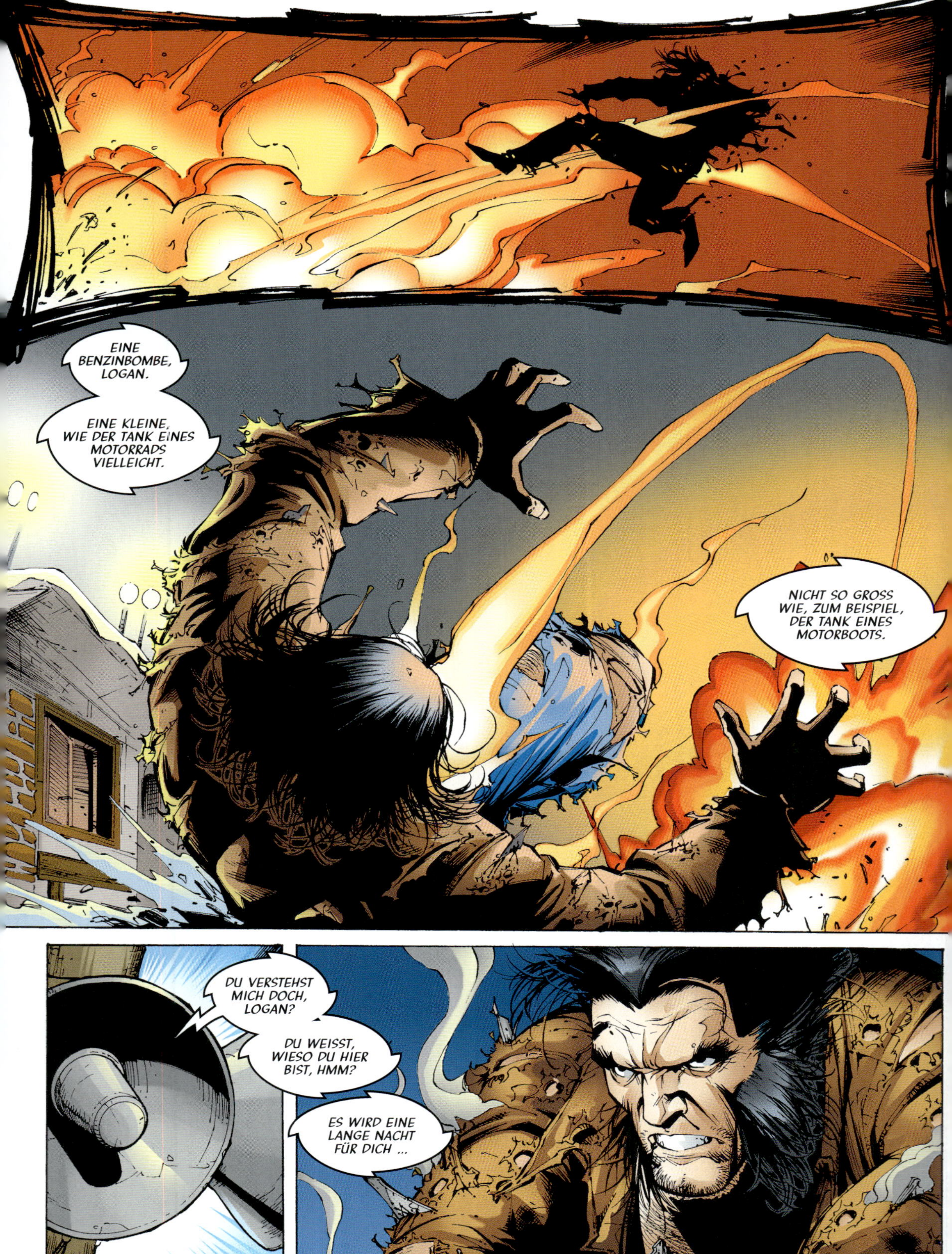
EINE BENZINBOMBE, LOGAN.
EINE KLEINE, WIE DER TANK EINES MOTORRADS VIELLEICHT.
NICHT SO GROSS WIE, ZUM BEISPIEL, DER TANK EINES MOTORBOOTS.
DU VERSTEHST MICH DOCH, LOGAN?
DU WEISST, WIESO DU HIER BIST, HMM?
ES WIRD EINE LANGE NACHT FÜR DICH ...

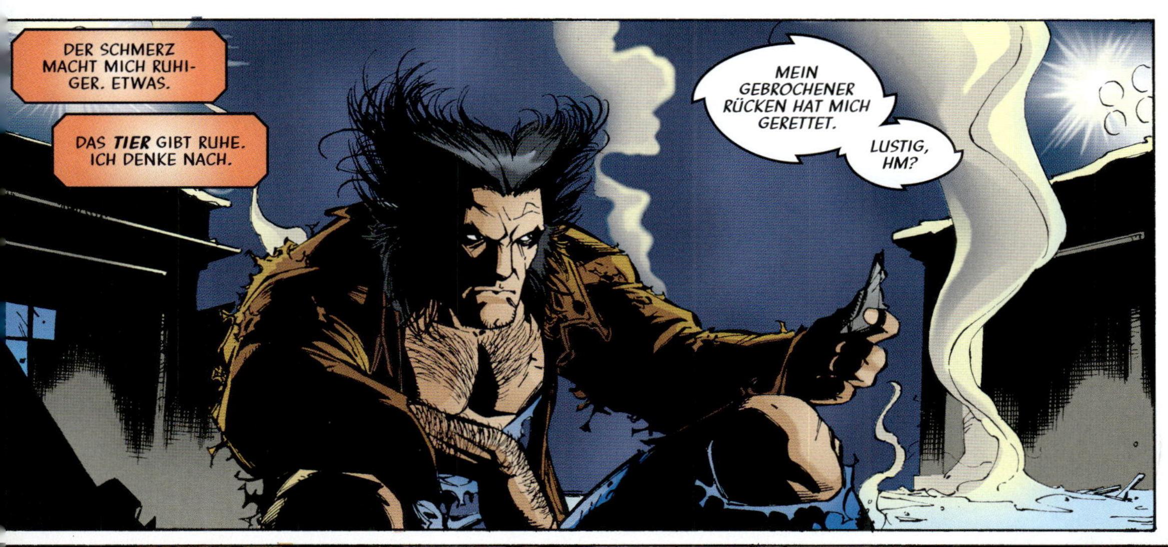
DER SCHMERZ MACHT MICH RUHIGER. ETWAS.
DAS TIER GIBT RUHE. ICH DENKE NACH.
MEIN GEBROCHENER RÜCKEN HAT MICH GERETTET.
LUSTIG, HM?

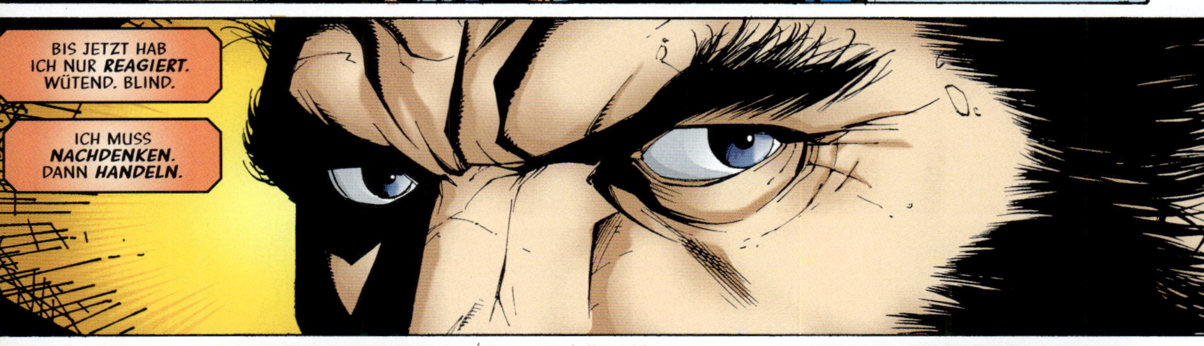
BIS JETZT HAB ICH NUR REAGIERT. WÜTEND. BLIND.
ICH MUSS NACHDENKEN. DANN HANDELN.

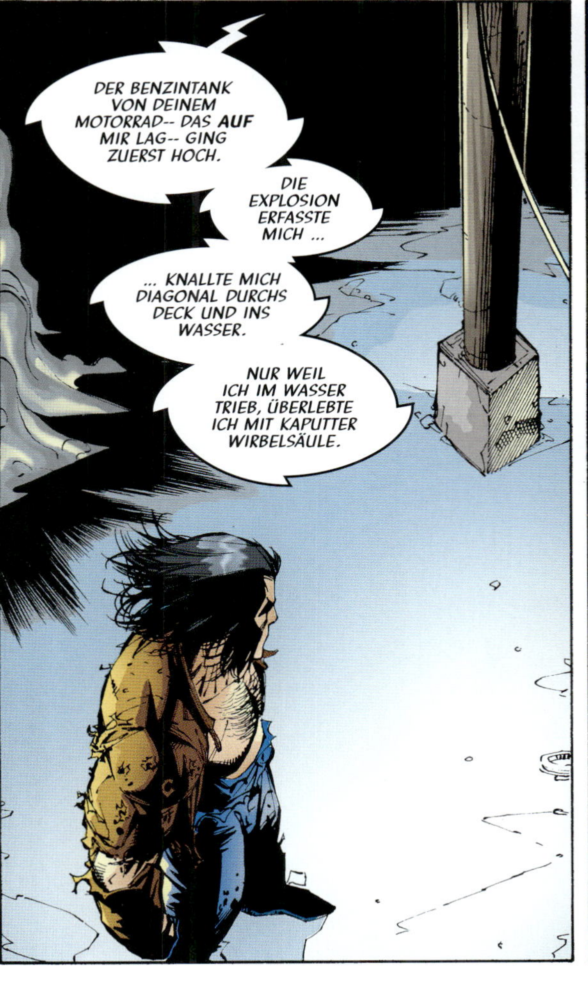
DER BENZINTANK VON DEINEM MOTORRAD-- DAS AUF MIR LAG-- GING ZUERST HOCH.
DIE EXPLOSION ERFASSTE MICH ...
... KNALLTE MICH DIAGONAL DURCHS DECK UND INS WASSER.
NUR WEIL ICH IM WASSER TRIEB, ÜBERLEBTE ICH MIT KAPUTTER WIRBELSÄULE.

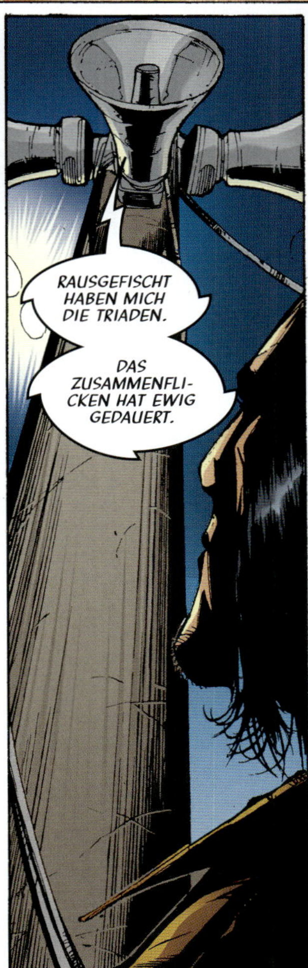
RAUSGEFISCHT HABEN MICH DIE TRIADEN.
DAS ZUSAMMENFLICKEN HAT EWIG GEDAUERT.

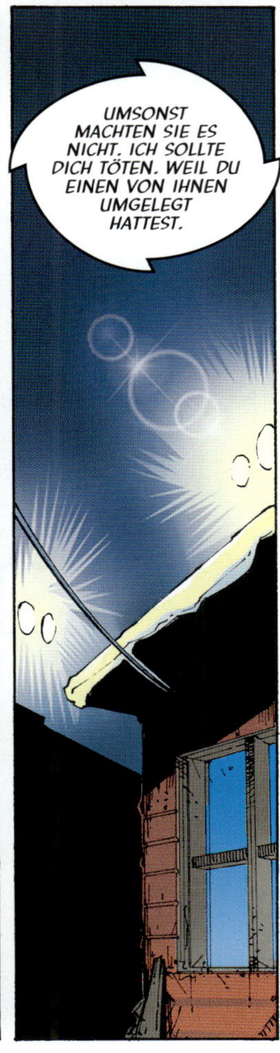
UMSONST MACHTEN SIE ES NICHT. ICH SOLLTE DICH TÖTEN. WEIL DU EINEN VON IHNEN UMGELEGT HATTEST.

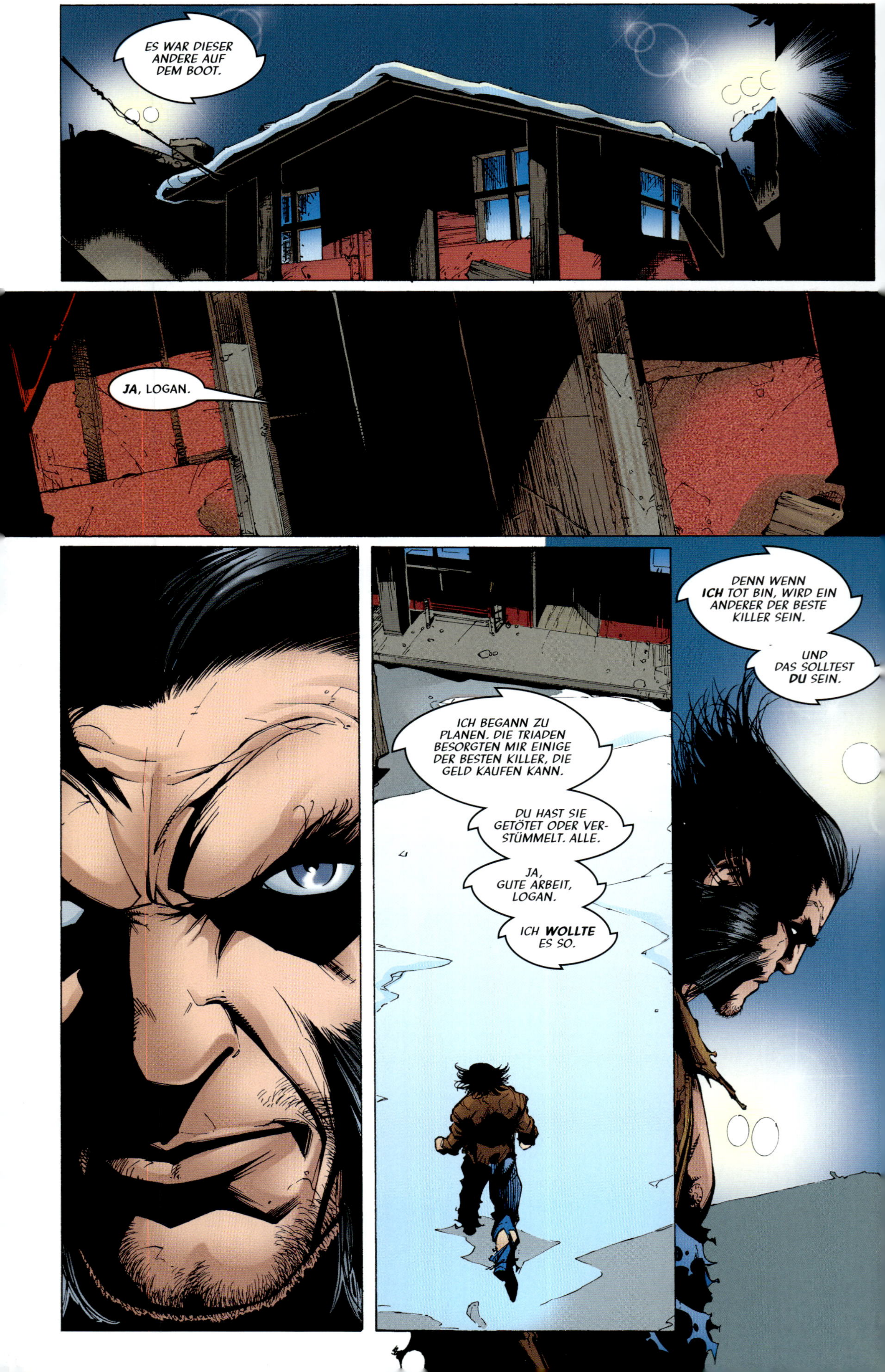

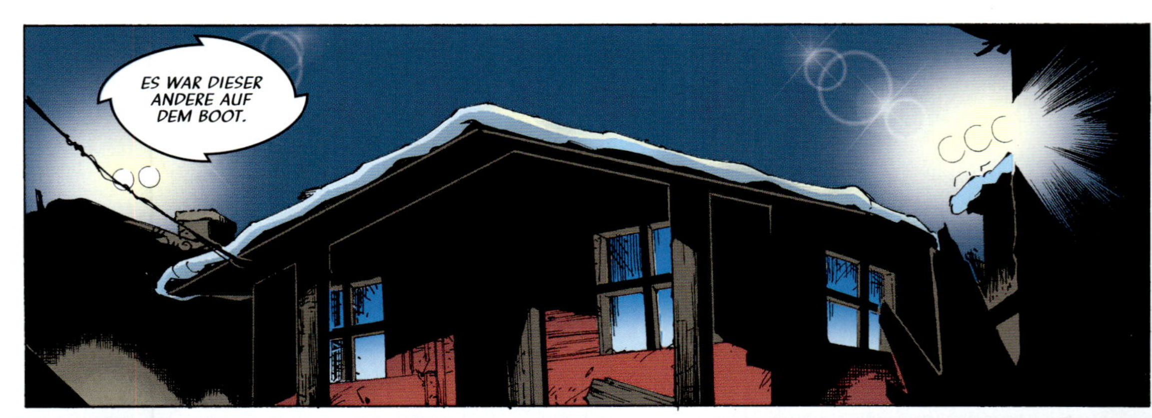

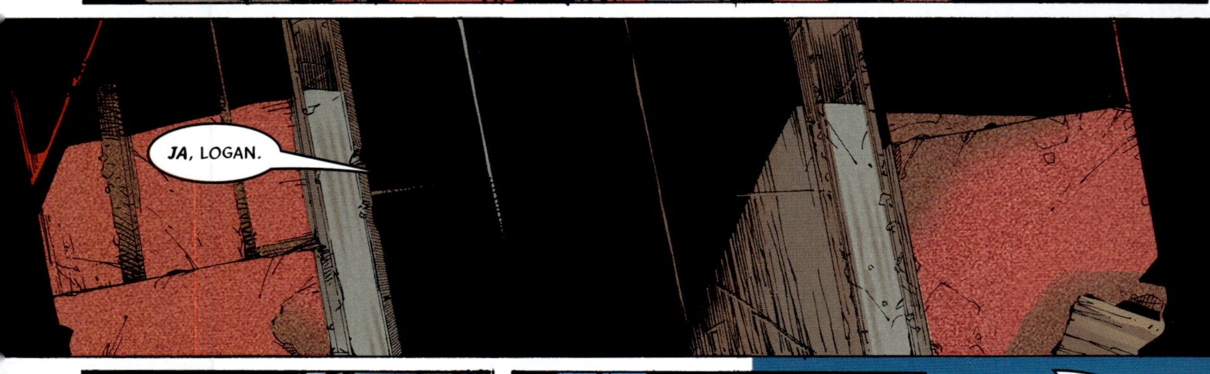

DENN WENN **ICH** TOT BIN, WIRD EIN ANDERER DER BESTE KILLER SEIN.

UND DAS SOLLTEST **DU** SEIN.

ICH BEGANN ZU PLANEN. DIE TRIADEN BESORGTEN MIR EINIGE DER BESTEN KILLER, DIE GELD KAUFEN KANN.

DU HAST SIE GETÖTET ODER VERSTÜMMELT. ALLE.

JA, GUTE ARBEIT, LOGAN.

ICH **WOLLTE** ES SO.

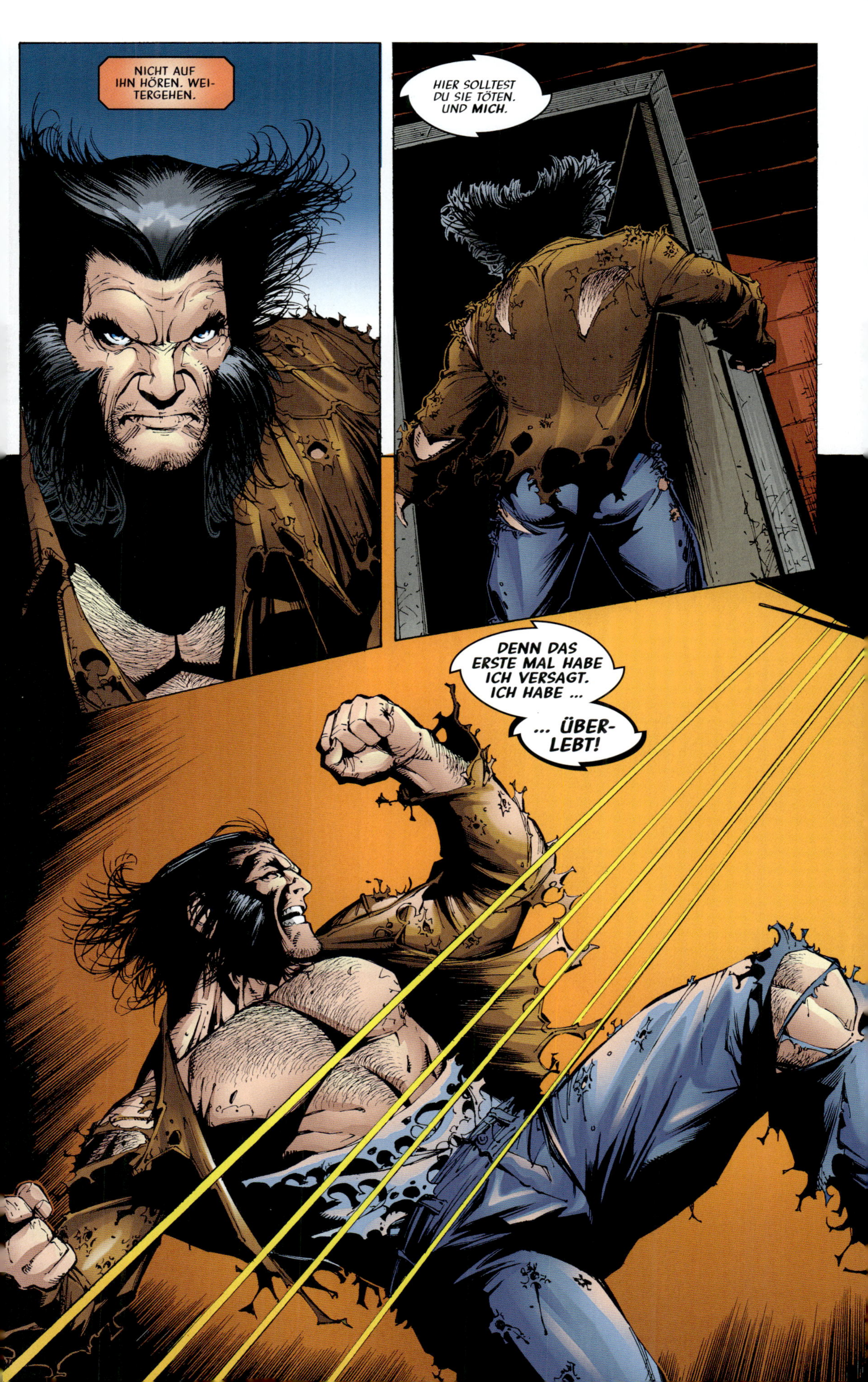
NICHT AUF IHN HÖREN. WEI-TERGEHEN.
HIER SOLLTEST DU SIE TÖTEN. UND **MICH.**
DENN DAS ERSTE MAL HABE ICH VERSAGT. ICH HABE ...
... ÜBER-LEBT!

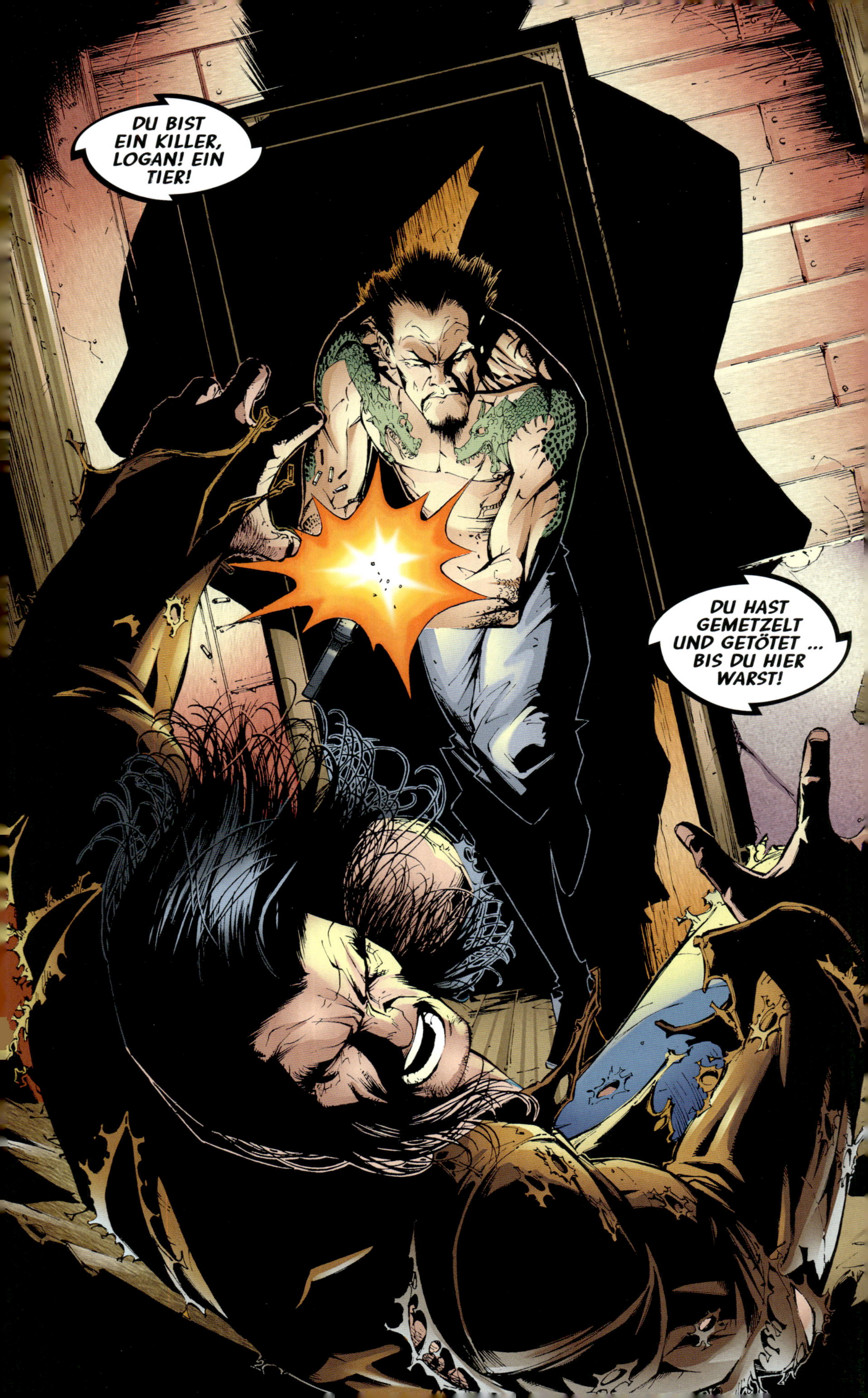
DU BIST EIN KILLER, LOGAN! EIN TIER!
DU HAST GEMETZELT UND GETÖTET ... BIS DU HIER WARST!

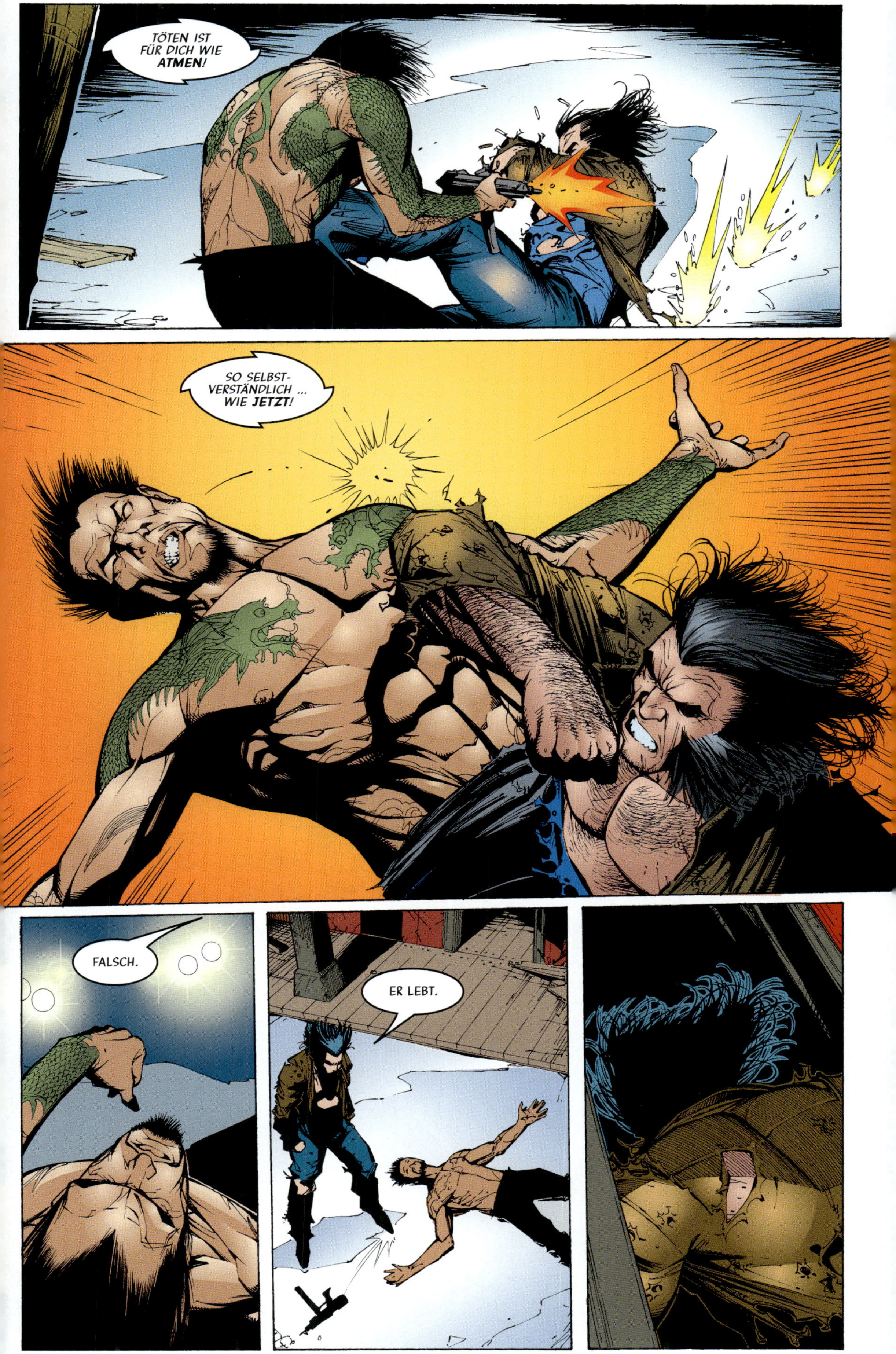

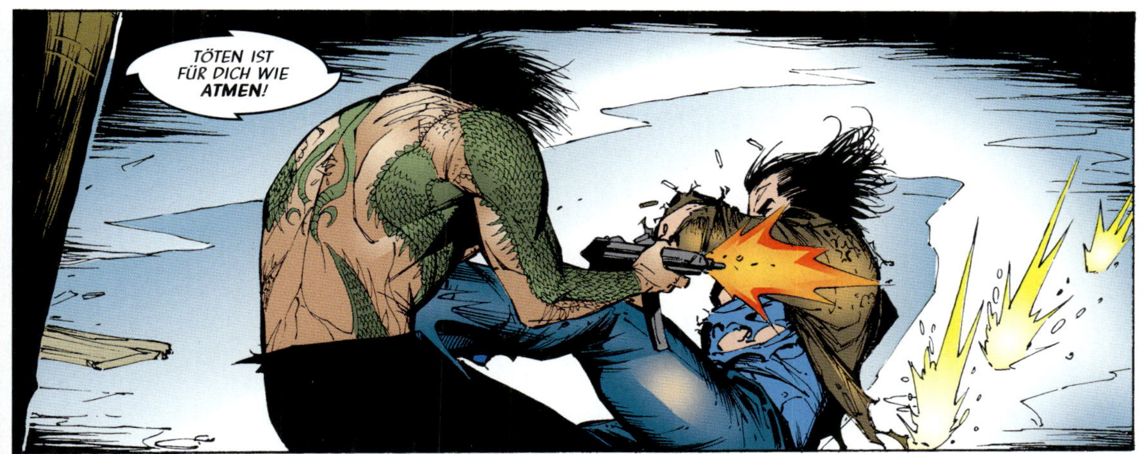
TÖTEN IST
FÜR DICH WIE
ATMEN!

SO SELBST-
VERSTÄNDLICH ...
WIE JETZT!

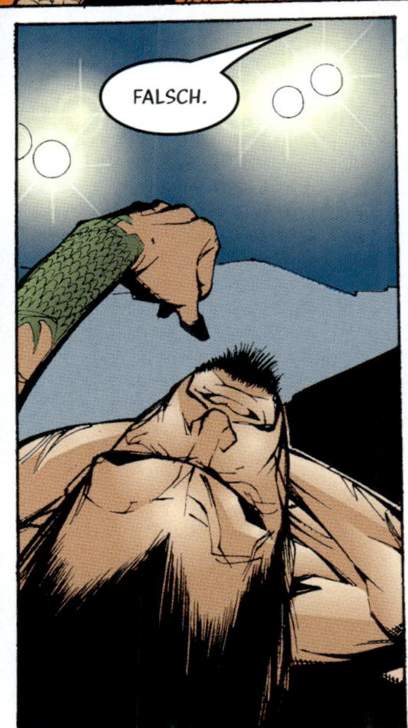
FALSCH.

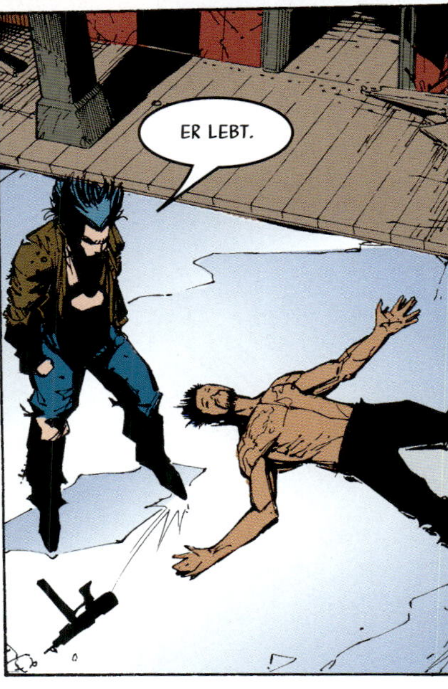
ER LEBT.

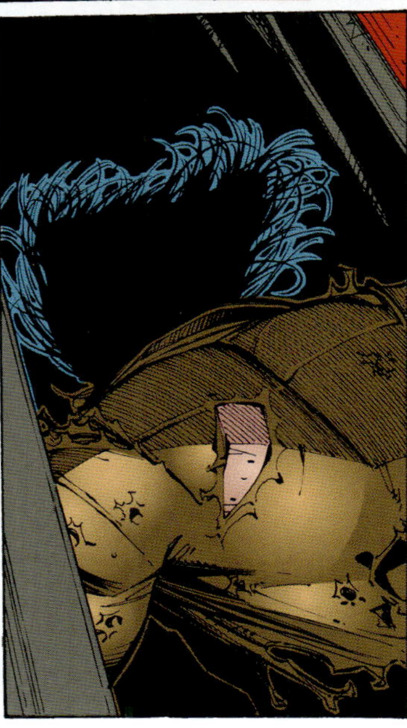

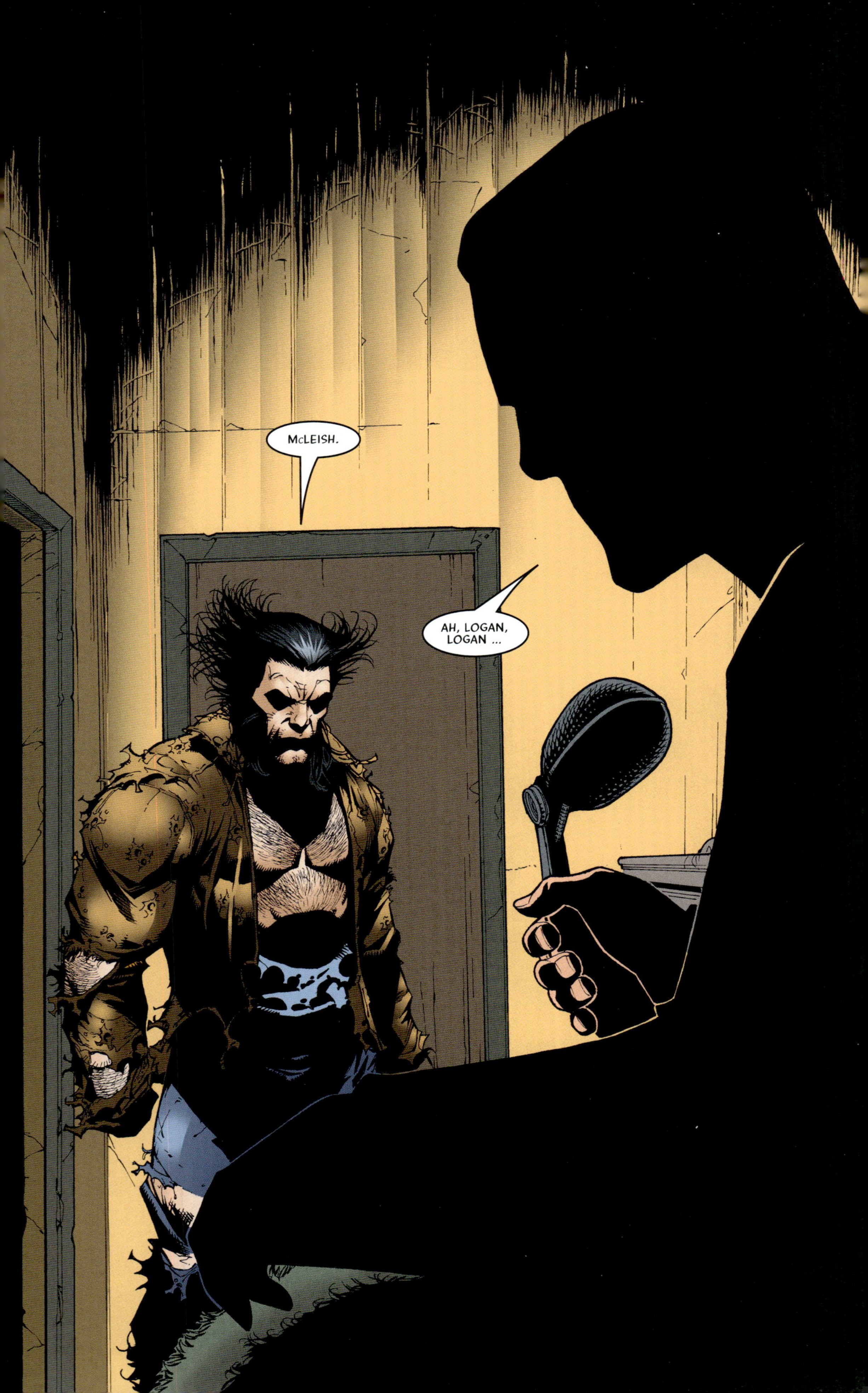
McLEISH.
AH, LOGAN, LOGAN ...

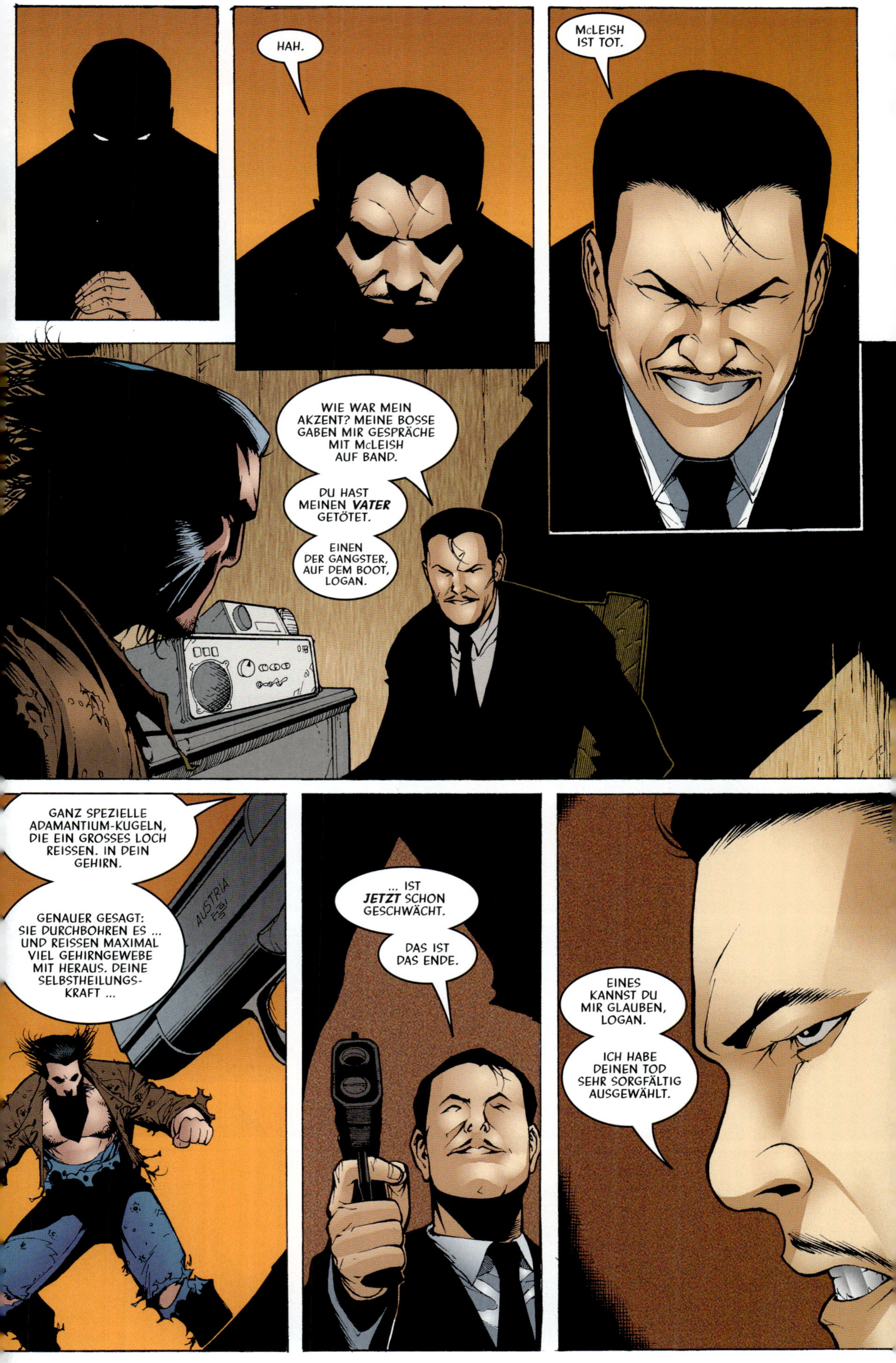

HAH.
McLEISH IST TOT.
WIE WAR MEIN AKZENT? MEINE BOSSE GABEN MIR GESPRÄCHE MIT McLEISH AUF BAND.
DU HAST MEINEN *VATER* GETÖTET.
EINEN DER GANGSTER, AUF DEM BOOT, LOGAN.

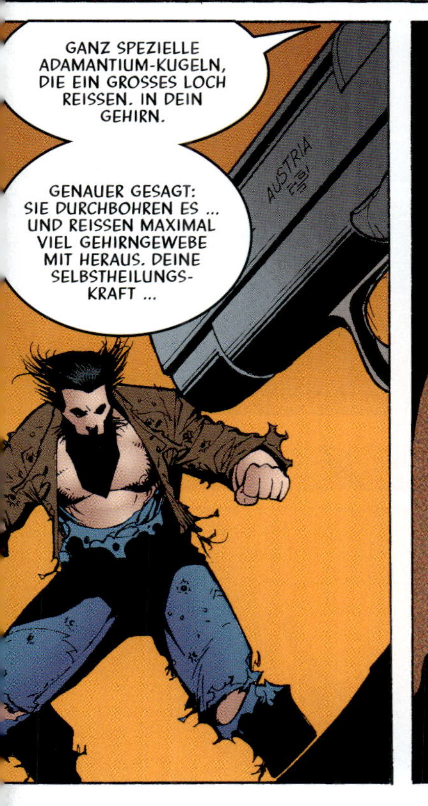

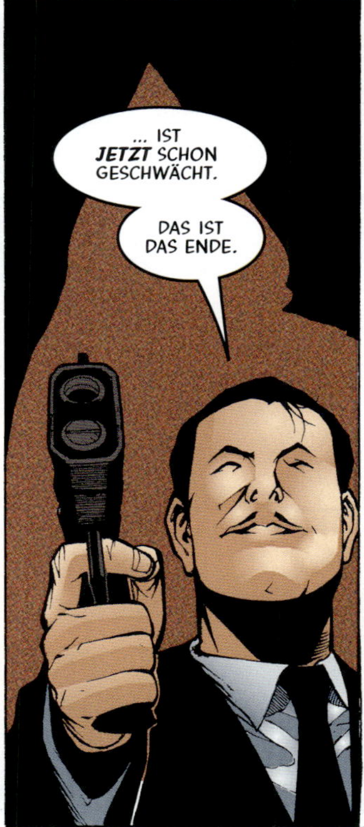

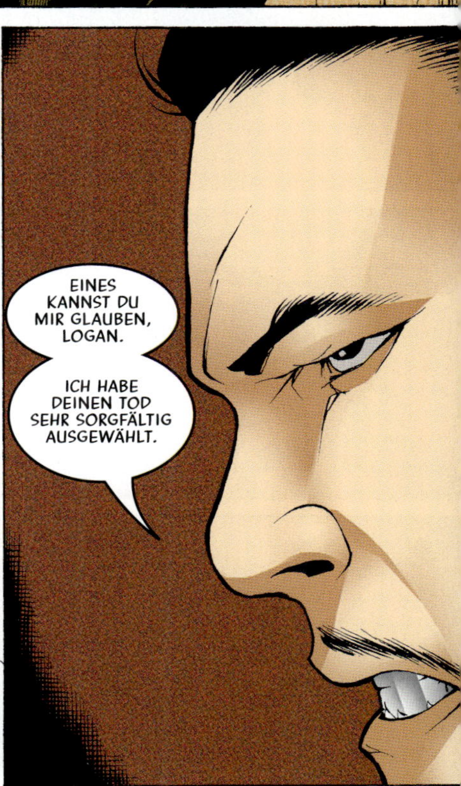

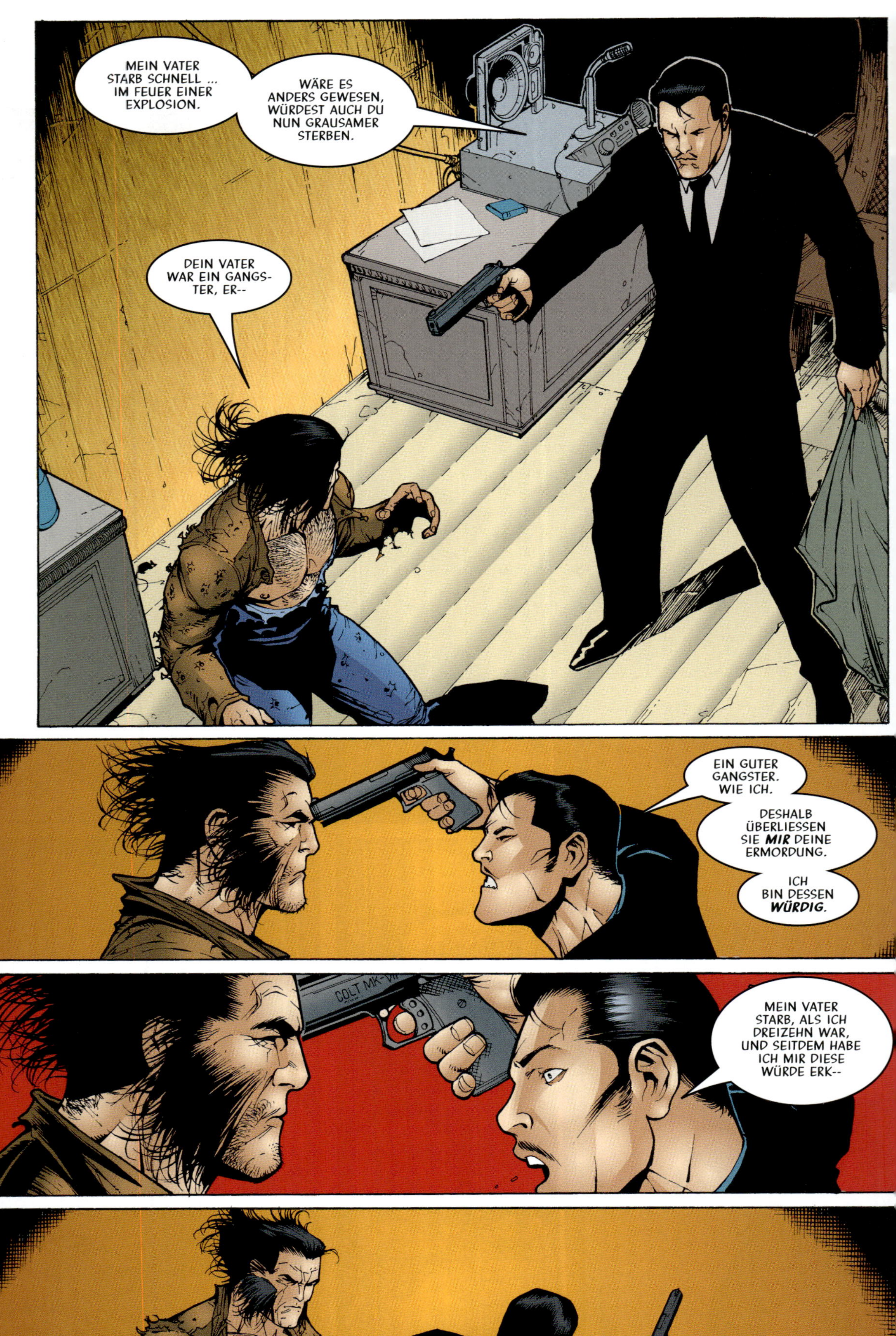
MEIN VATER STARB SCHNELL ... IM FEUER EINER EXPLOSION.
WÄRE ES ANDERS GEWESEN, WÜRDEST AUCH DU NUN GRAUSAMER STERBEN.
DEIN VATER WAR EIN GANGS-TER, ER--
EIN GUTER GANGSTER. WIE ICH.
DESHALB ÜBERLIESSEN SIE **MIR** DEINE ERMORDUNG.
ICH BIN DESSEN **WÜRDIG**.
COLT MK-VI
MEIN VATER STARB, ALS ICH DREIZEHN WAR, UND SEITDEM HABE ICH MIR DIESE WÜRDE ERK--

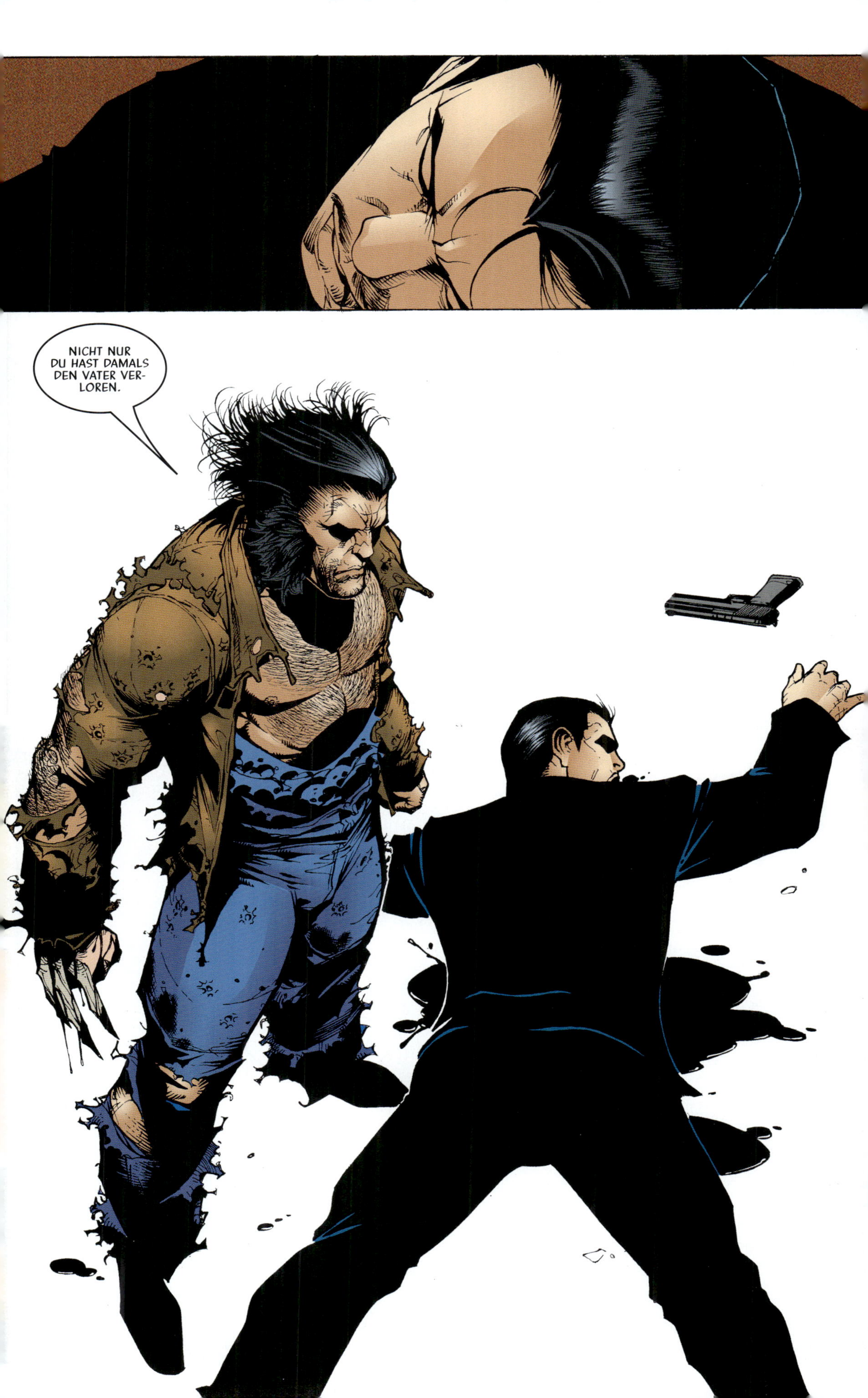
NICHT NUR DU HAST DAMALS DEN VATER VER- LOREN.

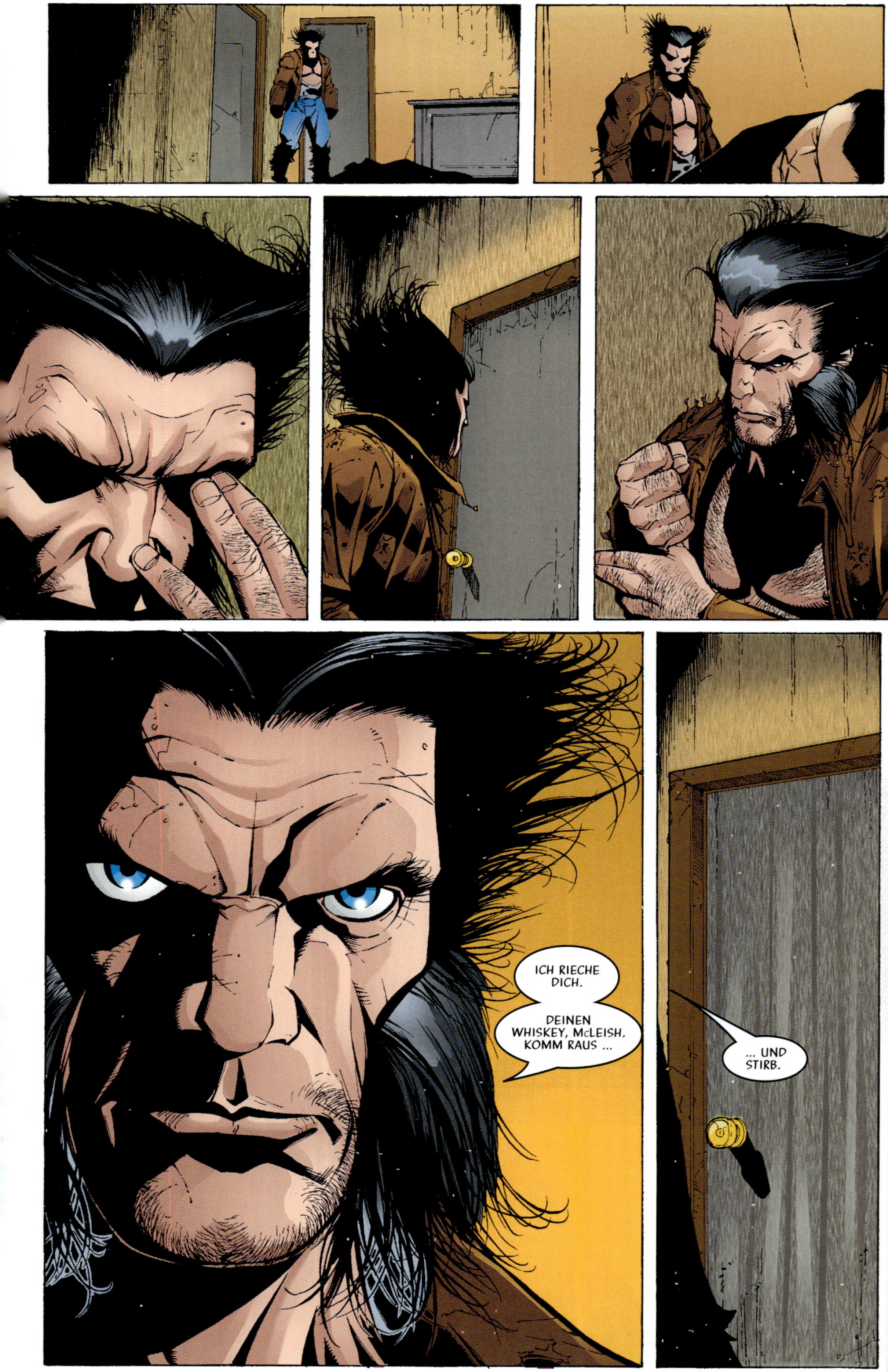

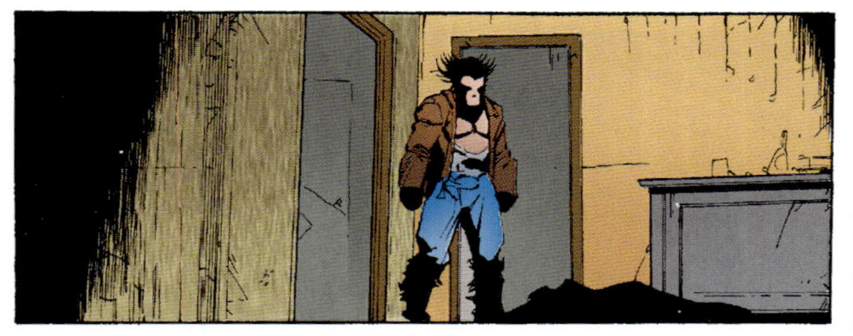
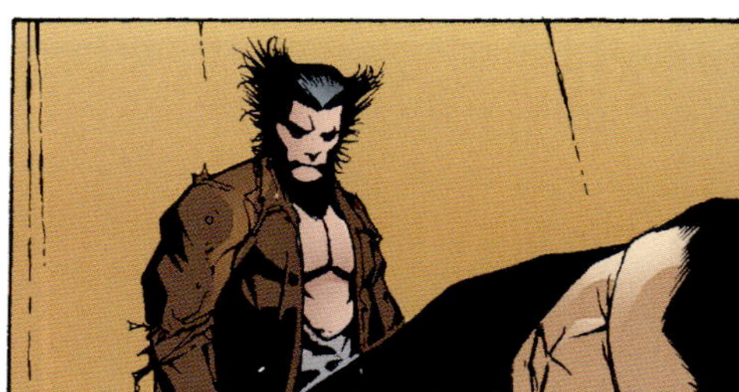
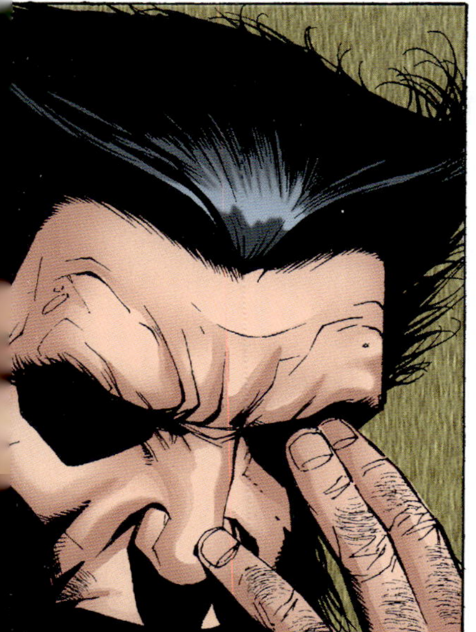
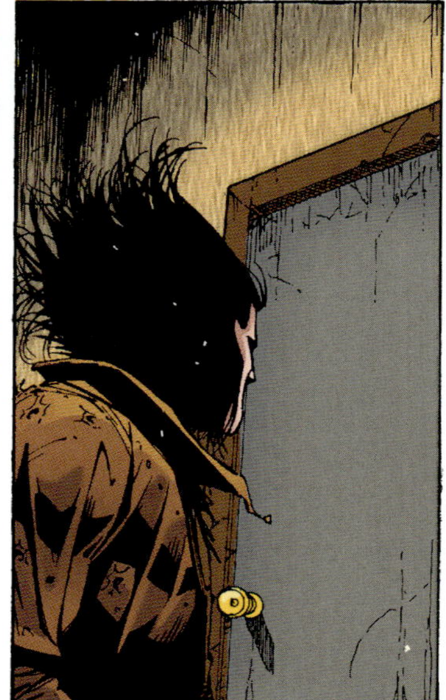
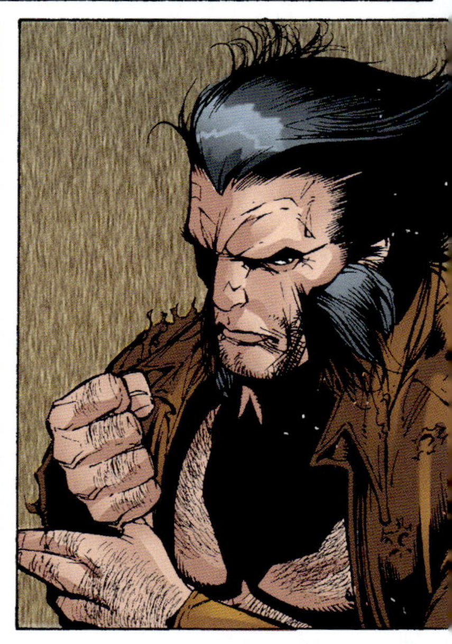
ICH RIECHE DICH.
DEINEN WHISKEY, McLEISH. KOMM RAUS ...
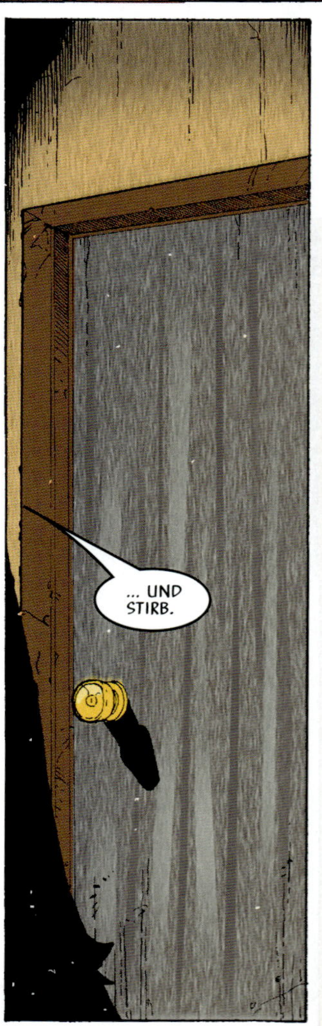
... UND STIRB.

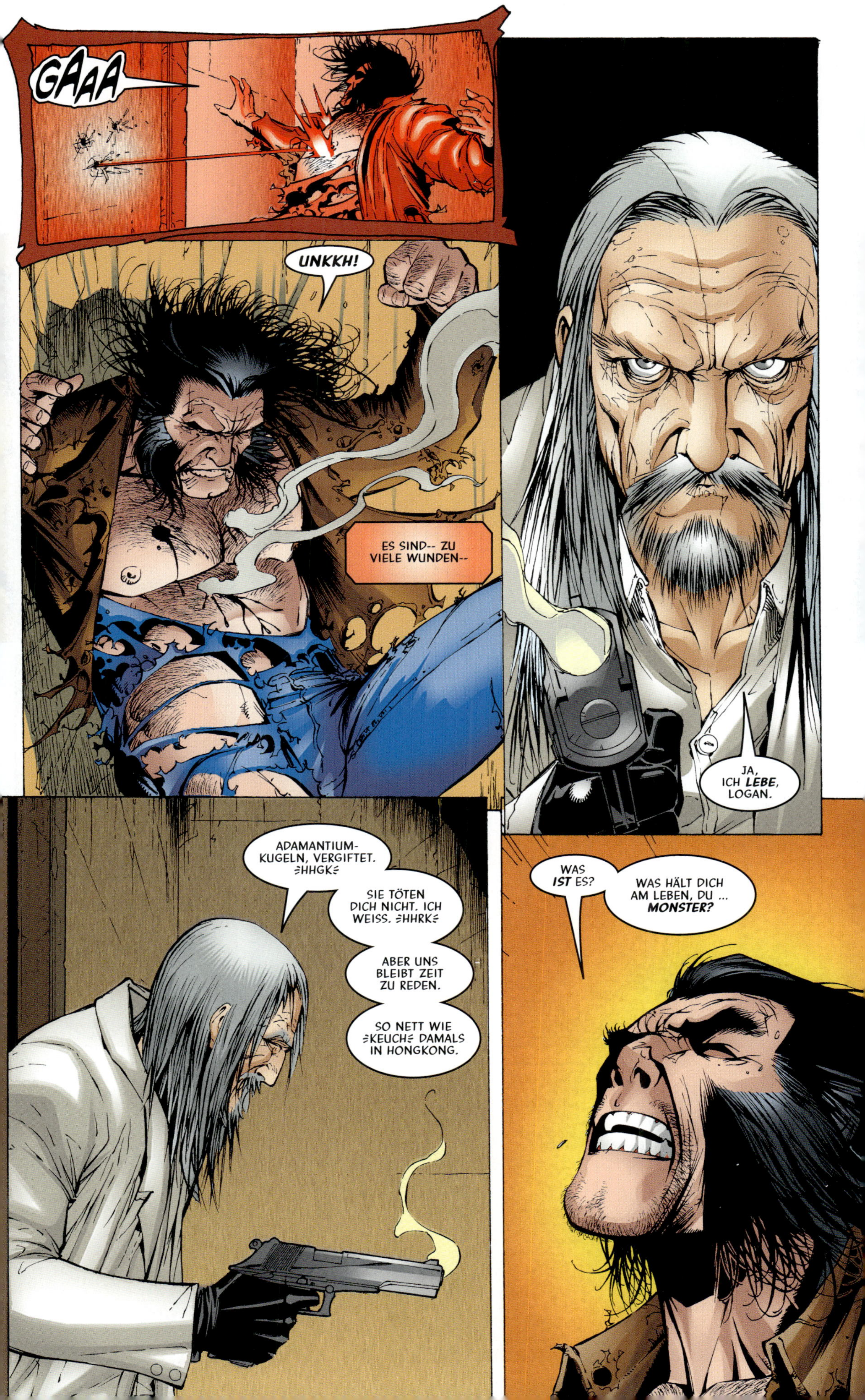
GAAA
UNKKH!
ES SIND-- ZU VIELE WUNDEN--
JA, ICH LEBE, LOGAN.
ADAMANTIUM-KUGELN, VERGIFTET. HHGK
SIE TÖTEN DICH NICHT. ICH WEISS. HHRK
ABER UNS BLEIBT ZEIT ZU REDEN.
SO NETT WIE KEUCH DAMALS IN HONGKONG.
WAS IST ES?
WAS HÄLT DICH AM LEBEN, DU ... MONSTER?

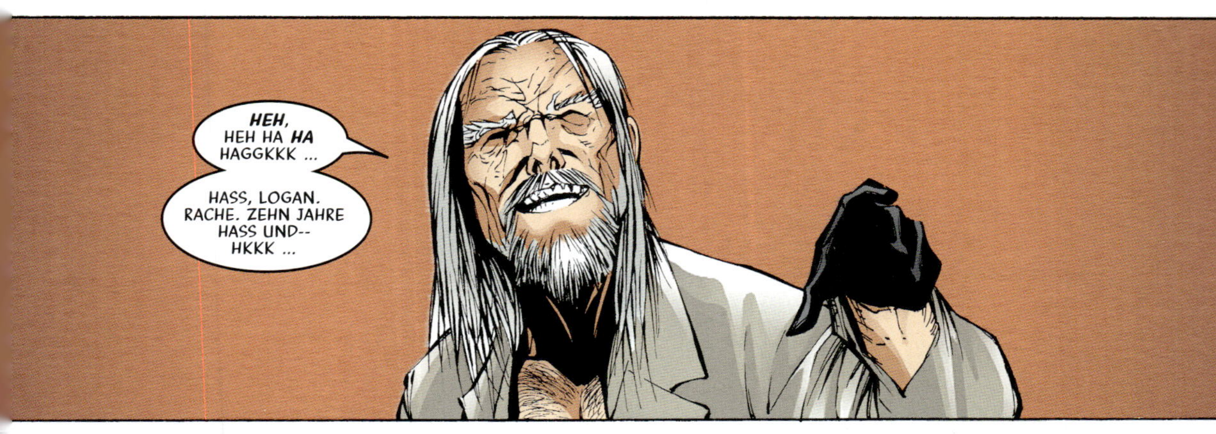

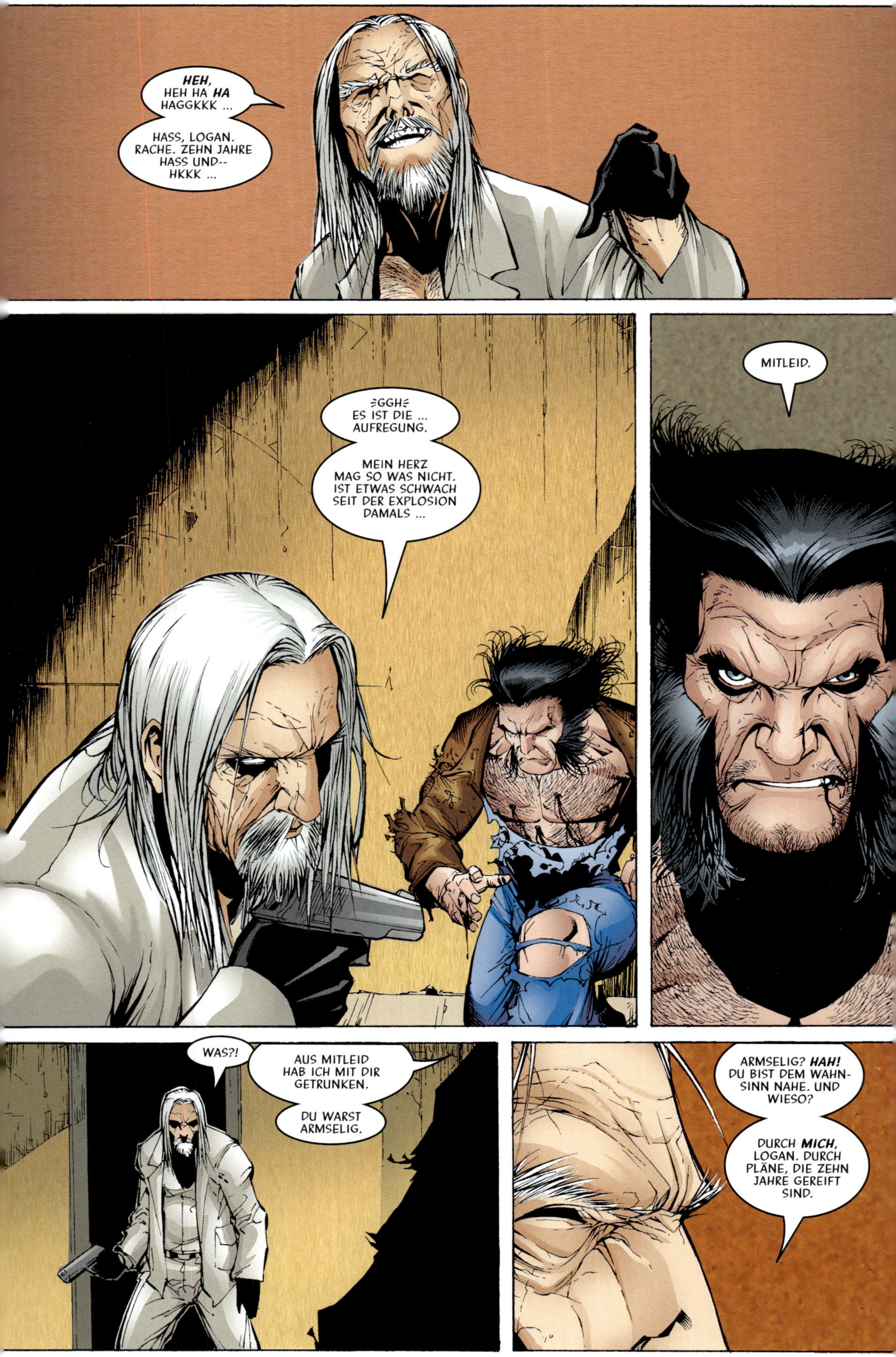

GGH ES IST DIE ... AUFREGUNG.

MEIN HERZ MAG SO WAS NICHT. IST ETWAS SCHWACH SEIT DER EXPLOSION DAMALS ...

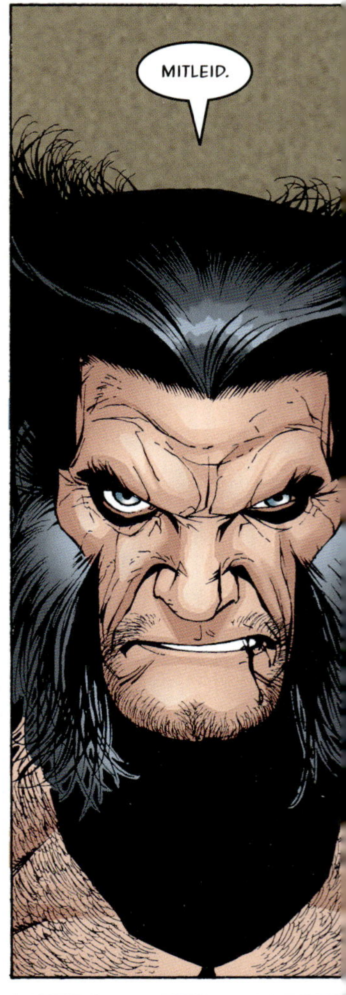

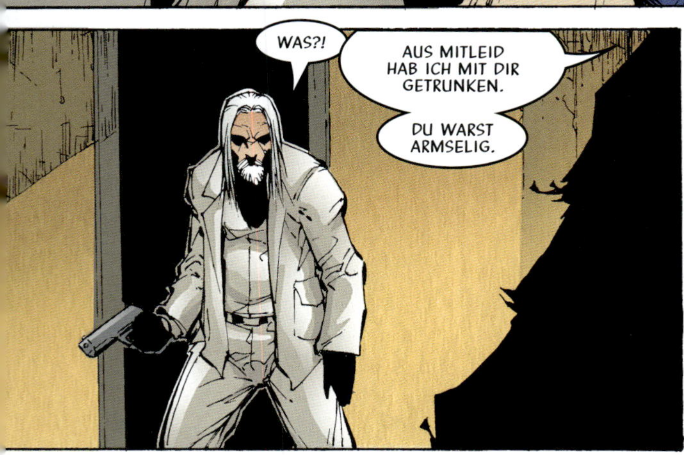

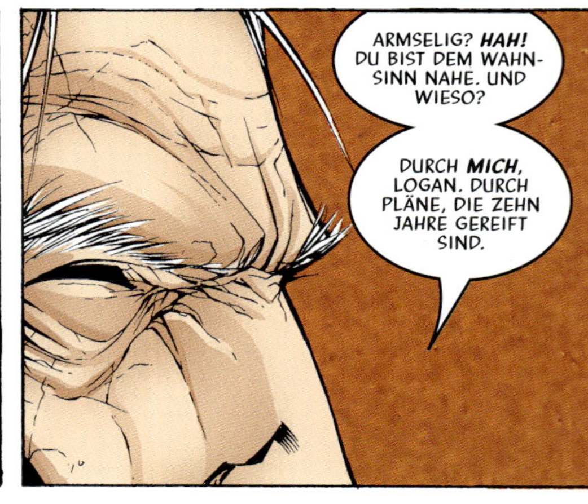

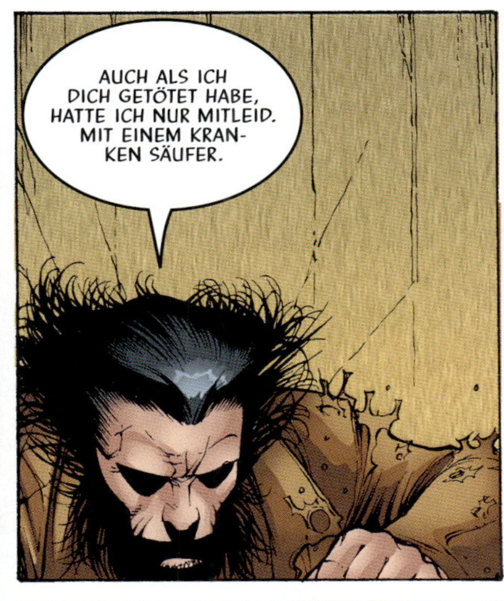
AUCH ALS ICH DICH GETÖTET HABE, HATTE ICH NUR MITLEID. MIT EINEM KRAN-KEN SÄUFER.

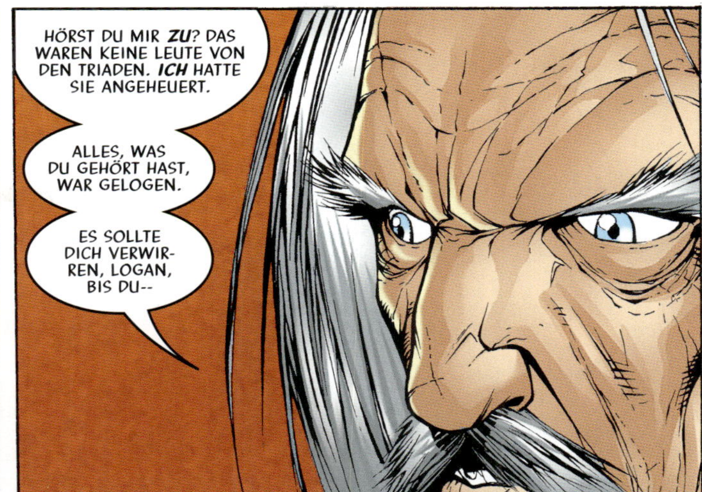
HÖRST DU MIR ZU? DAS WAREN KEINE LEUTE VON DEN TRIADEN. ICH HATTE SIE ANGEHEUERT.
ALLES, WAS DU GEHÖRT HAST, WAR GELOGEN.
ES SOLLTE DICH VERWIR-REN, LOGAN, BIS DU--

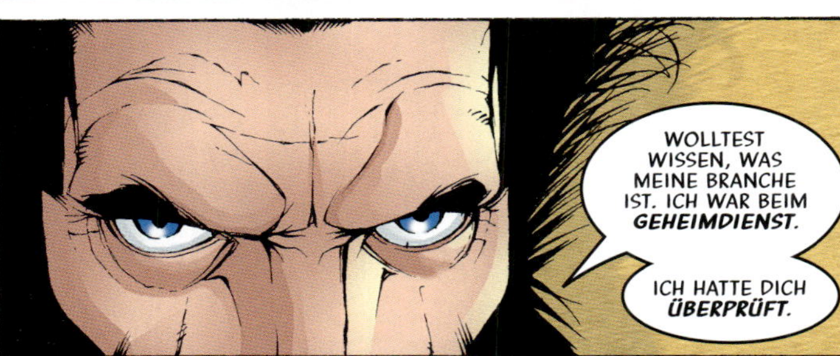
WOLLTEST WISSEN, WAS MEINE BRANCHE IST. ICH WAR BEIM GEHEIMDIENST.
ICH HATTE DICH ÜBERPRÜFT.

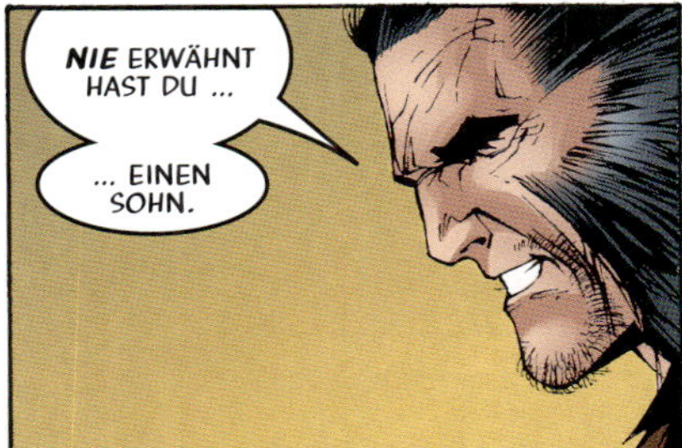
NIE ERWÄHNT HAST DU ...
... EINEN SOHN.

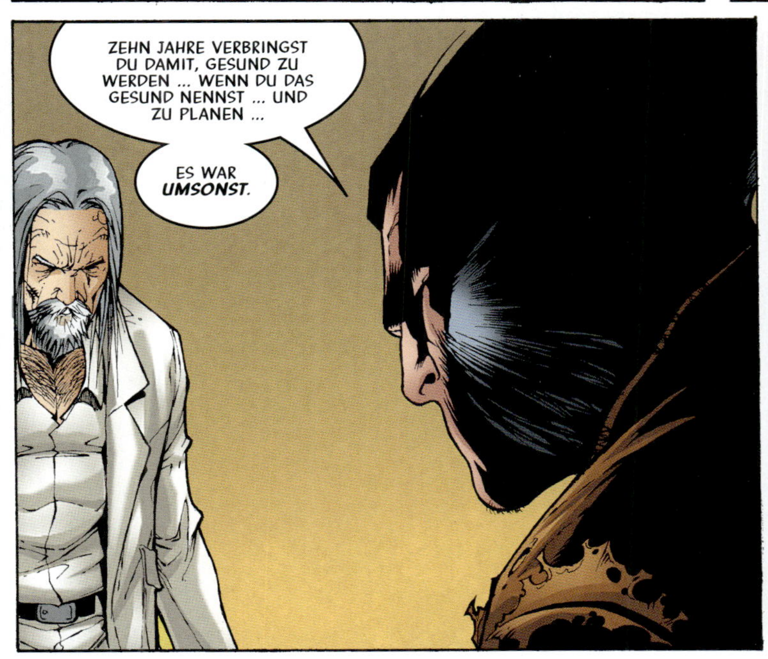
ZEHN JAHRE VERBRINGST DU DAMIT, GESUND ZU WERDEN ... WENN DU DAS GESUND NENNST ... UND ZU PLANEN ...
ES WAR UMSONST.

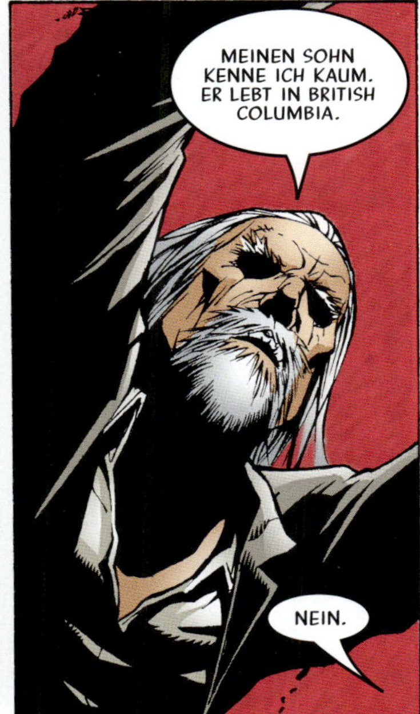
MEINEN SOHN KENNE ICH KAUM. ER LEBT IN BRITISH COLUMBIA.
NEIN.

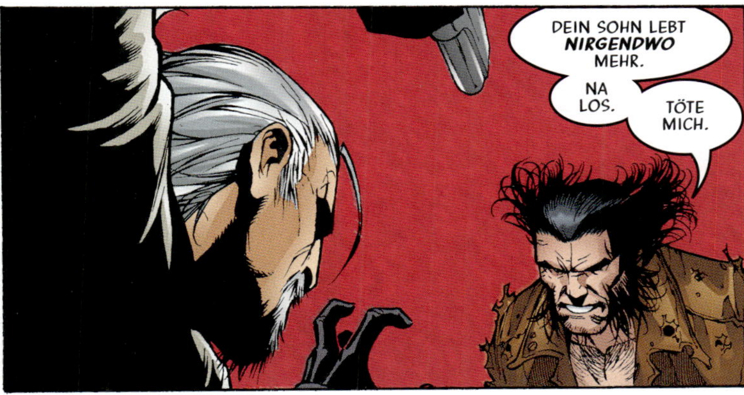
DEIN SOHN LEBT NIRGENDWO MEHR.
NA LOS.
TÖTE MICH.

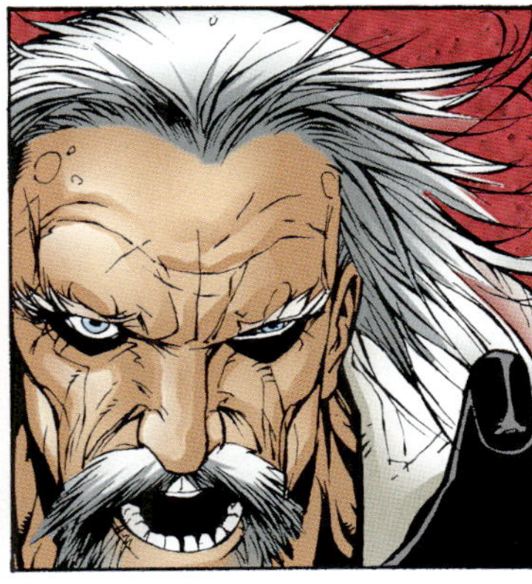

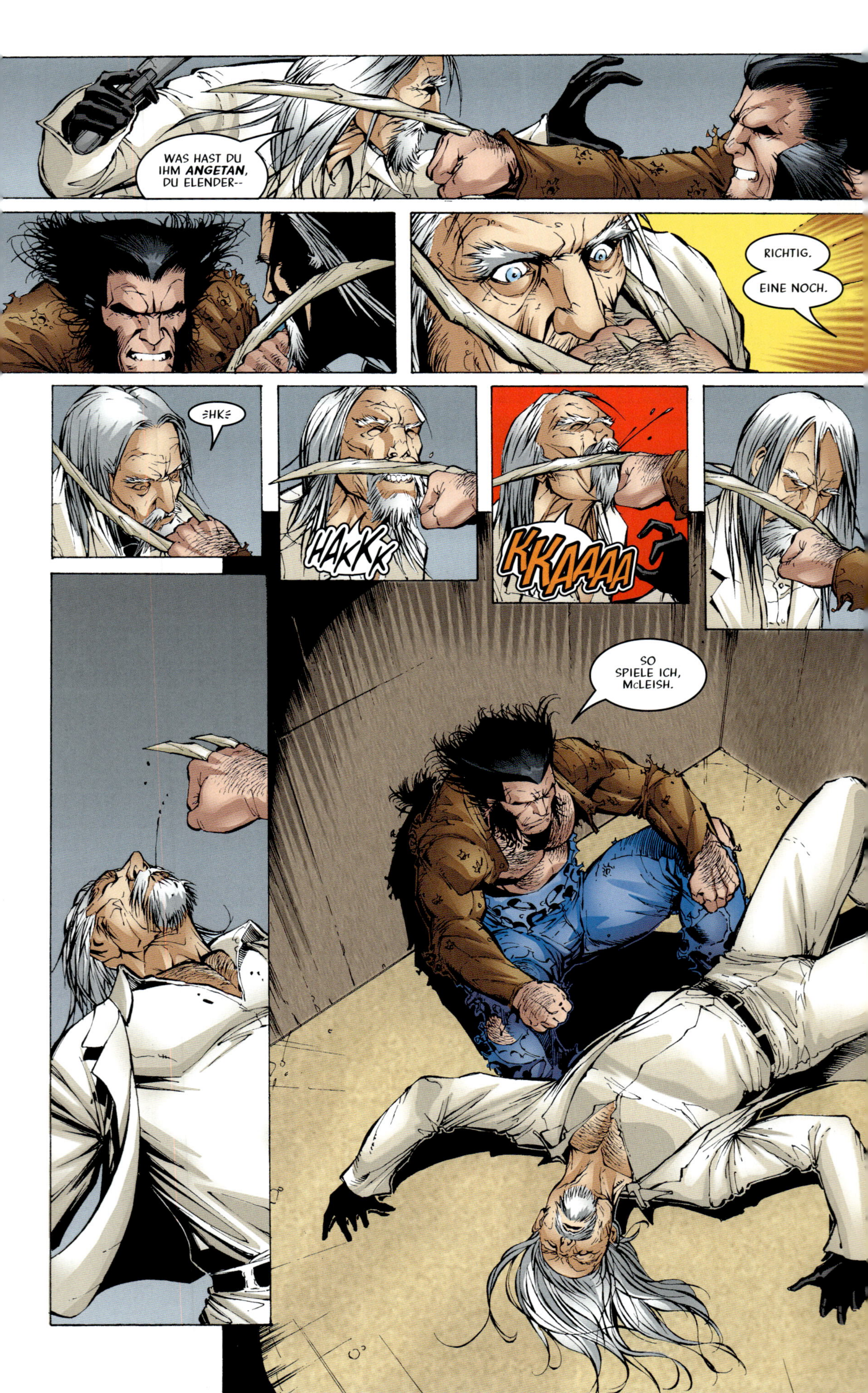
WAS HAST DU IHM **ANGETAN,** DU ELENDER--
RICHTIG.
EINE NOCH.
HK
HAKKK
KKAAAA
SO SPIELE ICH, McLEISH.

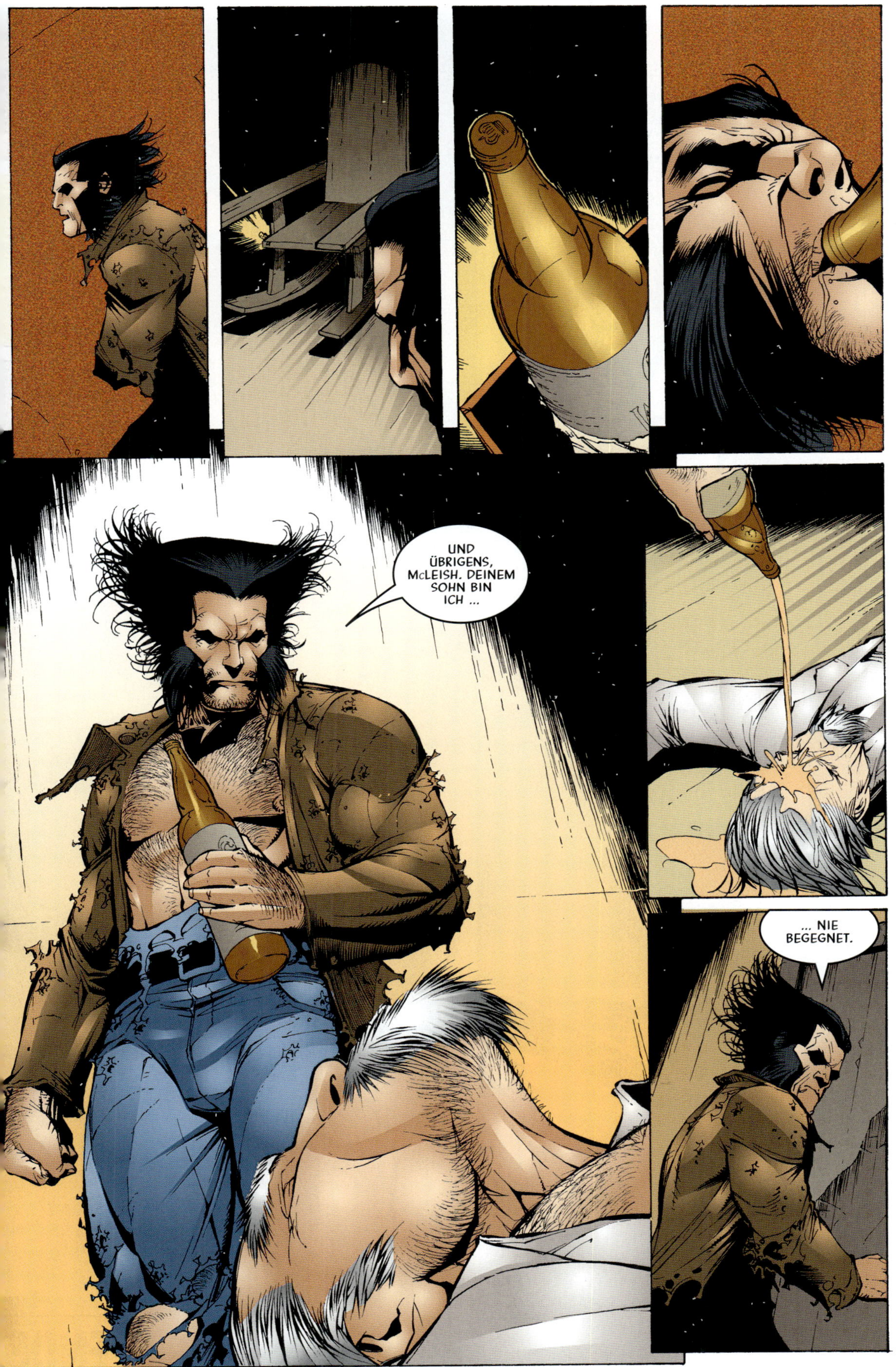
UND ÜBRIGENS, McLEISH. DEINEM SOHN BIN ICH ...
... NIE BEGEGNET.

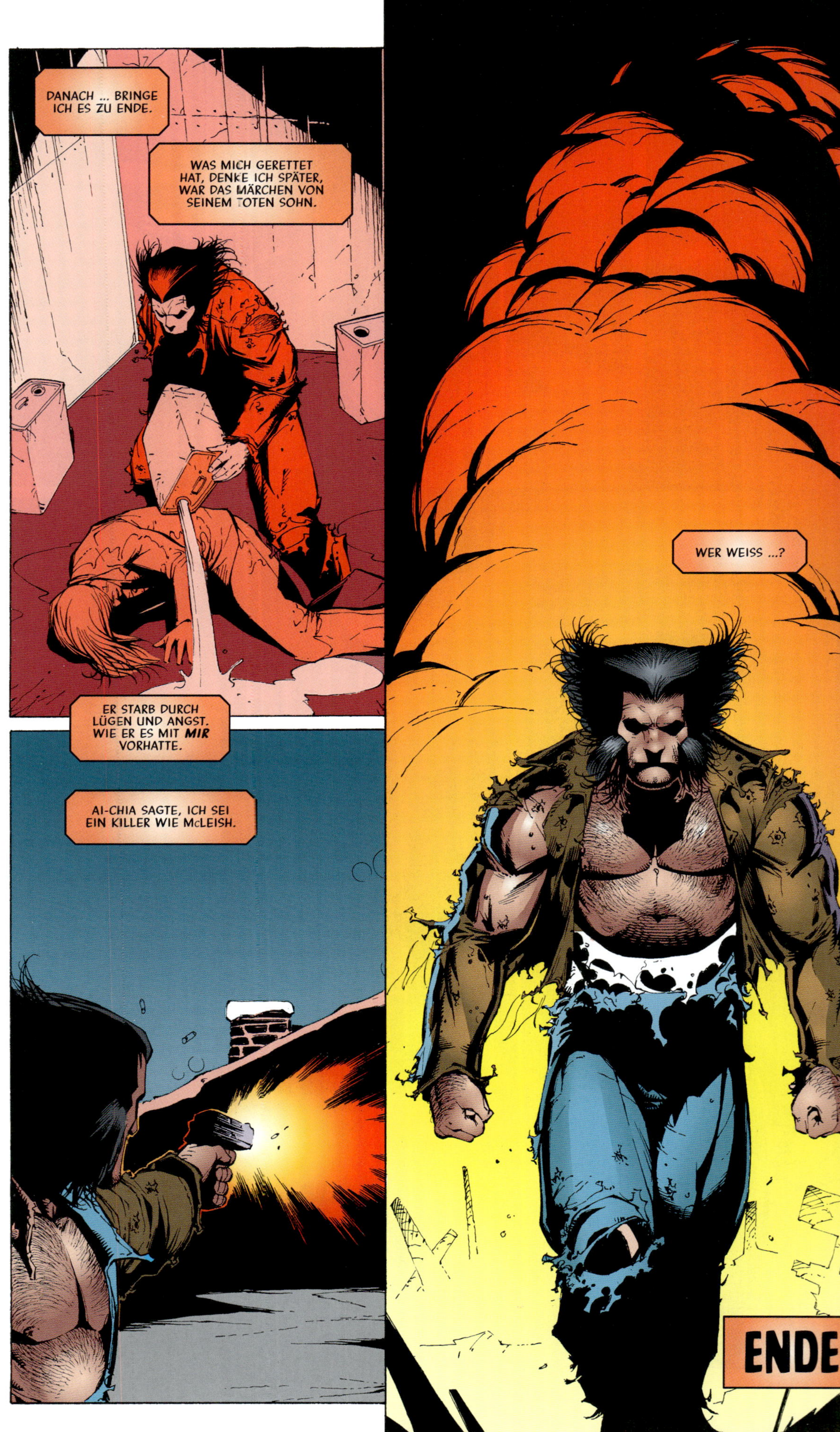
DANACH ... BRINGE ICH ES ZU ENDE.
WAS MICH GERETTET HAT, DENKE ICH SPÄTER, WAR DAS MÄRCHEN VON SEINEM TOTEN SOHN.
ER STARB DURCH LÜGEN UND ANGST. WIE ER ES MIT *MIR* VORHATTE.
AI-CHIA SAGTE, ICH SEI EIN KILLER WIE McLEISH.
WER WEISS ...?
ENDE

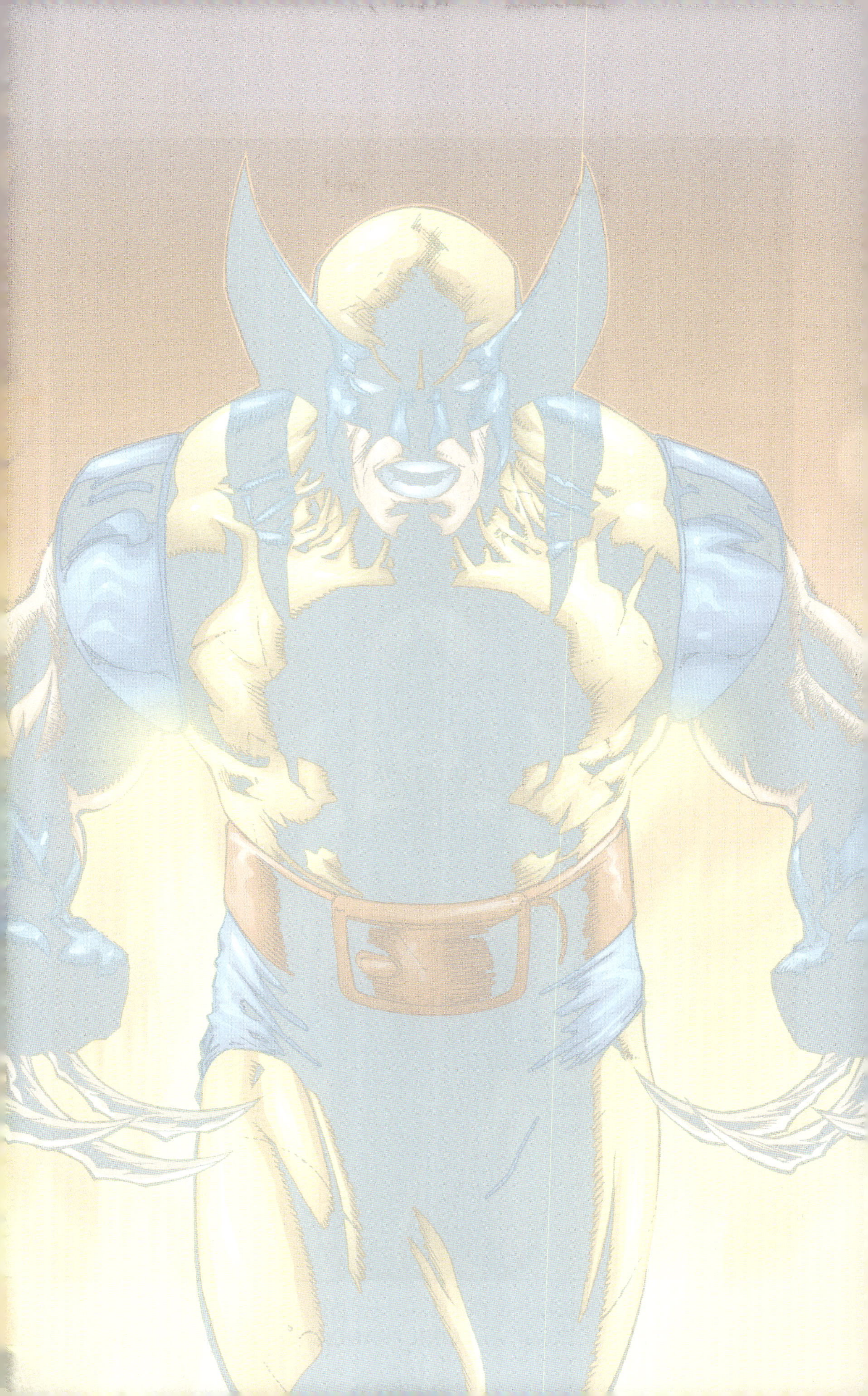

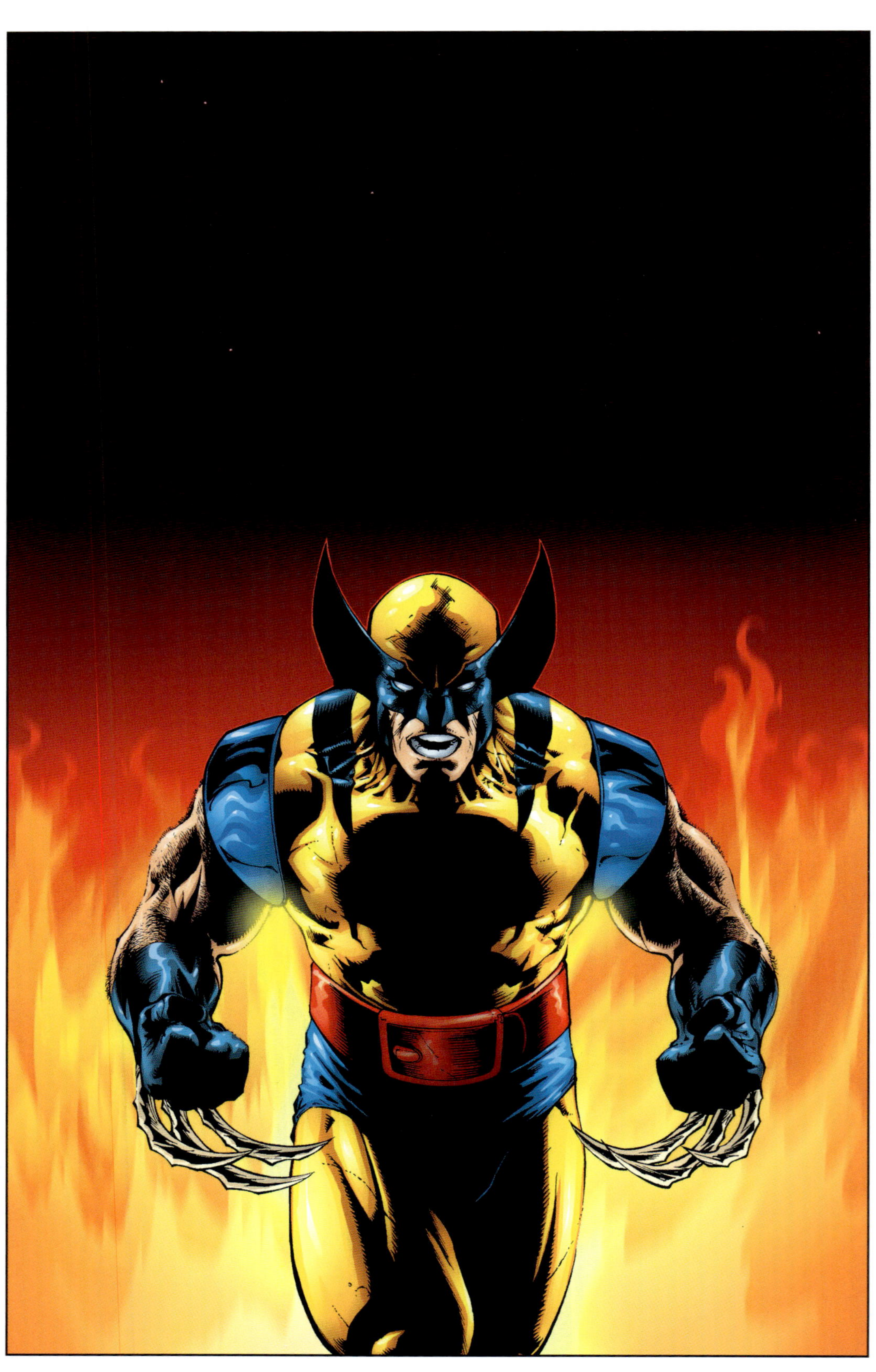

Wolverine: Not Dead Yet TPB (2013)
Cover von **LEINIL FRANCIS YU**

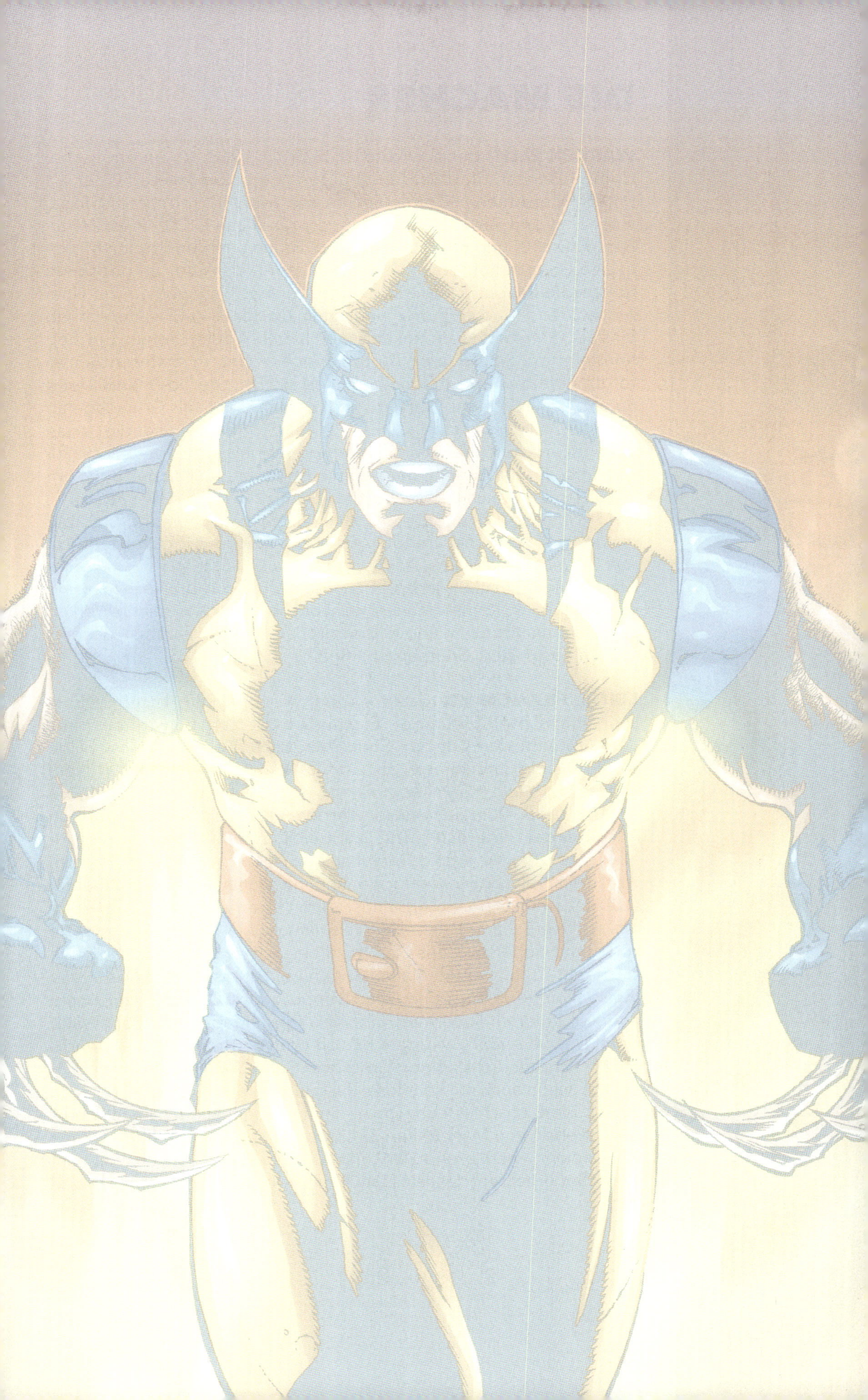

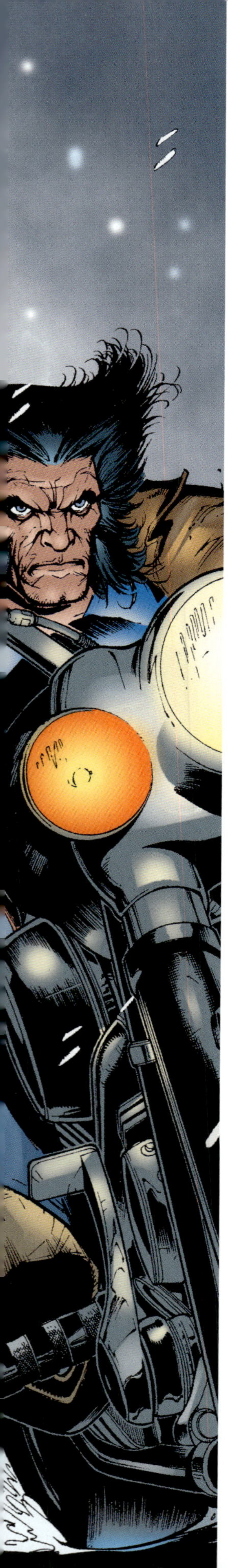

DIE MACHER

WARREN ELLIS, geboren am 16. Februar 1968, ist ein englischer Comic-, Roman- und Drehbuchautor. Am bekanntesten ist er als Miterfinder etlicher Comic-Serien wie *Transmetropolitan*, *Global Frequency* und *Red*, der Vorlage für die Kinofilme *R.E.D. – Älter. Härter. Besser.* (2010) und *R.E.D. 2* (2013) mit Bruce Willis und Helen Mirren in den Hauptrollen. Nach seinen Anfängen als Autor im britischen Rollenspiel-Magazin *Adventurer* und weiteren Frühwerken wie einer *Judge Dredd*-Kurzgeschichte und einem *Doctor Who*-Einseiter schrieb Ellis ab 1994 für den amerikanischen Marvel-Verlag. Seinen Einstieg feierte er mit der Serie *Hellstorm: Prince of Lies*, in späteren Jahren folgten weitere wie *Astonishing X-Men*, *Thunderbolts* und *Moon Knight*. Seine *Extremis*-Storyline für *Iron Man* diente als Grundlage für den MCU-Film *Iron Man 3* (2013). Für WildStorm erschuf er die Serien *The Authority* und *Planetary*, für Vertigo schrieb er *Hellblazer* und für Dynamite Entertainment neue Comic-Abenteuer mit James Bond. Im Videogame-Bereich trat er als Autor der Spiele *Hostile Waters* (2001), *Cold Winter* (2005) und *Dead Space* (2008) in Erscheinung. Darüber hinaus schrieb er die Drehbücher für die Zeichentrick-Webserie *G.I. Joe: Resolute* und *Marvel Anime*, und er war Hauptautor für die gefeierte Netflix-Animationsserie *Castlevania*. Man kennt Ellis auch für seine soziokulturellen Kommentare sowohl online als auch in seinen Werken zu transhumanistischen und folkloristischen Themen. Er lebt in der englischen Küstenstadt Southend-on-Sea.

LEINIL FRANCIS YU, geboren am 31. Juli 1977, ist ein philippinischer Comic-Zeichner. Erstmals fiel er als Gewinner eines Zeichenwettbewerbs des US-Comic-Magazins *Wizard* auf. In der Folge warb ihn sein Landsmann, der Comic-Autor und -Zeichner William „Whilce" Portacio (*Punisher*, *X-Factor*, *Spawn*), für WildStorm an, wo er Mitte der 1990er-Jahre seine Karriere als Zeichner mit der dritten Ausgabe der Serie *Aster: The Last Celestial Knight* beginnen sollte, aber dieses Projekt platzte. Daraufhin gab Portacio einige Zeichnungen Yus an Marvel Comics weiter, wo man ihn schließlich als Zeichner für *Wolverine* einsetzte. Im Anschluss daran übernahm er im Jahr 2000 das zeichnerische Zepter bei Marvels damaliger *X-Men*-Hauptserie, die von Comic-Superstar Chris Claremont geschrieben wurde. In der Folge zeichnete Yu für weitere Marvel-Serien wie *Fantastic Four*, *Der ultimative Wolverine vs. Hulk* und *New Avengers*, für DC Comics zeichnete er unter anderem *Superman: Birthright* (geschrieben von Mark Waid). Nach *New Avengers* widmete er sich der von Brian Michael Bendis geschriebenen achtteiligen Crossover-Serie *Secret Invasion* (2008), auf der, wenn auch nur sehr lose, die gleichnamige Disney+-Serie von 2023 basiert. Anschließend ging es für ihn weiter mit *Ultimate Avengers*, geschrieben von Mark Millar. 2018 war Yu Zeichner eines Neustarts von *Captain America*, und 2019 erschuf er Wave, den ersten philippinischen Superhelden, der sein Debüt im Event *War of the Realms* feierte.

WOLVERINE

NOCH NICHT TOT

BONUSTEIL

- **HINTER DEN KULISSEN**
- **TIMELINE**
- **WEITERE LEKTÜRE**
- **ANMERKUNGEN**
- **WEITERE MUST-HAVE-TITEL**

1997 war *Wolverine* der viertbestverkaufte Titel, den Marvel veröffentlichte. Die Figur war seit langem ein wichtiger Teil des Marvel-Universums, sodass die Leser schockiert waren, als eines von **Wolverines** wichtigsten Attributen, sein Adamantium-Skelett, plötzlich gestohlen wurde.

Die Bühne war bereitet für eine düstere Geschichte, in der ein nunmehr verwundbarer **Logan** einem alten Feind gegenüberstand, der plötzlich auferstanden war …

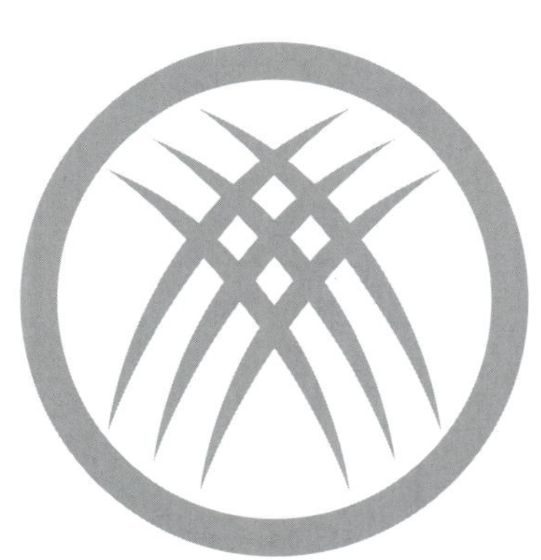

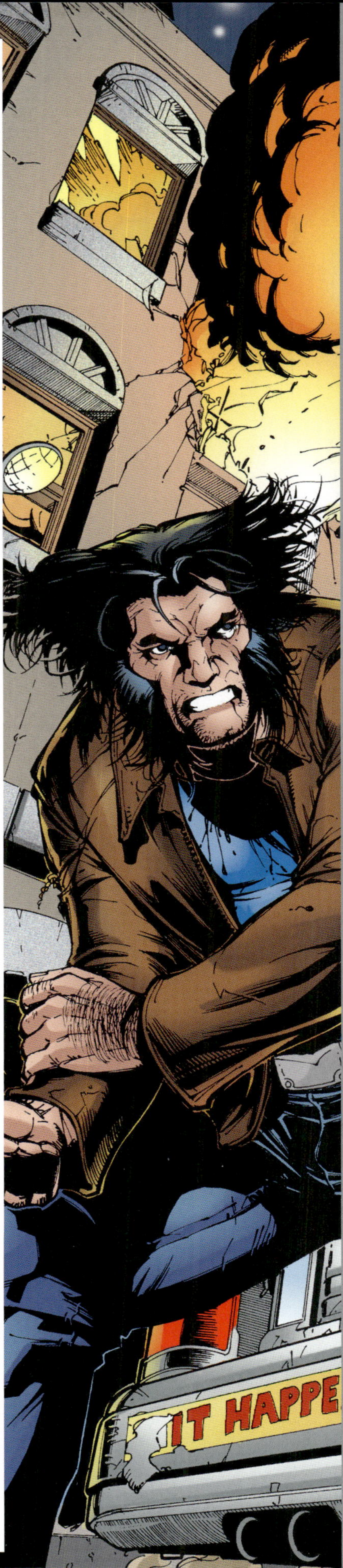

Der Jäger und die Beute

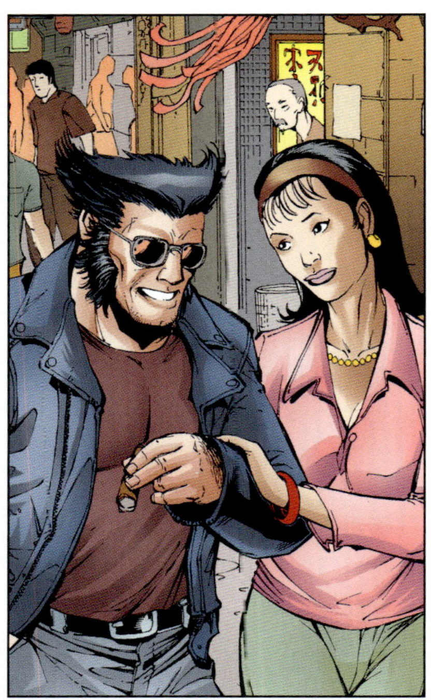

Logan und Ai-Chia in glücklicheren Zeiten. Zeichnung von Leinil Francis Yu, Edgar Tadeo und **Jason Wright**.

Not Dead Yet war die erste **Wolverine**-Geschichte des britischen Autors **Warren Ellis**. Ellis hatte sich mit Storys für für *Hellstorm: Prince of Lies* (mit Zeichner **Leonardo Manco**) und *Excalibur* (mit **Ken Lashley** und **Carlos Pacheco**) bei Marvel einen Namen gemacht. Jahre später, als er an einer Reihe von Wolverine-Zeichentrick-Specials arbeitete, beschrieb Ellis, wie er die Figur sah: „Er ist auf der ständigen Suche nach etwas, das ihn davon abhält, ständig wütend zu sein, nach diesem einen Etwas, das ihn davon abhält, sich dauernd leer zu fühlen. Ein Gefühl, das er wahrscheinlich schon seit hundert Jahren hat. Und es wird einfach nie passieren, einfach weil er so ist, wie er ist … weil er ständig im Krieg mit seiner animalischen Seite steht, und sich dann doch zu wohl fühlt, wenn er diese Seite von sich selbst auslebt." *Not Dead Yet* spiegelt genau das wider, indem man einen jüngeren **Logan** in Hongkong zeigt, der ausnahmsweise einmal Momente der Ruhe und Zufriedenheit mit **Ai-Chia** findet. Doch die bösartige Welt, in der er lebt, reißt sie schließlich auseinander, und Logan ist gezwungen, zurück in ein Leben voller Wut und Kummer zu kehren.

Die Liebe des philippinischen Künstlers **Leinil Francis Yu** zu Comics begann schon in jungen Jahren. „Meine Mutter kaufte mir *How to Draw Comics the Marvel Way* (von **Stan Lee** und **John Buscema**), als ich 11 war", erinnert er sich. Als Teenager wurde er ein großer Fan von Comic-Zeichnern wie **Jim Lee**, **Rob Liefeld** und vor allem **Travis Charest**. Yu reichte seine Zeichnungen bei **Whilce Portacio** ein, einem philippinisch-amerikanischen Künstler, der nach seinen Zeichnungen für *Punisher*, *X-Factor* und *Uncanny X-Men* ein Favorit der Fans geworden war.

„Whilce versuchte, auf den Philippinen ein Studio zu gründen, um für Wildstorm zu arbeiten", sagt Yu. „Ich war einer derjenigen, die Arbeitsproben einreichten, und er war angetan genug, um mir eine Chance zu geben. Ich lernte also ein Jahr lang bei ihm und er brachte meine Arbeiten 1996 zu Marvel Comics, und ich hatte Glück und fand mich bei *Wolverine* wieder."

▶ **Edgar Tadeo** wurde 1974 in Taytay, auf den Philippinen, geboren. Er hat hauptsächlich als Kolorist und Tuscher in der Comic-Branche gearbeitet, oft mit philippinischen Künstlerkollegen wie Leinil Francis Yu, Whilce Portacio, **Lan Medina** und **Mico Suayan**. Tadeo hat an vielen Marvel-Titeln mitgearbeitet, darunter *Silver Surfer, Wolverine, Captain America* und *Iron Man*. Er hat auch Comics für Image und Dynamite angefertigt und Animationsvideos erdacht und produziert.

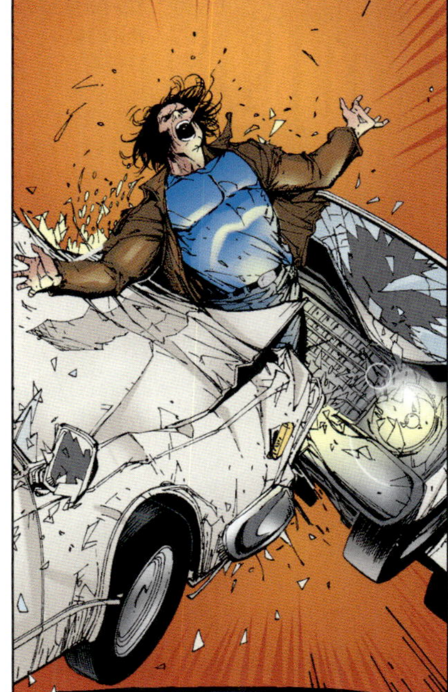

Logan wird von **McLeishs** Männern erwischt. Zeichnung von Leinil Francis Yu, Edgar Tadeo und Jason Wright.

Yu war erst 20 Jahre alt, als er 1997 mit Ausgabe 113 seine Arbeit für die monatliche *Wolverine*-Reihe begann. „Es war verrückt", sagt er. „An meinem ‚Erfolg' war eine Menge Glück beteiligt. Wäre ich bei einem anderen Titel gelandet, hätte alles viel länger gedauert. Wolverine ist definitiv die Figur, die mir den Weg gebahnt hat."

Für den jungen Künstler war es eine beängstigende Vorstellung, bei einem so hochkarätigen Titel im Rampenlicht zu stehen. „Es war unglaublich, aber ich kam irgendwie klar. Vielleicht weil ich das Ausmaß dessen, was da passierte, nicht begriff. Zu der Zeit, als ich *Wolverine* zeichnete, sah ich mir **Aron Wiesenfelds** *Deathblow and Wolverine* an, und das hat mich beeinflusst, und Travis Charest natürlich auch. Ich verdanke Wolverine definitiv meine Karriere. Wenn Marvel möchte, dass ich einen weiteren *Wolverine*-Comic mache, würde ich das in Zukunft auf jeden Fall in Betracht ziehen."

Yu beschreibt seinen Stil als „dynamischen Pseudo-Realismus". Zunächst arbeitete er mit dem altgedienten Wolverine-Autor **Larry Hama** an zwei längeren Storys: *For the Snark was a Boojum, You See* (in der Logan gegen seinen alten Lehrer **Ogun** antrat) und dem X-Crossover-Event *Operation: Zero Tolerance*. „Larry war sehr gnädig", erinnert sich Yu. „Ich war ein Neuling, und er war sehr entgegenkommend. Ich habe eine Menge Fehler gemacht. Er gab mir ein paar Tipps; ein wunderbarer Kerl."

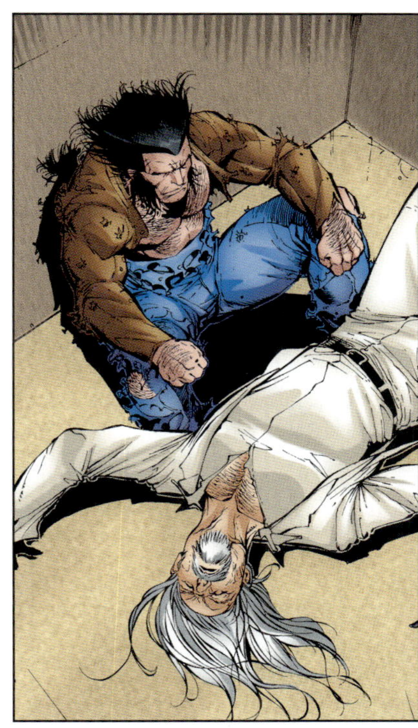

McLeish lebt endlich nicht mehr. Zeichnung von Leinil Francis Yu, Edgar Tadeo und Jason Wright.

Nach *Not Dead Yet* setzte Leinil Francis Yu die Arbeit an der *Wolverine*-Reihe fort und arbeitete mit den Autoren **Chris Claremont**, **Todd DeZago**, **Fabian Nicieza** und **Erik Larsen** zusammen. Yu und Larsen arbeiteten an einem weiteren X-Crossover mit dem Titel *Apocalypse: The Twelve*, in dem es so aussah, als würde Logan durch die Hand von **Tod** sterben, dem neuen Schergen von **Apocalypse**. Dann stellte sich heraus, dass Tod in Wirklichkeit Wolverine war, der von Apocalypse einer Gehirnwäsche unterzogen wurde und ein neues Adamantium-Skelett bekommen hatte. Man kann mit Sicherheit sagen, dass Leinil Francis Yu Wolverine sowohl als Figur als auch als Serie in einer viel besseren Verfassung hinterlassen hat, als sie vor seiner Mitwirkung waren.

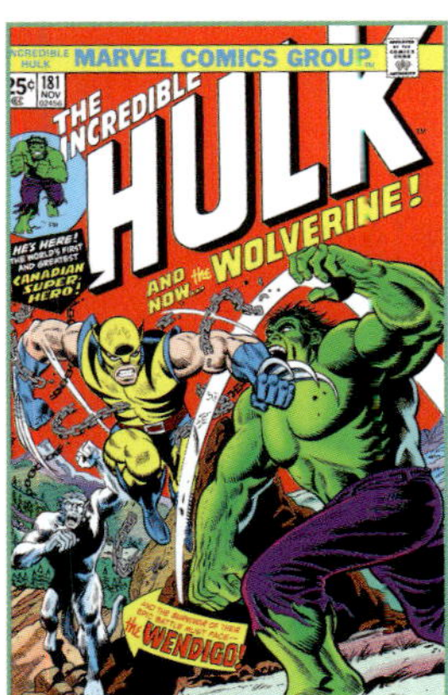

***The Incredible Hulk* 181 (1974)**
LEN WEIN
HERB TRIMPE
Wolverine gibt sein Marvel-Debüt. Er wird von der kanadischen Regierung ausgesandt, um den ***Hulk*** *zu stoppen und kämpft dabei auch gegen* ***Wendigo****.*

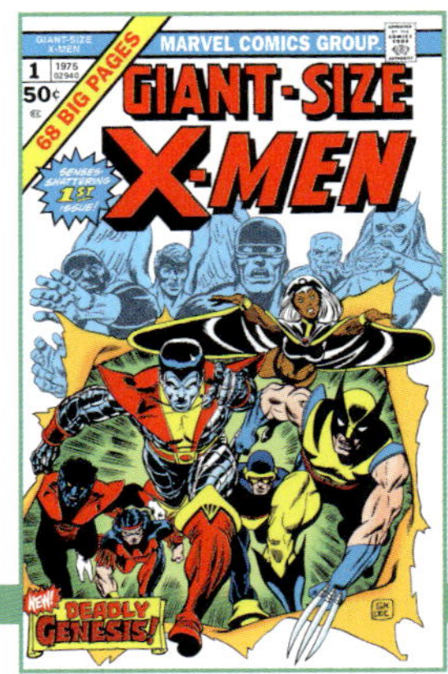

***Giant-Size X-Men* 1 (1975)**
LEN WEIN
DAVE COCKRUM
Professor Xavier *stellt ein neues Team von* ***X-Men*** *zusammen, um die alte Gruppe zu retten. Wolverine ist einer von ihnen.*

WOLVERINE
NOCH NICHT TOT

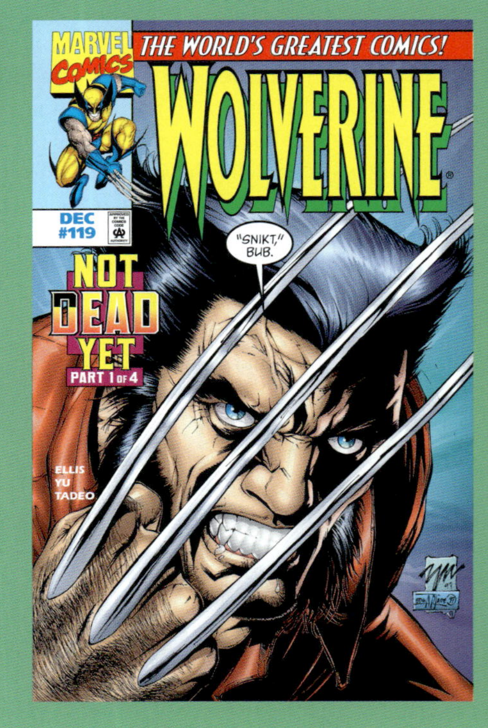

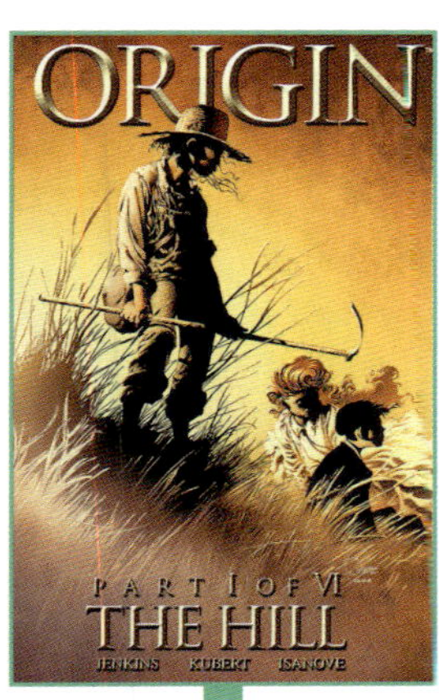

***Wolverine: Origin* 1 (2001)**
PAUL JENKINS
ANDY KUBERT
In dieser Miniserie wird endlich das frühe Leben von Logan enthüllt: Sein Geburtsname lautet ***James Howlett****, und er wurde im späten 19. Jahrhundert geboren.*

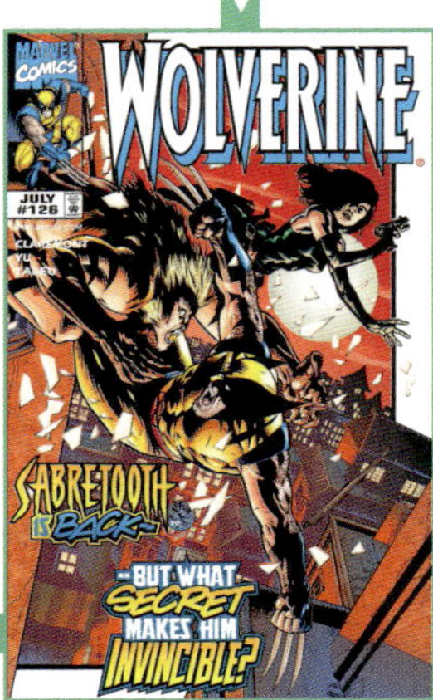

***Wolverine* 126 (1998)**
CHRIS CLAREMONT
LEINIL FRANCIS YU
Sabretooth *greift Wolverine an und besiegt ihn. Sabretooth enthüllt, dass sein Skelett und seine Klauen nun mit Adamantium überzogen sind.*

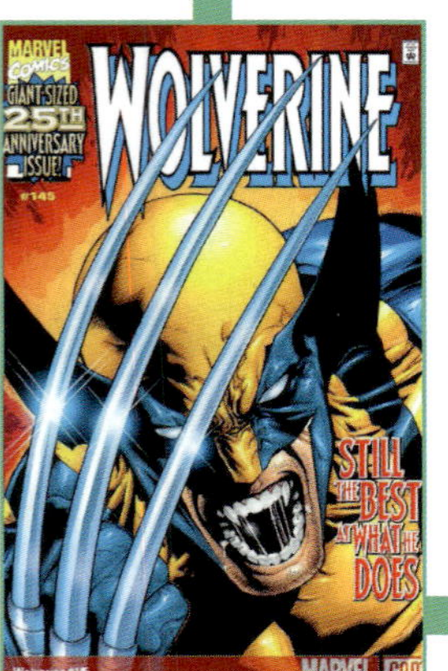

***Wolverine* 145 (1999)**
ERIK LARSEN
LEINIL FRANCIS YU
Wolverine wird von ***Apocalypse*** *gefangen genommen. Der Schurke beschichtet sein Skelett mit neuem Adamantium und verwandelt ihn in den Reiter names* ***Tod****.*

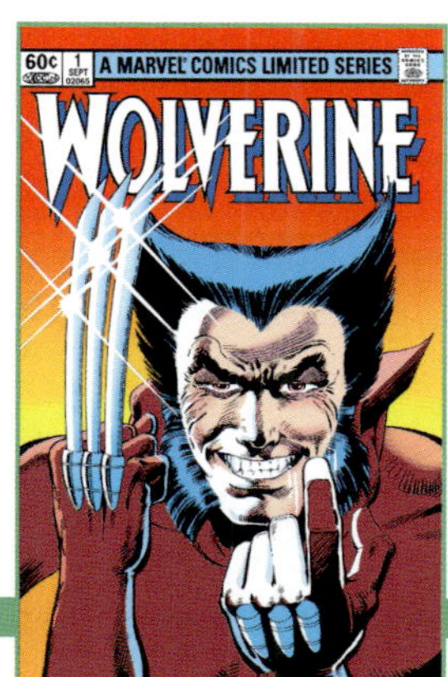

***Wolverine* 1 (1982)**
CHRIS CLAREMONT
FRANK MILLER
Die erste Solo-Miniserie mit Wolverine. ***Logan*** *reist nach Japan und entdeckt, dass* ***Mariko****, seine große Liebe, Teil einer Verbrecherdynastie ist.*

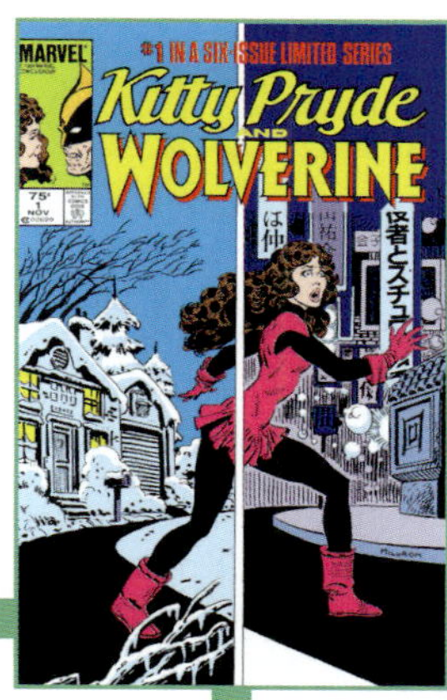

***Kitty Pryde and Wolverine* 1 (1984)**
CHRIS CLAREMONT
AL MILGROM
Als ***Kitty Pryde*** *verschwindet, kehrt Wolverine nach Japan zurück. Sie gerät in den Bann des Schurken* ***Ogun****.*

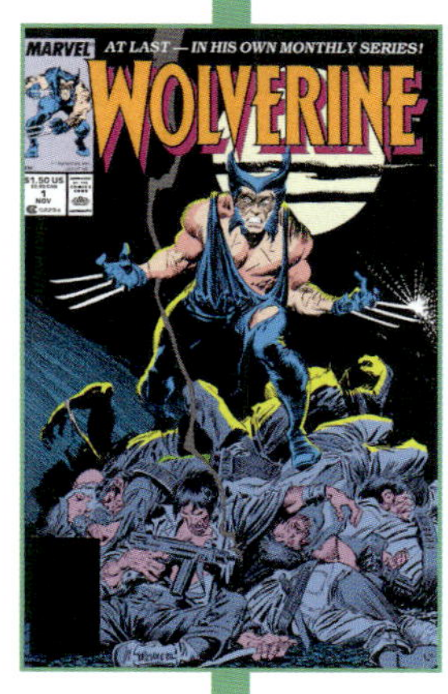

***Wolverine* 1 (1988)**
CHRIS CLAREMONT
JOHN BUSCEMA
Die erste monatliche Wolverine*-Serie beginnt. Wolverine reist zum Inselstaat Madripoor.*

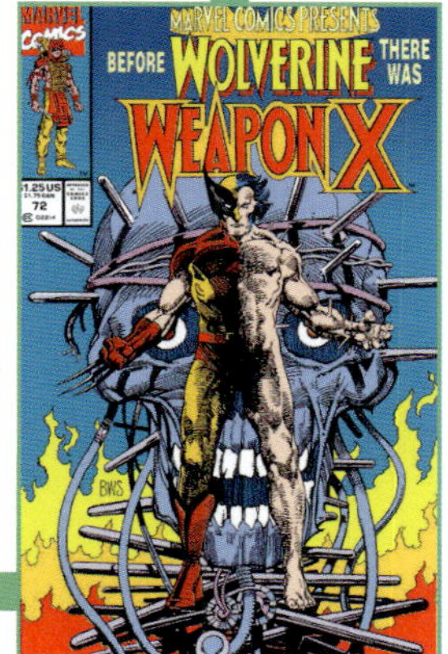

***Marvel Comics Presents* 72 (1991)**
BARRY WINDSOR-SMITH
Die Waffe X*-Fortsetzungsgeschichte beginnt und enthüllt, wie Logan die Adamantium-Beschichtung auf seinem Skelett erhalten hat.*

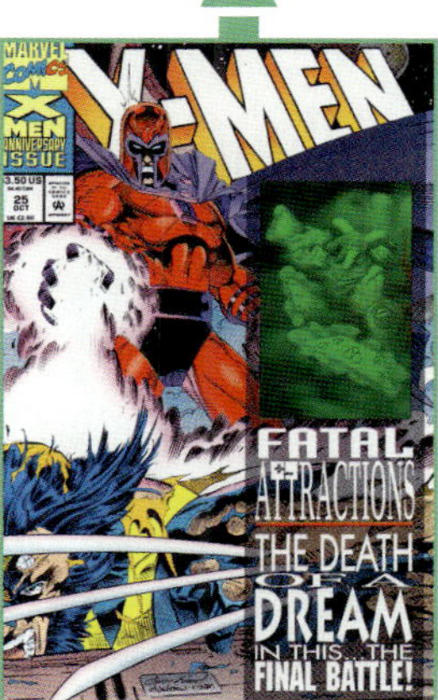

***X-Men* 25 (1993)**
FABIAN NICIEZA
ANDY KUBERT
Die X-Men kämpfen hoch über der Erde gegen ***Magneto****. Der Meister des Magnetismus entfernt das gesamte Adamantium aus Wolverines Körper.*

In *Not Dead Yet* erleben wir einen **Wolverine**, dem es an seinem gewohnten Selbstbewusstsein und seiner Überheblichkeit mangelt. Nach dem Verlust seines Adamantium-Skeletts ist er sich bewusst, dass er viel leichter zu verletzen ist. Seine Knochen sind nicht mehr unzerbrechlich, und zum ersten Mal seit Jahrzehnten fühlt er sich verwundbar. In dieser Geschichte tritt er gegen **McLeish** an, einen Killer, der ebenfalls seine Sterblichkeit spürt. Das Aufeinandertreffen der beiden Männer ist sowohl körperlich als auch geistig unerbittlich und bleibt dem Leser noch lange nach dem Ende der Geschichte in Erinnerung.

Die gestohlene Panzerung

Die Entfernung von **Wolverines** Adamantium und die anschließende Enthüllung seiner Knochenkrallen fand auf dem Höhepunkt von *Fatal Attractions* statt, einem der regelmäßigen Crossover-Events in den 1990er Jahren, die alle **X-Men**-Reihen von Marvel miteinander verbanden. Es wurde von den Autoren **Fabian Nicieza** und **Scott Lobdell** geleitet und von mehreren Künstlern gezeichnet, darunter **Adam Kubert** und **Andy Kubert**. In *X-Men* 25 (1993) bietet **Magneto** den Mutanten in seiner Orbitalbasis Avalon Zuflucht, da er plant, die Menschheit zu vernichten. **Charles Xavier** führt die X-Men auf eine verzweifelte Mission, um ihn und seine Gefolgsleute aufzuhalten. Der Kampf ist brutal, und Wolverine tötet Magneto beinahe. In seiner Wut verflüssigt Magneto das gesamte Adamantium in Wolverines Körper und zieht es durch die Hautporen heraus. Für Logan ist das eine qualvolle Erfahrung, aber er überlebt dank seines Heilfaktors. Als er zur Erde zurückkehrt, wachsen Logan Knochenkrallen aus den Händen. Er begreift, dass seine Krallen natürlich sind und nicht, wie er dachte, im Laufe des **Waffe X**-Projekts hinzugefügt wurden.

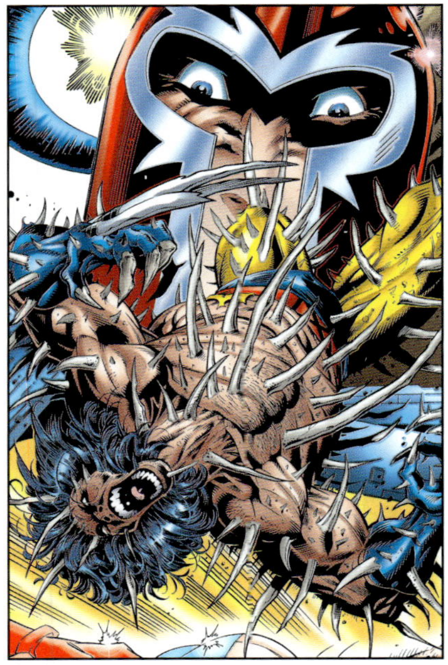

Magneto reißt das Adamantium aus Wolverines Skelett. Zeichnung von **Val Semeiks**, **Chad Hunt** und **Joe Rosa**.

In *Wolverine* 100 (1996) von **Larry Hama** und Adam Kubert nimmt der Wahnsinnige namens **Genesis** Wolverine gefangen und versucht, sein Skelett mit neuem Adamantium zu beschichten. Logan stößt es jedoch ab und mutiert zu einer animalischeren Version seiner selbst, die gebückt und monströs aussieht. Er wird immer wilder und wilder. Sein rationales Ich schwindet, und seine Instinkte gewinnen die Oberhand. Logan beginnt, in den Wäldern rund um das Haus der X-Men in Westchester zu leben, da er befürchtet, dass er nun eine Gefahr für seine Teamkollegen darstellt. Im Laufe des nächsten Jahres der Serie lernt Logan **Elektra** und ihren Mentor **Stick** kennen. Das Duo hilft Logan, seine Menschlichkeit wiederzuerlangen, und sein ursprüngliches Aussehen kehrt langsam zurück.

▶ Ein wichtiger Teil von Wolverines Vergangenheit wurde in einer Fortsetzungsgeschichte in *Marvel Comics Presents* 72-84 (1991) enthüllt. In der *Waffe X*-Saga von **Barry Windsor-Smith** wird Logan von einer finsteren Gruppe von Wissenschaftlern und Soldaten entführt und in ein Geheimlabor gebracht. Die Wissenschaftler scheinen wenig über Logans Hintergrund zu wissen. Nachdem das Adamantium mit seinem Skelett beschichtete wurde, bricht Logan aus und metzelt die meisten der Anwesenden nieder.

Adamantium

Adamantium wurde von dem Wissenschaftler **Dr. Myron MacLain** entwickelt, als er bei **SHIELD** beschäftigt war. Er benannte es nach dem sagenumwobenen Metall Adamantin aus der griechischen Mythologie. MacLain stellte zunächst nur einen einfachen Zylinder mit der Legierung her und lud die **Avengers** ein, ihre Kräfte damit zu erproben. Die Helden, darunter **Thor** und **Iron Man**, waren fassungslos, als sie das Metall nicht einmal ankratzen konnten. Sie erkannten, dass jede Waffe, die aus Adamantium besteht, unbesiegbar sein könnte.

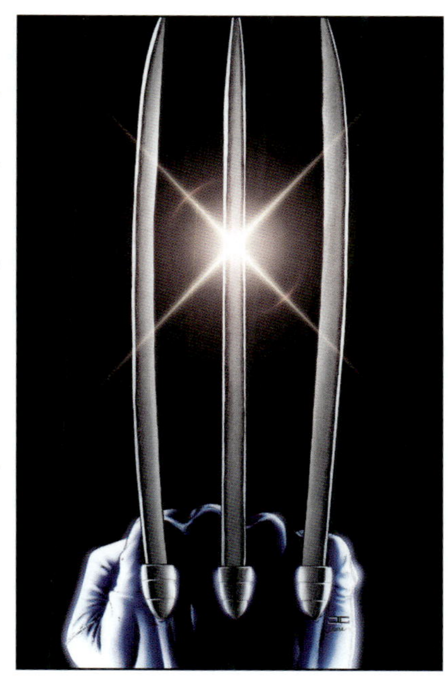

Wolverines Krallen wurden mit Adamantium beschichtet. Zeichnung von **John Cassaday** und **Laura Martin**.

Vision geriet unter den Einfluss seines Schöpfers **Ultron**. Er stahl den Zylinder und den molekularen Relokator, mit dem er geformt worden war, und stattete Ultron mit einem neuen Körper aus Adamantium aus. Ultron konnte den Angriffen der Avengers problemlos standhalten, wurde aber von **Hank Pym** dazu gebracht, sich selbst zu zerstören.

Adamantium ist ein kostbares Gut in der Gemeinschaft der Supermenschen und wird von zahlreichen Kriminellen und terroristischen Organisationen begehrt. Viele von **Wolverines** gefährlichsten Gegnern, wie **Cyber**, **Sabretooth**, **Daken**, **Lady Deathstrike** und **Omega Red**, haben Adamantium verwendet, in der Regel zur körperlichen Verbesserung.

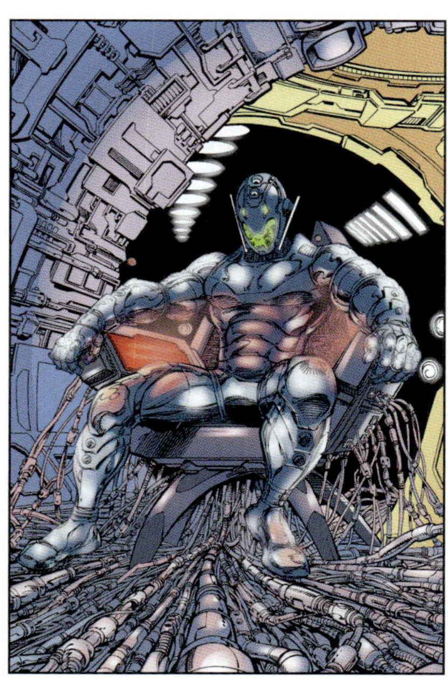

Ultron, der gefährliche Roboter. Zeichnung von **George Pérez** und **Al Vey**.

Die Bestandteile der Legierung sind vor dem Gießen in Chargen getrennt, die sich in Harzblöcken befinden. Adamantium wird hergestellt, indem die Blöcke zusammen geschmolzen und dadurch die Komponenten vermischt werden, während das Harz verdampft. Die Legierung muss dann innerhalb von acht Minuten gegossen werden. Adamantium hat eine äußerst stabile Molekularstruktur, die eine weitere Verformung verhindert, selbst wenn die Temperatur hoch genug ist, um einen flüssigen Zustand zu bewahren. In fester Form hat es eine dunkle, glänzend graue Farbe. In diesem Zustand ist es fast unmöglich, es zu zerstören. Wenn es zu einer rasiermesserscharfen Schneide geformt wird – wie Wolverines Klauen –, kann es die meisten weniger hochwertigen Materialien mit geringem Kraftaufwand durchdringen.

WEITERE MUST-HAVE-TITEL

BEREITS ERHÄLTLICH

CIVIL WAR
AVENGERS: HELDENFALL
SPIDER-MAN: SPIDER-VERSE
WOLVERINE: OLD MAN LOGAN
DEADPOOL KILLT DAS MARVEL-UNIVERSUM
THANOS: DIE GEBURT EINES MONSTERS
DAREDEVIL: DER MANN OHNE FURCHT
MILES MORALES: ULTIMATE SPIDER-MAN
MS. MARVEL: META-MORPHOSE
DER TOD VON WOLVERINE
INFINITY GAUNTLET: DIE EWIGE FEHDE
PLANET HULK
X-MEN: DIE DARK PHOENIX SAGA
VENOM: DARK ORIGIN
IRON MAN: EXTREMIS
FANTASTIC FOUR – 4
PUNISHER: FRANK IST ZURÜCK!
MARVEL KNIGHTS SPIDER-MAN
BLACK PANTHER: WER IST BLACK PANTHER?
X-MEN: EIN NEUER ANFANG
FANTASTIC FOUR: ALLES GELÖST?!
SPIDER-MAN: HEIMKEHR
CAPTAIN AMERICA: WINTER SOLDIER
ASTONISHING X-MEN: BEGABT
SPIDER-MAN: KRAVENS LETZTE JAGD
HOUSE OF M
DEADPOOL: WEIBER, WUMMEN UND WADE WILSON
AVENGERS: AUSBRUCH
ULTIMATE SPIDER-MAN: LEKTIONEN FÜRS LEBEN
DER TOD VON CAPTAIN AMERICA
ANNIHILATION
MARVELS
DAREDEVIL: AUFERSTEHUNG
GUARDIANS OF THE GALAXY: SPACE-AVENGERS
AVENGERS PRIME
WOLVERINE: STAATSFEIND
THE SIEGE – DIE BELAGERUNG
SPIDER-MAN/BLACK CAT
DAREDEVIL: IN DEN ARMEN DES TEUFELS
THOR: DIE RÜCKKEHR DES DONNERS
SECRET INVASION
UNCANNY AVENGERS: DER ROTE SCHATTEN
WOLVERINE: WAFFE X
MARVEL ZOMBIES
DOCTOR STRANGE: DER EID
SILVER SURFER: REQUIEM
X-MEN: BEDROHTE SPEZIES
FEAR ITSELF – NACKTE ANGST
THOR: AUF DER SUCHE NACH GÖTTERN
WORLD WAR HULK
SPIDER-MAN: QUALEN
WOLVERINE
NEW AVENGERS: ILLUMINATI
SECRET WAR
THANOS KEHRT ZURÜCK
GHOST RIDER: STRASSE ZUR VERDAMMNIS
AVENGERS: ULTRONS RACHE
DEADPOOL: DREI GLORREICHE HALUNKEN
SPIDER-MAN: ERSTAUNLICHER NEUSTART
AVENGERS FOREVER
X-MEN: SCHISMA – GETRENNTE WEGE
SUB-MARINER: DIE TIEFE
AGE OF ULTRON
SECRET WARS
HULK: GRAU
NEW MUTANTS: HÖLLENBIEST
X-MEN: MAGNETO – TESTAMENT
SILVER SURFER: PARABEL
IRON MAN: DIE FÜNF ALBTRÄUME
CAPTAIN AMERICA: NEUE GEGNER
THOR: GOTT DES DONNERS – GÖTTERSCHLÄCHTER
MARVEL SUPER HEROES SECRET WARS
GUARDIANS OF THE GALAXY: KRIEGER DES ALLS
HULK: DYSTOPIA
SPIDER-MAN NOIR
DEADPOOL: DIE WETTE
DAREDEVIL & ECHO: TEILE DER LEERE
DOCTOR STRANGE: ANFANG UND ENDE
DAREDEVIL: FATHER
SPIDER-MAN: FAMILIENTRADITION
AVENGERS: ROTE ZONE
X-MEN: ZUKUNFT IST VERGANGENHEIT
SPIDER-MAN: BLUE
PUNISHER: BLUTSPUR
THANOS: HERRSCHER DES UNIVERSUMS
VENOM: NETZ DES TODES
X-FORCE: SEX + GEWALT
MARVEL 1602
MYTHOS
CIVIL WAR II
PUNISHER WAR ZONE
DER TOD VON CAPTAIN MARVEL
SPIDER-MAN: IM KÖRPER DES FEINDES

JETZT ERHÄLTLICH

DEADPOOL: TREIBJAGD
WOLVERINE: NOCH NICHT TOT

DEMNÄCHST

SPIDER-MAN: DIE RACHE DER SINISTER SIX